Megacapitalistas

Megacapitalistas

La élite que domina el dinero y el mundo

Peter Phillips

Traducción de Ana Momplet

Rocaeditorial

Título original: *Giants. The Global Power Elite*

© 2018, Peter Phillips

Primera edición: septiembre de 2019

Edición original publicada por Seven Stories Press, Inc como *Giants*, 2018

© de la traducción: 2019, María Angulo Fernández
© de esta edición: 2019, Roca Editorial de Libros, S. L.
Av. Marquès de l'Argentera 17, pral.
08003 Barcelona
actualidad@rocaeditorial.com
www.rocalibros.com

Impreso por LIBERDÚPLEX, S. L. U.
Sant Llorenç d'Hortons (Barcelona)

ISBN: 978-84-17541-54-5
Depósito legal: B. 18200-2019
Código IBIC: KC; KCP

Todos los derechos reservados. Esta publicación no puede ser reproducida, ni en todo ni en parte, ni registrada en o transmitida por, un sistema de recuperación de información, en ninguna forma ni por ningún medio, sea mecánico, fotoquímico, electrónico, magnético, electroóptico, por fotocopia, o cualquier otro, sin el permiso previo por escrito de la editorial.

RE41545

A Mary M. Lia
Gracias, mi querida esposa,
por veinte años de éé afecto, amistad y apoyo.

Índice

PREFACIO 11
INTRODUCCIÓN. ¿Quién gobierna el mundo? 17
   Por William I. Robinson

1. La élite del poder de la clase capitalista transnacional.
   Sesenta años de historia 23
2. Los gigantes financieros globales. El núcleo
   del capitalismo mundial 37
3. Gerentes. La élite del poder global de los gigantes
   financieros 62
4. Facilitadores. Cómo se formulan las políticas
   de la élite de poder capitalista transnacional 149
5. Protectores: la élite del poder y el imperio militar
   de Estados Unidos, la OTAN, las agencias de
   inteligencia y los ejércitos privados 200
6. Ideólogos. Medios corporativos y compañías
   de propaganda y relaciones públicas: cómo se vende
   el imperio, la guerra y el capitalismo 236
7. Enfrentarse al gigante: movimientos democráticos
   y resistencia 270

EPÍLOGO. Carta a la élite del poder global 285

Agradecimientos 289
Notas 293

PREFACIO

*M*egacapitalistas. *La élite que domina el dinero y el mundo* sigue la senda iniciada en 1956 por C. Wright Mills, con su obra *La élite del poder*. Al igual que Mills, queremos concienciar sobre las redes de poder que condicionan nuestras vidas y nuestra sociedad. Mills definía a la élite del poder como aquellos «que deciden todo lo que tiene importantes consecuencias.» Sesenta y dos años después, las élites del poder se han globalizado y han creado instituciones para facilitar la preservación y la protección de la inversión de capital en todo el mundo.

Un concepto fundamental para entender la idea de una élite del poder globalizada es el de la «clase capitalista transnacional», teorizado en la literatura académica desde hace veinte años. El capítulo 1 de este libro revisa la transición de las élites del poder de Estados-nación descritos por Mills a una élite del poder transnacional centralizada sobre el control del capital global del mundo. La «élite del poder global» funciona como una red mundial no-gubernamental formada por personas adineradas, educadas de forma similar, con intereses comunes acerca de cómo gestionar, facilitar y proteger una riqueza global concentrada, y garantizar el crecimiento continuado del capital. La élite del poder global influye y utiliza las instituciones internacionales controladas por autoridades gubernamentales —concretamente, el Banco Mundial, el Fondo Monetario Internacional (FMI), la OTAN, la Organización Mundial del Turismo (OMT), el G7 y el G20, entre muchas otras—. Estas instituciones mundiales reciben instrucciones y recomendaciones para determinar políticas desde las redes de organizaciones y asociaciones no-gubernamentales de la élite del poder global.

Nuestro propósito es identificar las redes más importantes de esta élite y a los individuos que las conforman. A lo largo del libro, mencionamos a trescientas ochenta y nueve personas que constituyen el centro de control de las redes no-gubernamentales de formulación de políticas que gestionan, facilitan y protegen la concentración continua del capital mundial. Estos miembros de la élite son el corazón del activismo de la clase capitalista transnacional —el uno por ciento de la gente más rica del mundo— y, unidos, cumplen la función de ofrecer justificaciones ideológicas a sus intereses compartidos y de establecer los parámetros de acciones que necesitan poner en práctica a través de las organizaciones gubernamentales transnacionales.

Esta concentración de riqueza protegida está conduciendo a una crisis humana, en la que la pobreza, la guerra, el hambre, la alienación masiva, la propaganda mediática y la destrucción del medio ambiente están alcanzando niveles que amenazan la supervivencia de la especie humana. Entendemos que el ser humano puede estar en peligro de extinción y reconocemos que las élites globales del poder son probablemente las únicas capaces de corregir esta condición sin que haya una grave agitación social, guerras y caos. Este libro es un intento de concienciar sobre la importancia de un cambio sistémico y de una redistribución de la riqueza, tanto a los lectores como a las propias élites del poder global, con la esperanza de que inicien el proceso de salvación del género humano.

También creemos que si los movimientos sociales democráticos no-violentos de resistencia y no-cooperación adoptaran la Declaración Universal de Derechos Humanos como código ético, podrían acelerar el proceso de redistribución de la riqueza, y presionarían a la élite del poder global con medidas que todavía le resultarían aceptables.

En el capítulo 2, identificamos a los diecisiete «gigantes» financieros globales, aquellas empresas de gestión de dinero que controlan cada una de ellas cantidades superiores al billón de dólares. Estos gigantes manejan colectivamente más de 41,1 billones de dólares en una red global en la que ellos mismos invierten capitales entrelazados en todo el planeta. A su vez, los gigantes invierten no solo en uno, sino en muchos centenares de empresas de gestión de inversiones, muchas de las cuales son gigantes en ciernes, con las resultantes decenas de billones de dólares entrelazadas en una única y extensa red de capital global controlada por un número muy reducido de personas. Su principal objetivo es encontrar suficientes oportunidades de inversiones seguras para obtener un rendimiento del capital que permita su crecimiento continuo. Las oportunidades inadecuadas de colocación de capital derivan en inversiones especulativas peligrosas, en la compra de activos públicos y en un gasto permanente de guerra.

Estos ciento noventa y nueve gestores de capital global están estrechamente conectados a través de numerosas redes de asociación, que incluyen el Foro Económico Mundial, la Conferencia Monetaria Internacional, agrupaciones universitarias, varios consejos políticos, clubes sociales y empresas culturales. Sin duda, cabe concluir que todos se conocen personalmente o saben de los demás en el marco compartido de sus posiciones de poder.

En el capítulo 4, examinamos el conjunto de miembros de dos organizaciones no-gubernamentales de la élite global que formulan políticas. Ambas son sociedades no-lucrativas, con personal de apoyo en investigación, que fijan las instrucciones y políticas para ser implementadas por instituciones gubernamentales transnacionales como el G7, el G20, el FMI, la OMT y el Banco Mundial. Los treinta y dos miembros del Grupo de los Treinta y las cincuenta y cinco personas del Comité Ejecutivo Ampliado de la Comisión Trilateral comprenden un equipo central de ochenta y cinco facilitadores del capitalismo global (dos de ellos solapados). Su trabajo consiste en garantizar que el capital global siga fuerte, seguro y continúe creciendo.

La riqueza concentrada tradicionalmente requiere un sistema de leyes y fuerzas policiales que las protejan. Esto se aplica sin duda a la concentración global de capital. En el capítulo 5, examinamos el poder del imperio militar de Estados Unidos / OTAN. Ese grupo policial militar transnacional actúa prácticamente en todos los países del mundo, y amenaza a las naciones que no cooperan plenamente con el capital global por medio de actividades encubiertas, cambios de régimen político e intensa propaganda negativa. También examinamos cómo los gigantes globales invierten en las guerras como método para emplear el capital excedente y obtener un rendimiento garantizado, además del uso cada vez mayor de compañías privadas militares o de seguridad para proteger a la élite del poder global y su riqueza.

La élite del poder global es muy consciente de su existencia como pequeña minoría rica, el uno por ciento en un inmenso océano de humanidad empobrecida. Por ejemplo, el Consejo Atlántico opera como un grupo no-gubernamental no-lucrativo que formula políticas para proteger la seguridad de la riqueza concentrada, un objetivo a menudo descrito como parte de nuestros «intereses vitales» nacionales. Identificamos a las treinta y cinco figuras claves de la élite del poder global en el Comité Ejecutivo del Consejo Atlántico. Estos individuos son los protectores esenciales del capital global concentrado. El Pentágono, la OTAN y las agencias de inteligencia siguen atentamente sus recomendaciones e informes de investigación.

Las redes de concentración del poder y del capital requieren una justificación ideológica constante. En el capítulo 6, analizamos el alcance de la inversión de los gigantes en los medios de comunicación corporativos y el creciente uso de las compañías de propaganda y relaciones públicas en los sistemas informativos del planeta. Las seis principales organizaciones mediáticas mundiales ofrecen una continua justificación ideológica al capitalismo corporativo y reducen o censuran la información que cuestiona la concentración existente de riqueza y la creciente desigualdad. Tenemos un sistema de medios de comunicación que intenta controlar todos los aspectos del pensamiento humano y promueve el consumo continuo y la conformidad. El mensaje ideológico predominante de los medios corporativos en la actualidad afirma que el crecimiento continuo de la economía ofrecerá un goteo de beneficios hacia todos los seres humanos y salvará el planeta.

El capítulo 7 es un resumen y una declaración sobre qué debe hacerse que subraya la permanente crisis de la humanidad, así como la necesidad de tomar medidas correctivas en un futuro cercano. Los activistas involucrados en movimientos sociales que desafían al monstruo de riqueza concentrada deben ser conscientes de que seguir actuando es fundamental para la supervivencia de la humanidad. Es necesario mantener la presión sobre la élite del poder global para que tomen medidas que les protejan no solo a ellos mismos, sino a todo el género humano. Debemos convertir ese goteo en un río de recursos que alcance a todos los seres humanos del planeta. El reconocimiento de la importancia de la Declaración Universal de Derechos Humanos será vital en este proceso.

El epílogo de este libro es una carta dirigida a la élite del poder global, para pedirles que tengan en cuenta a las generaciones futuras a la hora de tomar decisiones sobre el capital global; para urgirles a adoptar medidas correctivas antes de que se produzcan agitaciones sociales y una destrucción medioambiental que sean más graves y se vuelvan irreversibles.

Peter M. Phillips
Profesor de Sociología Política
Sonoma State University

INTRODUCCIÓN

¿Quién gobierna el mundo?

$\mathcal{V}$ivimos en un tiempo de terrible crisis global. La polarización social ha alcanzado cotas inéditas en todo el mundo. Las cifras recopiladas por la agencia internacional para el desarrollo Oxfam son bien conocidas: en 2017, el uno por ciento más rico del género humano acaparaba más de la mitad de la riqueza mundial; el top treinta de la población controlaba más del noventa y cinco por ciento de la riqueza, mientras que el setenta por ciento restante tenía que arreglárselas con menos del cinco por ciento de los recursos del planeta. En enero de 2018, Donald Trump, presidente de Estados Unidos, se jactaba de tener el dedo sobre un «botón nuclear más grande» que el de Corea del Norte, haciendo que el *Boletín de Científicos Atómicos* adelantara las manecillas del reloj del Juicio Final a dos minutos antes de la medianoche. El 27 de ese mismo mes, la revista *The Economist* publicaba un artículo en portada advirtiendo de «la creciente amenaza de un conflicto entre grandes potencias.» El cambio climático y la degradación ecológica están causando estragos en todo el planeta. En el año 2017, California, estado donde resido, sufrió una sequía prolongada inducida por el cambio climático[1] que provocó una cadena de incendios con varios centenares de muertos y heridos. A esto le siguieron inundaciones repentinas y deslizamientos de tierra que se cobraron varias decenas de víctimas y obligaron a la universidad en la que doy clase a cerrar durante varias semanas a comienzos de 2018. Si no nos aniquilamos en un holocausto nuclear o caemos en la barbarie de un estado policial global, tendremos que enfrentarnos a la amenaza de la sexta extinción masiva inducida por el ser humano, algo que, según afirman los científicos, ya ha comenzado.

Las obscenas desigualdades del capitalismo global no son sostenibles. Están alimentando insurgencias populistas de derechas y movimientos neofascistas entre los sectores empobrecidos de las clases obrera y media de todo el mundo, incitados por políticos demagogos que prometen poner freno al declive y restaurar una imagen de estabilidad, a menudo a través de llamamientos racistas y nativistas, como bien ilustra el auge del «trumpismo» en Estados Unidos. La relación entre la creciente desigualdad, el conflicto social y las crisis políticas está demostrada desde hace tiempo en la literatura sociológica. A medida que aumenta la desigualdad y la riqueza se concentra en una parte cada vez menor de la población mundial, los contratos según demanda y el mercado global no son capaces de absorber la producción de la economía mundial. La clase capitalista transnacional, o CCT, no encuentra salidas para reinvertir de manera rentable los billones de dólares que ha acumulado. En los últimos años, ha recurrido a una salvaje especulación financiera en el casino mundial, a asaltar y a saquear los presupuestos públicos, a la guerra y la extensión de sistemas de control y represión social para mantener la acumulación y contener una rebelión potencial o real de los pobres y los marginados.

Es evidente que la supervivencia de la humanidad depende más que nunca de una reforma radical, por no decir de un derrocamiento completo, del sistema del capitalismo global. Los sistemas basados en una dominación coactiva son inestables. Sin embargo, en las actuales condiciones del capitalismo global, simplemente no hay fundamento para un gobierno consensuado. La cuestión política más apremiante de nuestro tiempo es cómo implementar una redistribución mundial de la riqueza y el poder, para devolver los recursos a la mayoría pobre, y contrarrestar las contradicciones explosivas e indudablemente suicidas del sistema. Si queremos lograr esa redistribución, debemos comprender mejor la estructura del poder global. Esa es la labor que el profesor Phillips se ha propuesto llevar a cabo en el presente estudio. ¡Y lo consigue! Valiéndose de herramientas de investigación y documentación sociológica, identifica las enormes redes de poder corporativo transnacional que moldean las vidas de todos los seres humanos. Este estudio oportuno y de una importancia trascendental nos ofrece una respuesta a la pregunta «¿Quién gobierna el mundo?».

Siguiendo la mejor tradición de estudios sobre la élite del poder, iniciada por C. Wright Mills en su clásico de 1956, *La élite del poder*, Phillips revela un núcleo interno de trescientos ochenta y nueve individuos procedentes de los escalones superiores de la clase capitalista transnacional que ocupan la cumbre de esta estructura de poder global. Una generación anterior de estudios sobre la élite del poder se centró en las redes políticas y corporativas que gobiernan el país. Sin embargo, esa generación académica ha quedado obsoleta a raíz de la globalización capitalista. Lo que un día fueran clases capitalistas nacionales han evolucionado, a través de la integración transnacional de su capital, hasta convertirse en una sola clase capitalista internacional. En *Megacapitalistas. La élite que domina el dinero y el mundo*, el profesor Phillips se basa en una abundante serie de estudios recientes que demuestran cómo la globalización ha provocado la interpenetración transnacional de redes de poder nacionales. Hoy asistimos a la consolidación del poder político y económico de esta élite transnacional globalmente, a través de una concentración inédita de capital financiero y de la influencia política que ese control económico ejerce sobre estados e instituciones estatales intergubernamentales y transnacionales.

Llevo tres décadas estudiando el capitalismo global y veinte años investigando sobre la CCT. Ahora bien, al leer este estudio, me ha sobrecogido descubrir hasta qué punto el poder económico mundial se concentra en una diminuta élite financiera, y la magnitud de dicho poder. Un grupo asombrosamente pequeño controla el destino de toda la humanidad. En resumen, diecisiete conglomerados financieros globales gestionan de forma colectiva 41,1 billones de dólares en «una red global en la que ellos mismos invierten capitales entrelazados en todo el planeta.» Es más, los diecisiete invierten los unos en los otros hasta tal punto que parecen una mera masa de capital financiero global entrelazado. En realidad, la cifra de cuarenta y un billones de dólares es engañosamente baja porque, tal y como demuestra este estudio, no incluye el valor de los bienes capitales que estos conglomerados poseen en todas las ramas de la estructura corporativa global. Esta masa amalgamada de capital financiero transnacional tiene enormes inversiones e intereses en los medios de comunicación, la industria, el comercio y el complejo militar-industrial global.

La élite del poder global urde políticas que promuevan sus intereses en lo relativo a la gestión y la protección del capital global y a la ejecución de recaudación de deudas por todo el mundo, y lo hacen en foros privados donde se formulan políticas, como el Foro Económico Mundial, la Comisión Trilateral, el Grupo de los Treinta, el Consejo Atlántico o el Grupo Bilderberg, y en instituciones estatales transnacionales como el Banco Mundial, el Fondo Monetario Internacional, el G20 y el Banco de Pagos Internacionales. Al mismo tiempo, están situados estratégicamente para imponer después esas políticas a través de las posiciones que sus miembros ostentan dentro de Estados concretos e instituciones estatales transnacionales. En pocas palabras, las enormes concentraciones de poder económico se traducen en una influencia desmedida sobre la creación de políticas globales. En esta relación de poder económico social con poder estatal, la CCT da órdenes a funcionarios gubernamentales. Como dijo un miembro de la élite global citado por el profesor Phillips, estos funcionarios «pilotan nuestro avión». En palabras del propio Phillips, la élite del poder global «no ofrece meras "recomendaciones", sino más bien "instrucciones" que espera sean seguidas».

El estudio ante el que se encuentra el lector no pretende demostrarnos «cómo» enfrentarnos a la élite del poder global para obligarla a cambiar de rumbo, o incluso derrocarla por completo. Esto no es un manifiesto político. Durante gran parte del siglo xx, la lucha masiva de las clases obreras y populares, de los colonizados, de los racialmente oprimidos y de los pobres, obligaron al sistema a realizar una redistribución de la riqueza para contrarrestar la polarización inherente al capitalismo. Las élites respondieron al renacimiento de los de abajo lanzando una contraofensiva en las últimas décadas del siglo que acabaría conociéndose como la globalización neoliberal. Al globalizarse, los capitalistas lograron liberarse de las restricciones a los beneficios desenfrenados y de la acumulación de riqueza en el Estado-nación. El resultado ha sido la inédita concentración de riqueza en el seno de la CCT. Ahora bien, el profesor Phillips alude también al renacimiento de las luchas de resistencia y los movimientos por el cambio social que están desafiando a la élite del poder global y su sistema decadente. Si, en efecto, está aflorando un Estado policial global como empresa lucrativa en sí misma, su principal objetivo político es reprimir la revuelta global. A medida que avance esa revuelta, será necesario que conozca la estructura de poder global a la cual se enfrenta. Este estudio es una contribución indispensable a tal conocimiento.

Existe una creciente preocupación entre elementos reformistas de la élite transnacional, que ven la desigualdad descontrolada como una potencial amenaza para la estabilidad del capitalismo global y creen que debería haber algún tipo de redistribución. Estos integrantes de la élite han intentado buscar la manera de reformar el sistema para salvar al capitalismo de sí mismo y socavar desafíos radicales que vienen de abajo. Por una parte, la crisis del capitalismo global y la creciente preocupación entre esos elementos reformistas de la élite transnacional están generando fuertes divisiones dentro del bloque gobernante global. Por otro lado, las fisuras cada vez mayores en dicho bloque y la urgencia de las reformas abren nuevas posibilidades para aquellos que, desde abajo, luchan por un cambio trascendental para buscar alianzas políticas estratégicas. La historia nos ha demostrado que las principales reformas del capitalismo vinieron en momentos de crisis aguda, cuando los grupos gobernantes estaban divididos y cuando había poderosos movimientos sociales de masas provenientes de abajo. Los grandes movimientos reformistas —como los de los años treinta y sesenta del siglo xx— aparecieron a raíz de las exigencias de las luchas de masas militantes ante el Estado y las élites en pos de un cambio radical. Las principales reformas del capitalismo no surgieron tanto de las élites ilustradas como de las luchas de masas desde abajo, que obligaron a las élites a llevarlas a cabo. En mi opinión, la mejor forma de conseguir una reforma del capitalismo es luchando contra él.

WILLIAM I. ROBINSON
Profesor de Sociología
Universidad de California, Santa Bárbara

1

La élite del poder de la clase capitalista transnacional

SETENTA AÑOS DE HISTORIA[2]

Las élites gobernantes transnacionales

Según un informe de Oxfam Internacional de enero de 2016, sesenta y dos personas poseían la misma riqueza que medio mundo; un año más tarde, Oxfam informaba de que la mitad de la riqueza mundial estaba en manos de solo ocho hombres.[3] La concentración de riqueza se está produciendo de forma tan rápida que es posible que algún día no muy lejano un solo hombre ostente más dinero que la mitad de los seres humanos del mundo. Los seis multimillonarios más destacados de 2017, con su nacionalidad y su patrimonio neto estimado, eran: Bill Gates (Estados Unidos, 88.800 millones de dólares) Amancio Ortega (España, 84.600 millones), Jeff Bezos (Estados Unidos, 82.200 millones), Warren Buffett (Estados Unidos, 76.200 millones), Mark Zuckerberg (Estados Unidos, 56.000 millones) y Carlos Slim Helú (México, 54.500 millones). La lista de multimillonarios de la revista *Forbes* en 2017 contenía 2.047 nombres.[4] Estos integrantes de la élite capitalista global son muy conscientes de las enormes desigualdades y de la vertiginosa concentración de riqueza. Los multimillonarios son parecidos a los propietarios de plantaciones coloniales: saben que son una pequeña minoría con enormes recursos y poder, pero viven con la constante preocupación de que las masas explotadas se rebelen. Para promover una mayor democracia e igualdad, este libro pretende explicar cómo siguen creciendo esas enormes diferencias de riqueza, y qué mecanismos de poder protegen y mantienen a los gigantes del capitalismo. ¿Cómo es posible que el Congreso de Estados Unidos haya aprobado recientemente una bajada masiva de impuestos a las élites más adineradas del país, concediéndoles aún más miles de millones de riqueza acumulada? Conociendo cómo se sostienen el poder y la desigualdad, es posible que veamos oportunidades para defender y conquistar democracia e igualdad para el mundo actual.

Una larga tradición de investigación sociológica documenta la existencia de una clase dominante en Estados Unidos. Estas élites fijan las normas y deciden cuáles son las prioridades políticas nacionales. La clase gobernante estadounidense es compleja y competitiva. Se perpetúa a través de familias de un nivel social elevado, que están relacionadas entre sí y llevan estilos de vida parecidos, con filiaciones corporativas, selectos clubes sociales y colegios privados comunes.[5]

Hace mucho tiempo que la clase gobernante estadounidense está mayoritariamente resuelta a autoperpetuarse,[6] manteniendo su influencia a través de instituciones que formulan políticas, como National Association of Manufacturers, Business Council, Business Roundtable, The Conference Board, American Enterprise Institute for Public Policy Research, el Consejo de Relaciones Exteriores y otros grupos políticos orientados a los negocios.[7] Estas asociaciones llevan muchos años dominando las decisiones sobre las políticas que se deben seguir dentro del Gobierno estadounidense.

En su obra de 1956 *La élite del poder*, C. Wright Mills documentaba cómo la Segunda Guerra Mundial consolidó un triunvirato de poder en Estados Unidos formado por élites gubernamentales, militares y corporativas en una estructura centralizada de poder movida por intereses de clase y que trabajaba al mismo tiempo a través de «círculos superiores» de contactos y acuerdos. Mills describía a las élites del poder como aquellos que deciden «todo lo que tiene importantes consecuencias».[8] Estas personas de un alto círculo con autoridad para decidir solían estar más preocupadas por las relaciones entre organizaciones y el funcionamiento de la economía en su conjunto que en promover sus intereses corporativos particulares.[9] Mills hace hincapié en que la idea de una élite de poder no descansa solamente en la amistad personal, sino que se apoya en una ideología más amplia de objetivos corporativos compartidos.[10]

Ese círculo superior de integrantes de la élite política, que forman parte de la clase alta estadounidense, es la principal responsable de la toma de decisiones en la sociedad. A pesar de que muestran cierto sentido del «nosotros», también tienen constantes desacuerdos sobre políticas concretas y medidas necesarias en distintas circunstancias sociopolíticas.[11] Estas diferencias pueden obstaculizar una respuesta reaccionaria agresiva a los movimientos sociales y a la agitación ciudadana, como ocurrió con el movimiento obrero en la década de 1930 y en el movimiento a favor de los derechos civiles en los sesenta. Durante estas dos épocas, los elementos más liberales de las élites políticas dominaban por lo general el proceso de toma de decisiones y apoyaron la aprobación de la Ley Nacional de Relaciones Laborales y la Ley de Seguridad Social en 1935, así como la Ley de Derechos Civiles y la Ley de Oportunidades Económicas en 1964. Estas legislaciones nacionales se consideraron concesiones a los movimientos sociales y a la agitación civil del momento, y fueron implementadas en lugar de imponerse políticas más represivas.[12]

En las últimas décadas, y especialmente desde los acontecimientos del 11 de septiembre de 2001, las élites políticas en Estados Unidos han estado mayormente unidas en su apoyo a un imperio estadounidense de poder militar que mantiene una guerra represiva contra grupos de resistencia (típicamente etiquetados como «terroristas») en todo el mundo. En realidad, esta guerra contra el terror trata mucho más de proteger la globalización transnacional, el flujo libre de capital financiero de ámbito mundial, la hegemonía del dólar y el acceso al petróleo que de reprimir el terrorismo. Estados Unidos cuenta con una larga historia de intervenciones en todo el planeta cuyo objetivo era proteger nuestros «intereses nacionales.» La Organización del Tratado del Atlántico Norte (OTAN) está cada vez más alineada con la agenda de dominación global de Estados Unidos, y eso refleja el creciente carácter económico transnacional de nuestros intereses nacionales.

La clase capitalista transnacional

Las élites del poder capitalistas existen en todo el mundo. La globalización del comercio y el capital han hecho que las élites mundiales estén cada vez más conectadas entre sí, hasta el punto de que, en las últimas décadas, los académicos han empezado a teorizar sobre el desarrollo de una «clase capitalista transnacional» (CCT).

En una de las primeras obras sobre la CCT, *The Transnational Capitalist Class* (2000), Leslie Sklair sostenía que la globalización ha llevado a las corporaciones transnacionales a ejercer papeles internacionales más influyentes, con la consecuencia de que los Estados-nación se han vuelto menos importantes que los acuerdos internacionales desarrollados a través de la Organización Mundial del Comercio (OMC) y otras instituciones internacionales.[13] De estas corporaciones multinacionales surge una clase capitalista transnacional, cuyas lealtades e intereses, a pesar de estar enraizados en sus corporaciones, tienen un alcance cada vez más internacional.

Sklair afirma que «está surgiendo una nueva clase que busca personas y recursos por todo el mundo en su insaciable sed de beneficios privados y eterna acumulación. Se trata de la clase capitalista transnacional (CCT), compuesta por ejecutivos corporativos, burócratas y políticos globalizadores, profesionales y élites consumistas globalizadores». También habla de la CCT como el mecanismo de control de la globalización, que demuestra una solidaridad de clase en sus acciones. Esta actuación como una clase unida se redobla con la creencia compartida de que el crecimiento continuado a través del consumismo impulsado por los beneficios acabará resolviendo por sí mismo la pobreza mundial, la desigualdad y el derrumbe medioambiental.[14]

William I. Robinson siguió en la misma línea en 2004 con su libro, *A Theory of Global Capitalism: Production, Class and State in a Transnational World*.[15] Robinson afirma que cinco siglos de capitalismo han desembocado en un cambio histórico global donde toda la actividad humana se transforma en capital. Desde este punto de vista, el mundo se habría convertido en un único mercado, que privatiza las relaciones sociales. Robinson sostiene que la CCT comparte cada vez más un estilo de vida, unos patrones de educación superior y consumo. La circulación global del capital es el centro de una burguesía internacional, que opera en grupos oligopólicos por todo el mundo. Estos subgrupos de élites forman alianzas transnacionales estratégicas a través de fusiones y adquisiciones, con el objetivo de aumentar la concentración de riqueza y capital. El proceso crea una poliarquía de élites hegemónicas.

La concentración de riqueza y poder a este nivel tiende a acumularse en exceso en manos de cada vez menos integrantes de las élites, hasta el punto de que el capital ha limitado las oportunidades de inversión seguras, lo cual ha generado presión para realizar inversiones arriesgadas. Las élites globales del poder de la CCT intentan corregir y proteger sus intereses a través de organizaciones globales como el Banco Mundial, la Organización Mundial del Comercio, el Fondo Monetario Internacional, el G20, el G7, el Foro Económico Mundial, la Comisión Trilateral, el Grupo Bilderberg, el Banco de Pagos Internacionales y otras asociaciones transnacionales. Robinson sostiene que, dentro de este sistema, los Estados-nación se convierten en poco más que zonas de contención de población, y que el verdadero poder reside en los «decididores» que controlan el capital global.[16]

Un estudio más reciente sobre la CCT es *The Making of a Transnational Capitalist Class*, de William K. Carroll (2010). La obra se centra en la consolidación de las redes transnacionales de políticas corporativas entre 1996 y 2006. Apoyándose en una base de datos con las juntas directivas de las quinientas corporaciones globales más grandes, demuestra que las conexiones entre corporaciones están muy concentradas y que cada vez hay menos gente involucrada. Según este análisis, el número de integrantes de las juntas corporativas cayó de 20,2 a 14 en la década que abarca su estudio. Es más, las organizaciones financieras cada vez ocupan un lugar más central en esas redes. Carroll afirma que la CCT en el centro de esas redes aprovecha sus amplios vínculos con el resto de los miembros (de la CCT), aportando con ello la capacidad estructural y la conciencia de clase necesarias para que haya una solidaridad política efectiva.[17]

The Handbook of Transnational Governance (2011) enumera cincuenta y dos redes transgubernamentales, organismos de arbitraje, iniciativas de varios accionistas (con la ayuda de Internet) y grupos de regulación voluntarios (asociaciones de trabajo o comercio justo).[18] Algunos de los cincuenta y dos organismos de la CCT citados son el Comité de Supervisión Bancaria de Basilea; la Fuerza de Acción Financiera, creada en 1989 para abordar el blanqueo de dinero y la financiación terrorista; el Consejo de Estabilidad Financiera, formado en 1997 tras la crisis financiera en Asia para ofrecer una plataforma de comunicaciones internacional a los ministros de Economía, donde se propondrían recomendaciones al G7 y al G20; la Junta de Normas Internacionales de Contabilidad; y la Asociación Internacional de Supervisores de Seguros.

Dentro de la clase capitalista transnacional se encuentra lo que David Rothkopf llama la «superclase». En su libro de 2008, *Superclass: The Global Power Elite and the World They are Making*, Rothkopf sostiene que la superclase está formada por entre seis y siete mil personas, lo que equivale a un 0,0001% de la población mundial.[19] Son los miembros de la élite mundial interconectados en megacorporaciones, que asisten a Davos y vuelan en jets privados o aviones Gulfstream y elaboran las políticas a seguir; personas situadas en el vértice de la pirámide del poder global. Un 94 % son hombres, predominantemente de raza blanca y en su mayoría norteamericanos y europeos. Rothkopf afirma que ellos son quienes fijan la agenda del G8 (actualmente G7, tras la exclusión de Rusia), el G20, la OTAN, el Banco Mundial y la OMT. Provienen de los más altos escalones del capital financiero, de corporaciones transnacionales, de Gobiernos, de fuerzas armadas, del mundo académico, de organizaciones no-gubernamentales, líderes espirituales e incluso integrantes en la sombra. (Entre estos últimos se encuentra, por ejemplo, la oscura política de organizaciones de seguridad nacional conectadas con cárteles internacionales de droga, que extraen ocho mil toneladas anuales de opio de zonas de guerra estadounidenses, y luego blanquean quinientos mil millones de dólares a través de bancos transnacionales, la mitad de los cuales tienen sede en Estados Unidos.)[20]

La CCT y la élite global del poder representan los intereses de varios centenares de miles de millonarios y multimillonarios que forman el grupo más rico del top 1% de la jerarquía de la riqueza mundial. Irónicamente, esta acumulación extrema de capital concentrado en lo más alto crea un problema permanente para los gestores de dinero en todo el mundo, que se ven obligados a buscar nuevas oportunidades de inversión por todo el planeta para obtener un rendimiento adecuado del capital.

La definición de superclase de Rothkopf hace hincapié en su influencia y poder. Los 2.043 multimillonarios que había en el mundo en 2017 acaparaban en su conjunto 7,67 billones de dólares en riqueza. Bill Gates sigue siendo la persona más rica del mundo, con una fortuna que ha aumentado en once mil millones de dólares de 2016 a 2017, con un total de 88.800 millones de dólares.[21] Aunque los multimillonarios forman parte de esa superclase, no todos ellos son integrantes de la élite del poder mundial que influye directamente sobre las políticas globales. Ahora bien, casi todos los multimillonarios coincidirían en la importancia de que los Estados-nación, las fuerzas policiales y los responsables políticos protejan su riqueza y su continuo crecimiento.[22]

El Foro Económico Mundial que se reúne anualmente en Davos con representantes de las mil corporaciones más importantes del planeta ha venido subrayando desde 1971 el problema crónico de la desigualdad global y otras importantes cuestiones mundiales. La reunión celebrada en enero de 2017 propuso un informe titulado: «Es demasiado fácil aislarse: los líderes de Davos reflexionan acerca de las divisiones sociales»[23]. El informe declaraba que las élites no deben aislarse del resto del mundo. Según Phillip Jennings, de UNI Global Union: «si queremos crear una sociedad que funcione para todos, todo el mundo debe tener un sitio en la mesa donde se toman decisiones, de alguna manera». La reunión de 2017 contó extraordinariamente con la presencia de Xi Jingping, presidente de la República Popular de China. En su mensaje, Xi declaró que muchos de los problemas del mundo actual son resultado de la globalización económica. Un comité de 2017 abordó la pregunta: «¿Es la renta básica universal solamente un sueño?».

Es justo decir que, por lo general, el Foro Económico Mundial sigue siendo una celebración de la riqueza, la globalización y el capitalismo. A pesar de que se discuten problemas mundiales, sus participantes eluden abordar realmente soluciones concretas para la pobreza global y la guerra permanente que no sea la de promover un crecimiento económico continuo.

Nuestra percepción del Foro Económico Mundial es similar al campamento de verano anual del San Francisco Bohemian Club.[24] Ambos eventos reúnen a miles de integrantes de la élite (en el caso de este último, solo hombres) para escuchar discursos o debates entre personajes famosos e importantes acerca de los principales temas socioeconómicos del momento. En ambos escenarios hay tiempo para discusiones, para «conocer y saludar». Sin embargo, ninguno de los dos propone recomendaciones políticas oficiales ni establece una agenda concreta que considerar para el gobierno global.

En este libro, vamos a presentar información que demuestra que las élites transnacionales interactúan como una clase social y funcionan como administradores de capital global. Identificamos a trescientas ochenta y nueve miembros de esas élites del poder global como los gestores clave de capital concentrado, facilitadores del crecimiento del capital y protectores del sistema. Estas personas se encuentran en el núcleo de la élite del poder de la clase capitalista transnacional. Generalmente se conocen en persona, o saben los unos de los otros, hacen negocios juntos, detentan una fortuna personal considerable, tienen una educación y estilo de vida parecidos, y poseen intereses globales en común. Casi todos trabajan en el consejo directivo de grandes compañías de inversión de capital u otras corporaciones y bancos importantes. Coinciden en organizaciones políticas no-gubernamentales y van formando otras nuevas, a medida que aumenta la necesidad de tomar decisiones en privado para que luego las implementen Gobiernos, fuerzas de seguridad e instituciones mundiales. Las élites transnacionales del poder comparten una identidad ideológica como ingenieros del capitalismo global, con una fuerte convicción de que su forma de vida y el constante crecimiento de su capital son lo mejor para la humanidad entera.

Crisis de humanidad

Debemos dar las gracias a William I. Robinson, sociólogo de la Universidad of California, Santa Bárbara, por su libro *Global Capitalism and the Crisis of Humanity* (2014), que ayuda a enmarcar esta sección de nuestro capítulo introductorio.[25] Robinson sostiene que el mundo se enfrenta a una crisis sin precedentes de desigualdad social, degradación medioambiental, violencia global y desestabilización económica. Afirma que el sistema mundial ha centralizado y sobreacumulado capital hasta tal punto de que las oportunidades de inversión son limitadas y solo hay tres mecanismos para invertir el excedente de capital: la especulación financiera arriesgada, las guerras y su preparación, y la privatización de instituciones públicas. El uso de estos mecanismos suele traer como consecuencia un problema de legitimación gubernamental, en el cual las estructuras democráticas se ven constantemente socavadas y surgen por todo el planeta Estados policiales militarizados.

Si las policías y los ejércitos nacionales no son capaces de contener de manera efectiva los movimientos de resistencia internos en países proclives a los intereses de capital de la CCT, otras fuerzas internacionales seleccionadas, de Estados Unidos, la OTAN, Naciones Unidas o fuerzas militares, acuden para controlarlos o darles apoyo. Estas intervenciones militares están ideológicamente justificadas como misiones humanitarias o de paz. Ahora bien, si los Gobiernos o regímenes se consideran contrarios a los intereses de capital de la CCT, las fuerzas de resistencia contarán con respaldo y motivación para impulsar un cambio de régimen, como ha ocurrido en Libia, Siria, Irak, Yemen, Somalia, Ucrania, Venezuela o Yugoslavia. Estas intervenciones, tanto en apoyo de los regímenes como en su contra, acarrean terribles consecuencias humanas, que incluyen víctimas civiles, aumento del hambre y las enfermedades, y cantidades ingentes de refugiados desplazados.

Se calcula que la riqueza total del mundo asciende a unos doscientos cincuenta y cinco billones de dólares aproximadamente, de los cuales Estados Unidos acapara alrededor de dos tercios. Mientras tanto, el ochenta por ciento de la población mundial vive con menos de diez dólares al día; la mitad más pobre lo hace con menos de dos dólares y medio diarios; y más de mil trescientos millones de personas viven con solo un dólar con veinticinco centavos al día.[26]

William I. Robinson habla de una trifurcación de la humanidad en el 1%, el 20% y 80%, por la cual la riqueza sigue concentrándose en la quinta parte superior del género humano.[27] Las élites de la CCT se enorgullecen al señalar que actualmente el mundo tiene la clase media más numerosa de la historia.[28] No obstante, ese nivel de vida no alcanza a la gran mayoría de seres humanos, y es probable que nunca lo haga debido al capitalismo global tal y como está organizado en el mundo hoy en día.

Según un artículo de *Los Angeles Times*, «cada noche, una de cada nueve personas se va a la cama con hambre. Esto significa que una novena parte de los setecientos noventa y cinco millones de personas en el planeta sufren de hambre crónica, según el Programa Mundial de Alimentos de Naciones Unidas. La ONU prevé que cerca de dos mil millones de personas no tendrán alimentos suficientes en 2050. Además, una de cada tres personas sufren algún tipo de desnutrición, lo cual significa que faltan vitaminas o minerales en su dieta. Esto puede provocar problemas de salud, como retrasos en el crecimiento de los niños… Cada año, la mala alimentación mata a 3,1 millones de niños menores de cinco años».[29] Veinticinco mil personas al día, más de nueve millones al año, mueren de hambre y desnutrición.[30] Esta masacre se está produciendo días tras día en todo el mundo. En buena medida, la hambruna se debe a que la gente no tiene suficiente dinero para comprar alimentos para su familia. Estas familias carecen de recursos para adquirir los nutrientes necesarios para mantener a sus hijos con vida y sanos. El hambre crónica es un problema de distribución principalmente, ya que un tercio de todos los alimentos producidos en el mundo se desperdician y se pierden.[31]

Así pues, mientras millones de personas sufren, las élites financieras de la CCT se concentran en sacar beneficios de billones de dólares, y esto puede incluir e incluye especulación en torno al creciente coste de los alimentos y los terrenos. Lo hacen en colaboración con los demás, en un sistema capitalista global de poder y control de la CCT que los atrapa estructuralmente en ciclos de crecimiento y contracción económica, y que tiene consecuencias humanitarias permanentes a gran escala.

La especulación de capitales afecta también a tierras de cultivo en todo el mundo, donde los agricultores locales son reemplazados por inversores de la élite del poder. En los últimos diez años, se han invertido más de noventa mil millones de dólares en setenta y ocho países para comprar casi treinta millones de hectáreas de tierra de cultivo. La consecuencia de ello es una agricultura corporativa a escala masiva, generalmente destinada a la exportación, y también a la eliminación de esas tierras como fuente de alimento local.[32]

A pesar de que buena parte de la CCT es consciente de la pobreza mundial, las soluciones reales para el hambre y la muerte se pierden ante esa urgencia frenética y constante por obtener rendimiento del capital. Los sistemas gubernamentales para salvar alimentos desaprovechados podrían reducir el hambre en el mundo de forma considerable. Sin embargo, tal vez sería más sencillo imponer un 25% de impuestos sobre la riqueza a los dos mil multimillonarios que hay en el mundo. Y es que, distribuidos de manera equitativa, probablemente eliminarían la hambruna del planeta de forma permanente.[33]

La guerra y sus preparativos son otro campo donde la CCT invierte el excedente de capital. Según el Instituto Internacional de Investigación para la Paz de Estocolmo, el gasto militar mundial en 2016 ascendió a 1,69 billones de dólares, es decir, un 2,3 por ciento del PIB global.[33] Ese mismo año, los países con mayor inversión militar (con más de diez mil millones de gasto cada uno) fueron Estados Unidos (611.000 millones de dólares), China (215.000 millones), Rusia (69.000 millones), Arabia Saudí (63.000 millones), India (55.000 millones), Francia (55.000 millones), Reino Unido (54.000 millones), Japón (46.000 millones), Alemania (41.000 millones), Corea del Sur (36.000 millones), Italia (28.000 millones), Australia (24.000 millones), Brasil (23.000 millones), Israel (18.000 millones), Canadá (15.000 millones), España (14.000 millones), Emiratos Árabes Unidos (14.000 millones), Turquía (14.000 millones), Irán (12.000 millones), Argelia (10.000 millones) y Pakistán (10.000 millones).[34] Hoy en día, siguen siendo oportunas las palabras que pronunció Dwight Eisenhower en 1953: «Cada arma que se fabrica, cada buque de guerra que se lanza al mar, cada cohete que se dispara significa, en última instancia, un robo a aquellos que pasan hambre y no son alimentados, a aquellos que tienen frío y carecen de ropa».[35]

Las guerras derivadas del 11-S siguen causando estragos, caos y muerte en Oriente Medio, África y otras regiones. En 2014, más de ciento ochenta mil personas murieron en conflictos mundiales.[36] En 2017, había más de 65,6 millones de refugiados desplazados que huían del hambre y la guerra.[37] Estas guerras no son solo consecuencia del aventurismo militar y de los conflictos políticos, sino que vienen motivadas por temores ideológicos que difunde la propaganda y el deseo de obtener rendimiento de inversiones de capital en la industria militar. Lockheed Martin es la compañía que más se lucra de la guerra, con ventas por valor de 36.400 millones de dólares en 2015.[38] La guerra perpetua contra el terrorismo favorece los negocios y la inversión de capital de la CCT.[39] De este modo, se convierte en un mecanismo institucionalizado para la concentración y el crecimiento constantes del capital de la CCT que revierte ganancias por encima de la media y con escaso riesgo.

Para muchos, la crisis definitiva de la humanidad, aparte de una guerra nuclear global, es la degradación del medioambiente. En su obra *Unprecedented*, el académico religioso David Ray Griffin se pregunta si la civilización puede sobrevivir a la crisis del CO_2.[40] Desde la era preindustrial, la temperatura ha aumentado en 0,75 °C, lo cual ha provocado cambios importantes en el clima mundial. Desde 1988, solamente un centenar de empresas han generado más del 70% de las emisiones de gases de efecto invernadero.[41] Hay un retraso de al menos diez años entre las emisiones de CO_2 y los cambios de temperatura. Por tanto, aunque se reduzcan radicalmente las emisiones de CO_2 en este momento, las temperaturas seguirán aumentando durante décadas.[42] Este ascenso de temperaturas desencadenará acontecimientos climáticos cada vez más graves: tormentas extremas, récords de frío y calor, inundaciones, incendios, oleajes, marea, altas tasas de mortalidad y pérdidas económicas.[43] Presenciaremos escaseces a gran escala de agua potable y alimentos.[44] A su vez, estas perturbaciones y tales carencias provocarán guerras climatológicas y agitación social.[45] En efecto, las enfermedades causadas por la contaminación provocan nueve millones de muertes prematuras al año.[46] A no ser que se controle, en un futuro cercano todo ello dará lugar al derrumbe del ecosistema y a una extinción de vida masiva en el planeta, tal vez incluso a la desaparición del ser humano.[47]

Sorprendentemente, los gestores financieros de la CCT y la élite del poder global abordan la transformación del medio ambiente buscando nuevas oportunidades de inversión. Según la revista *Forbes*, invertir en el cambio climático puede ser rentable, y apostar por las bajas emisiones de carbono y sectores que saldrían beneficiados en caso de aumentar el estrés climático (tales como defensa, sanidad y seguro de propiedades) puede resultar lucrativo.[48] En Groenlandia, el creciente interés en las nuevas oportunidades mineras disponibles como consecuencia del cambio climático es un problema importante.[49] Y la inversión privada en el control de los suministros de agua también se considera una oportunidad atractiva para la especulación de la élite del poder.[50]

Los integrantes de la élite del poder global identificados en este libro son los gestores financieros capitalistas más importantes del mundo. Cada año amasan una mayor concentración de capital y están inmersos en una implacable búsqueda de más riqueza. La principal preocupación de la CCT y la élite del poder es proteger la inversión de capital, asegurar la recaudación de deuda y crear oportunidades para obtener más beneficios. Si proteger el medio ambiente es rentable, las inversiones verdes se consideran aceptables. Lo que sigue sin ser aceptable es gastar dinero en las personas, en el medio ambiente y en servicios que no beneficien al capitalismo. Esta falta de preocupación por la mejora de la condición humana, sea deliberada o no, es la principal contradicción de la clase capitalista transnacional, y la verdadera crisis del capitalismo. Revertir esta locura es la obligación de cualquier persona con una orientación humanitaria, y en nuestra opinión es posible en un futuro cercano si se hace de manera colectiva y no violenta.

Asimismo, creemos que, poniendo nombres a la élite del poder global y a sus sistemas de hegemonía, podemos motivar a suficientes de ellos a reconocer sus propios impulsos humanitarios, para que, de este modo, promuevan, de manera colectiva y en colaboración con las sociedades civiles, una remodelación organizada de nuestro sistema económico global y afronten la realidad de nuestra crisis medioambiental.

2

Los gigantes financieros globales
EL NÚCLEO DEL CAPITALISMO MUNDIAL[51]

En este capítulo, identificamos las principales empresas de gestión de activos del mundo. Todas ellas controlan cantidades superiores al billón de dólares. El capital total gestionado por esas diecisiete compañías asciende a más de 41,1 billones de dólares. Son los gigantes del capitalismo internacional. La riqueza que manejan proviene de muchos miles de millonarios, multimillonarios y corporaciones, que las autorizan a invertir su dinero en el mercado con la esperanza de obtener un rendimiento de su capital por encima de la media.

Estos diecisiete gigantes del capitalismo, que gestionan de forma colectiva esta concentración de capital superior a los 41,1 billones de dólares, operan prácticamente en todos los países. Son las instituciones centrales del capital financiero que impulsa el sistema económico global. Los Gobiernos occidentales y los órganos políticos internacionales velan generalmente por sus intereses para proteger el libre flujo de la inversión de capital y garantizar la recaudación de deudas en todo el mundo.

Un estudio publicado en 2011 por la Universidad de Zúrich, realizado por Stefania Vitali, James B. Glattfelder y Steffano Battiston en el Instituto Federal Suizo de Tecnología, denunciaba el enorme poder que ejerce un grupo reducido de compañías, fundamentalmente bancos e instituciones financieras, sobre la economía global.[52] Aplicando modelos matemáticos habitualmente usados para estudiar sistemas naturales a las 43.060 principales corporaciones transnacionales en la economía mundial, el estudio descubrió que ciento cuarenta y siete empresas controlaban cerca del 40% de la riqueza mundial.[53] Quince de diecisiete compañías estadounidenses de gestión de activos están incluidas entre las firmas más hiperconectadas del planeta.

El estudio de Zúrich es muy significativo para comprender estas corporaciones. Sin lugar a dudas, respalda el concepto de una estructura de capital sumamente centralizada, gestionada por un número cada vez menor de instituciones con enorme poder. Esto implica que los directores o gerentes de estos gigantes son una élite de poder emergente dentro de la clase capitalista transnacional (CCT) con enormes conexiones internas y capacidades interactivas. En 2011, los autores del estudio de Zúrich se cuidaron de no afirmar que la elevada concentración de riqueza en manos de unos pocos ejecutivos destacados condicionara necesariamente una estructura de poder. Para entender adecuadamente el poder de una élite global emergente, es necesario hacer un análisis de las redes sociológicas e interpretaciones cualitativas de los actores principales en este sistema sumamente concentrado.

GIGANTES: PRINCIPALES COMPAÑÍAS DE GESTIÓN DE ACTIVOS CON MÁS DE UN BILLÓN DE DÓLARES A COMIENZOS DE 2017

NOMBRE	PAÍS	ACTIVOS GESTIONADOS (en billones de dólares)	RANKING GLOBAL DE COMPAÑÍAS SUPERCONECTADAS (2010)
1. BlackRock*	Estados Unidos	5,4	–
2. Vanguard Group	Estados Unidos	4,4	8
3. JP Morgan Chase	Estados Unidos	3,8	6
4. Allianz SE (PIMCO)	Alemania/EE. UU.	3,3	27
5. UBS	Suiza	2,8	9
6. Bank of America Merrill Lynch	Estados Unidos	2,5	10
7. Barclays plc	Reino Unido	2,5	1
8. State Street Global Advisors	Estados Unidos	2,4	5
9. Fidelity Investments (FMR)	Estados Unidos	2,1	3
10. Bank of New York Mellon	Estados Unidos	1,7	16
11. AXA Group	Francia	1,5	4
12. Capital Group	Estados Unidos	1,4	2
13. Goldman Sachs Group	Estados Unidos	1,4	18
14. Credit Suisse	Suiza	1,3	14
15. Prudential Financial	Estados Unidos	1,3	–
16. Morgan Stanley & Co.	Estados Unidos	1,3	21
17. Amundi/Crédit Agricole	Francia	1,1	24
TOTAL: 17 compañías (199 directores)		**41,1**	

* Nota: BlackRock adquirió la compañía de gestión de activos Barclays Global Investors en 2009, lo que los colocó con toda probabilidad en el *ranking* actual de las empresas más interconectadas. En 2017, BlackRock aumentó el número de activos gestionados en un 22%, alcanzando los 6,29 billones de dólares; sus ingresos netos en el cuarto trimestre recogieron un impacto positivo de 1,2 billones de dólares gracias a los beneficios fiscales netos de la reforma tributaria promulgada por Trump.[54]

Creemos que el mundo necesita saber qué compañías conforman el centro de control del capitalismo global; y, con ello, quién toma las decisiones financieras sobre el uso de la riqueza mundial. En realidad, se trata de un análisis bastante sencillo, aunque arduo: la mayoría de la información está no solo al alcance del público, sino que se publica en Internet. Empezamos por las cincuenta compañías más centralizadas que analiza el estudio suizo de 2011.[55] Este identificaba a las corporaciones más centralizadas e interconectadas del mundo. También queríamos tener en cuenta aquellos grupos que gestionan los mayores volúmenes de capital financiero, de modo que tomamos las principales empresas de gestión de fondos con más de un billón de dólares en activos en 2017 como conjunto central de datos.[56]

Según el estudio suizo, quince de las diecisiete principales compañías de gestión de activos se encontraban entre las veintisiete empresas más centralizadas, y nueve están entre el top 10 de compañías superconectadas. En el capítulo 3 identificamos a ciento noventa y nueve personas que forman parte de los consejos directivos de esas diecisiete compañías principales de gestión de activos. En conjunto, administran más de 41,1 billones de dólares en fondos y operan prácticamente en todos los países del mundo. Estos 41,1 billones no incluyen el saldo de capital que cada una de estas empresas tiene en activos de la compañía (y que ascienden a miles de millones de dólares), ni tampoco el enorme aumento de fondos como consecuencia de la reforma tributaria de Trump en 2017.

Las principales compañías de gestión de activos suelen invertir las unas en las otras, lo cual convierte esta red en un núcleo sólido de empresas interconectadas con inversiones compartidas en todo el mundo. JP Morgan Chase y otros catorce gigantes billonarios tienen inversiones directas en BlackRock.[57] Los diecisiete Gigantes han invertido colectivamente 403.400 millones entre ellos. Es probable que el volumen de esta inversión sea muy superior al que resulta de nuestros cálculos y se encuentre entre uno y dos billones de dólares, teniendo en cuenta que los 9,8 billones que sobre estos Gigantes recogen los datos del NASDAQ solo refleja información sobre inversiones que equivalen a un 24% de los 41,1 billones totales. Sin embargo, nuestras estimaciones bastan para ver claramente que los Gigantes están considerablemente comprometidos entre sí. Y el resultado de esta inversión cruzada es una estructura global de capital entrelazado, que va amasando una fortuna cada vez mayor en constante detrimento de miles de millones de personas en todo el mundo.

GIGANTES FINANCIEROS GLOBALES

Inversión directa de capital en otros gigantes: total 403.400 millones de dólares
2017[58]

JP MORGAN CHASE
(3,8 BILLONES DE DÓLARES GESTIONADOS)
CONJUNTO DE DATOS NASDAQ: 439.000 MILLONES
TOTAL: 15.570 MILLONES DE DÓLARES INVERTIDOS EN OTROS GIGANTES

Vanguard Group	3.560 millones	BlackRock	1.190 millones
State Street	282 millones	Bank of America	5.200 millones
Bank of NY Mellon	535 millones	Morgan Stanley & Co.	2.500 millones
Goldman Sachs Grp	658 millones	UBS	618 millones
Prudential Financial	663 millones	Barclays plc	354 millones

Principales *holdings* de JP Morgan Chase: S&P 500 Exchange Traded Funds (ETF) (43.700 millones de dólares), Apple (8.900 millones), Microsoft (7.100 millones), United Health Group (5.000 millones), Alphabet-Google (8.400 millones), Pfizer (5.000 millones), Amazon (4.100 millones), Facebook (3.800 millones), Philip Morris (1.700 millones), Berkshire Hathaway (mil millones).

VANGUARD GROUP
(4,4 BILLONES DE DÓLARES GESTIONADOS)
CONJUNTO DE DATOS NASDAQ: 2,2 BILLONES
TOTAL: 72.100 MILLONES DE DÓLARES INVERTIDOS
EN OTROS GIGANTES

JP Morgan Chase	26.900 millones	Bank of America	19.200 millones
Goldman Sachs Grp	6.000 millones	Morgan Stanley & Co.	4.900 millones
BlackRock	4.300 millones	Bank of NY Mellon	3.700 millones
Prudential Financial	3.500 millones	UBS	1.500 millones
FMR	2.100 millones		

Principales *holdings* de Vanguard Group: Apple (58.500 millones), Microsoft (46.300 millones), Alphabet (Google) (42.000 millones), Amazon (32.000 millones), Facebook (28.400 millones) Johnson & Johnson (28.000 millones); Berkshire Hathaway (24.000 millones), Citigroup (14.100 millones), Philip Morris (11.800 millones).

BANK OF AMERICA MERRILL LYNCH
(2,5 BILLONES DE DÓLARES GESTIONADOS)
CONJUNTO DE DATOS NASDAQ: 594.000 MILLONES
TOTAL: 70.140 MILLONES DE DÓLARES INVERTIDOS
EN OTROS GIGANTES

BlackRock	2.700 millones	Vanguard Group	55.600 millones
State Street	264 millones	FMR	1.600 millones
JP Morgan Chase	6.300 millones	Bank of NY Mellon	301 millones
Goldman Sachs Grp	1.500 millones	Morgan Stanley & Co.	869 millones
UBS	143 millones	Allianz SE (PIMCO)	153 millones
Prudential Financial	518 millones	Credit Suisse	123 millones

Principales *holdings* de Bank of America Merrill Lynch: S&P 500 ETF (35.500 millones), Ishares (Global ETF) (más de 47.700 millones), Apple (7.100 millones), Philip Morris (3.100 millones), Alphabet (seis mil millones), Facebook (3.500 millones).

BLACKROCK
(5,4 BILLONES DE DÓLARES GESTIONADOS)
CONJUNTO DE DATOS NASDAQ: 2,04 BILLONES
TOTAL: 66.100 MILLONES DE DÓLARES INVERTIDOS EN OTROS GIGANTES

JP Morgan Chase	24.400 millones	Bank of America	19.300 millones
Goldman Sachs Grp	6.000 millones	Morgan Stanley & Co.	5.500 millones
Prudential Financial	3.700 millones	Bank of NY Mellon	3.100 millones
State Street	2.000 millones	FMR	2.000 millones

Principales *holdings* de BlackRock: Apple (53.240 millones), Microsoft (40.100 millones), Ishares (40.100 millones), Amazon (27.400 millones), Faceboook (24.100 millones), Berkshire Hathaway (20.200 millones), Alphabet (37.400 millones), Citigroup (14.500 millones), Philip Morris (9.700 millones).

PRUDENTIAL FINANCIAL
(1,3 BILLONES DE DÓLARES GESTIONADOS)
CONJUNTO DE DATOS NASDAQ: 72.000 MILLONES
CONJUNTO DE DATOS NASDAQ DE PRUDENTIAL PLC: 32.000 MILLONES
TOTAL: 4.100 MILLONES DE DÓLARES INVERTIDOS EN OTROS GIGANTES

BlackRock	87 millones	Goldman Sachs Grp	315 millones
Vanguard Group	113 millones	State Street	94 millones
JP Morgan Chase	1.000 millones	Bank of NY Mellon	259 millones
Bank of America	1.140 millones	Morgan Stanley & Co.	915 millones
UBS	166 millones	FMR	28 millones

Principales *holdings* de Prudential Financial: Apple (2.400 millones), Microsoft (2.300 millones), Alphabet (2.000 millones), Amazon (810 millones), Berkshire Hathaway (735 millones), S&P 500 ETF (500 millones), Ishares (930 millones), Philip Morris (267 millones).

GOLDMAN SACHS GROUP
(1,4 BILLONES DE DÓLARES GESTIONADOS)
CONJUNTO DE DATOS NASDAQ: 321.000 MILLONES
TOTAL: 9.400 MILLONES DE DÓLARES INVERTIDOS
EN OTROS GIGANTES

BlackRock	362 millones	Vanguard Group	2.800 millones
State Street	191.000 millones	FMR	237 millones
Bank of America	2.100 millones	Bank of NY Mellon	297 millones
Morgan Stanley & Co.	447 millones	JP Morgan Chase	2.400 millones
UBS	236 millones	Prudential Financial	398 millones

Principales *holdings* de Goldman Sachs Group: S&P 500 ETF (11.500 millones), Ishares (11.800 millones), Apple (5.200 millones), Amazon (4.100 millones), Microsoft (3.400 millones), Alphabet (4.100 millones), Berkshire Hathaway (1.400 millones), Philip Morris (768 millones).

UBS
(2,8 BILLONES DE DÓLARES GESTIONADOS)
CONJUNTO DE DATOS NASDAQ: 170.000 MILLONES
TOTAL: 16.170 MILLONES DE DÓLARES INVERTIDOS
EN OTROS GIGANTES

Vanguard Group	12.300 millones	JP Morgan Chase	1.390 millones
Allianz SE (PIMCO)	179 millones	Goldman Sachs Grp	210 millones
Bank of America	656 millones	Morgan Stanley & Co.	145 millones
Barclays plc	193 millones	BlackRock	1.050 millones (Ishares)

Principales *holdings* de UBS: S&P 500 ETF (9.500 millones), Apple (2.400 millones), Microsoft (2.400 millones), Ishares (19.000 millones), Alphabet (2.420 millones), Facebook (1.300 millones), Philip Morris (317 millones).

CREDIT SUISSE
(1,3 BILLONES DE DÓLARES GESTIONADOS)
CONJUNTO DE DATOS NASDAQ: 79.900 MILLONES
TOTAL: 2.890 MILLONES DE DÓLARES INVERTIDOS
EN OTROS GIGANTES

Bank of America	415 millones	Morgan Stanley&Co.	124 millones
FMR	80 millones	UBS	1.600 millones
Goldman Sachs Grp	197 millones	Bank of NY Mellon	72 millones
State Street	53 millones	Prudential Financial	87 millones
BlackRock	97 millones	Allianz SE (PIMCO)	72 millones
Vanguard Group	123 millones		

Principales *holdings*: United Health Group (2.200 millones), Apple (1.700 millones), Microsoft (1.200 millones), Amazon (870 millones), Facebook (732 millones), Alphabet (1.380 millones), S6P 500 ETF (458 millones), Ishares (1.900 millones), Berkshire Hathaway (456 mill.), Philip Morris (305 mill.).

BARCLAYS PLC
(2,5 BILLONES DE DÓLARES GESTIONADOS)
CONJUNTO DE DATOS NASDAQ: 43.000 MILLONES
TOTAL: 883 MILLONES DE DÓLARES INVERTIDOS
EN OTROS GIGANTES

JP Morgan Chase	231 millones	Bank of America	230 millones
Goldman Sachs Grp	167 millones	Vanguard Group	83 millones
Morgan Stanley&Co.	51 millones	Prudential Financial	44 millones
State Street	43 millones	BlackRock	34 millones

Principales *holdings* de Barclays: S&P 500 ETF (1300 millones), Apple (779 millones), Amazon (771 millones), Ishares (1.300 millones), Facebook (415 millones), Microsoft (391 millones), Alphabet (532 millones), Berkshire Hathaway (318 millones), Philip Morris (197 millones).

Barclays, que en su día fue la corporación más centralizada del mundo, vendió su división global de gestión de activos a BlackRock en 2009. Barclays Capital sigue estando entre las diez principales compañías de gestión de activos, tras adquirir el negocio central de Lehman Brothers en 2008.

MORGAN STANLEY & CO.
(1,3 BILLONES DE DÓLARES GESTIONADOS)
CONJUNTO DE DATOS NASDAQ: 344.000 MILLONES
TOTAL: 23.000 MILLONES DE DÓLARES INVERTIDOS
EN OTROS GIGANTES

JP Morgan Chase	3.600 millones	Bank of America	1.700 millones
Vanguard Group	14.600 millones	Goldman Sachs Grp	843 millones
BlackRock	824 millones	Allianz SE (PIMCO)	416 millones
Prudential Financial	412 millones	Bank of NY Mellon	101 millones

Principales *holdings* de Morgan Stanley & Co.: S&P 500 ETF (10.000 millones), Ishares (21.100 millones), Apple (6.000 millones), Microsoft (5.000 millones), Amazon (4.900 millones), Facebook (4.300 millones), Alphabet (5.100 millones), Berkshire Hathaway (2.500 mill.), Philip Morris (1.800 mill.).

STATE STREET GLOBAL ADVISORS
(2,4 BILLONES DE DÓLARES GESTIONADOS)
CONJUNTO DE DATOS NASDAQ: 1,2 BILLONES
STATE STREET CORPORATE
CONJUNTO DE DATOS NASDAQ: 32.000 MILLONES
TOTAL: 59.700 MILLONES DE DÓLARES INVERTIDOS
EN OTROS GIGANTES

JP Morgan Chase	17.900 millones	Bank of America	12.800 millones
Morgan Stanley&Co.	8.000 millones	Goldman Sachs Grp	5.800 millones
BlackRock	4.700 millones	Bank of NY Mellon	3.000 millones
Prudential Financial	2.300 millones	FMR	1.200 millones
Vanguard Group	2.400 millones	Capital Group	706 millones
UBS	170 millones	Amundi	67 millones
Credit Suisse	53 millones	Barclays plc	43 millones
Crédit Agricole	48 millones		

Principales *holdings* de State Street Global Advisors: Apple (35.000 millones), Microsoft (24.400 millones), Johnson & Johnson (21.500 millones), Amazon (17.800 millones), Facebook (15.400 millones), Alphabet (23.200 millones), Citigroup (93.000 millones), Philip Morris (6.000 millones), Ishares (748 millones).

AXA GROUP
(1,5 BILLONES DE DÓLARES GESTIONADOS)
CONJUNTO DE DATOS NASDAQ: 23.500 MILLONES
TOTAL: 867 MILLONES DE DÓLARES INVERTIDOS
EN OTROS GIGANTES

State Street	13 millones	JP Morgan Chase	113 millones
Vanguard Group	358 millones	Prudential Financial	15 millones
BlackRock	46 millones	Goldman Sachs Group	26 millones
Morgan Stanley&Co.	22 millones	Bank of NY Mellon	44 millones
UBS	122 millones	Bank of America	108 millones

Principales *holdings* de AXA Group: Apple (610 millones), Microsoft (310 millones), Amazon (275 millones), Alphabet (510 millones), Facebook (210 millones), Citigroup (78 millones), Ishares (739 millones), Philip Morris (51 millones), S&P 500 ETF (11,9 millones).

BANK OF NY MELLON
(1,7 BILLONES DE DÓLARES GESTIONADOS)
CONJUNTO DE DATOS NASDAQ: 378.000 MILLONES
TOTAL: 11.000 MILLONES DE DÓLARES INVERTIDOS
EN OTROS GIGANTES

JP Morgan Chase	4.000 millones	Bank of America	2.800 millones
Goldman Sachs Grp	907 millones	BlackRock	635 millones
Prudential Financial	601 millones	Morgan Stanley&Co.	583 millones
State Street	422 millones	FMR	252 millones
Vanguard Group	672 millones	UBS	176 millones

Principales *holdings* de Bank of NY Mellon: Microsoft (9.100 millones), Johnson & Johnson (5.000 millones), Amazon (4.500 millones), Facebook (4.000 millones), Alphabet (7.600 millones), Citigroup (3.500 millones), Berkshire Hathaway (3.600 millones), Philip Morris (1.800 millones), Ishares (3.400 millones).

FIDELITY INVESTMENTS (FMR)
(2,1 BILLONES DE DÓLARES GESTIONADOS)
CONJUNTO DE DATOS NASDAQ: 855.000 MILLONES
TOTAL: 29.100 MILLONES INVERTIDOS EN OTROS GIGANTES

JP Morgan Chase	9.600 millones	Bank of America	9.200 millones
Goldman Sachs Grp	1.900 millones	Morgan Stanley&Co.	1.960 millones
State Street	1.650 millones	BlackRock	1.680 millones
Vanguard Group	1.960 millones	UBS	596 millones
Allianz SE (PIMCO)	402 millones	Prudential Financial	201 millones

Principales *holdings* de Fidelity Investments (FMR): Apple (24.000 millones), Facebook (22.000 millones), Amazon (37.000 millones), Alphabet (31.000 millones), Microsoft (41.000 millones), Berkshire Hathaway (11.200 millones), Citigroup (8.300 millones), Ishares (15.800 millones), Philip Morris (2.200 millones).

CAPITAL GROUP
(1,4 BILLONES DE DÓLARES GESTIONADOS)
CONJUNTO DE DATOS NASDAQ
DE CAPITAL GROUP: 354.000 MILLONES
Y DE CAPITAL WORLD GROUP : 467.000 MILLONES
CAPITAL INTERNATIONAL INVESTORS: 87.000 MILLONES
TOTAL: 18.500 MILLONES INVERTIDOS EN OTROS GIGANTES

JP Morgan Chase	5.200 millones	Prudential Financial	1.590 millones
UBS	1.550 millones	Goldman Sachs Grp	3.700 millones
State Street	635 millones	Bank of America	1.083 millones
BlackRock	3.400 millones	Bank of NY Mellon	1.300 millones

Principales *holdings* de Capital Group: Amazon (12.500 millones), Microsoft (9.000 millones), Verizon (6.200 millones), Phillip Morris (5.400 millones), Alphabet (13.300 millones), Apple (11.800 millones), United Health Care (5.400 millones), Berkshire Hathaway (8.900 millones), Citigroup (1.100 millones), Facebook (10.200 millones), S&P 500 ETF (11 millones).

ALLIANZ SE (PIMCO)
(3,3 BILLONES DE DÓLARES GESTIONADOS)
CONJUNTO DE DATOS NASDAQ: 80.600 MILLONES
TOTAL: 3.700 MILLONES DE DÓLARES INVERTIDOS EN OTROS GIGANTES

JP Morgan Chase	1.000 millones	Bank of America	1.030 millones
UBS	361 millones	Morgan Stanley&Co.	291 millones
Prudential Financial	282 millones	Vanguard Group	371 millones
Bank of NY Mellon	110 millones	Goldman Sachs Group	89 millones
BlackRock	64 millones	Credit Suisse	60 millones
FMR	52 millones		

Principales *holdings* de Allianz SE (PIMCO): Apple (1.490 millones), Microsoft (1.400 millones), Alphabet (1.300 millones), Citigroup (446 millones), Amazon (440 millones), Ishares (31 millones).

AMUNDI/CRÉDIT AGRICOLE
(1,1 BILLONES DE DÓLARES GESTIONADOS)
CONJUNTO DE DATOS NASDAQ: 32.300 MILLONES
TOTAL: 1.270 MILLONES DE DÓLARES INVERTIDOS EN OTROS GIGANTES

JP Morgan Chase	633 millones	BlackRock	172 millones
Bank of America	244 millones	Bank of NY Mellon	62,5 millones
Morgan Stanley&Co.	50 millones	State Street	67,5 millones
FMR	24,5 millones	Goldman Sachs Grp	22,9 millones

Principales *holdings* de Amundi/Crédit Agricole: Apple (1.490 millones), Microsoft (1.400 millones), Aplhabet (1.300 millones), Citigroup (446 millones), Amazon (440 millones), Ishares (31 millones).

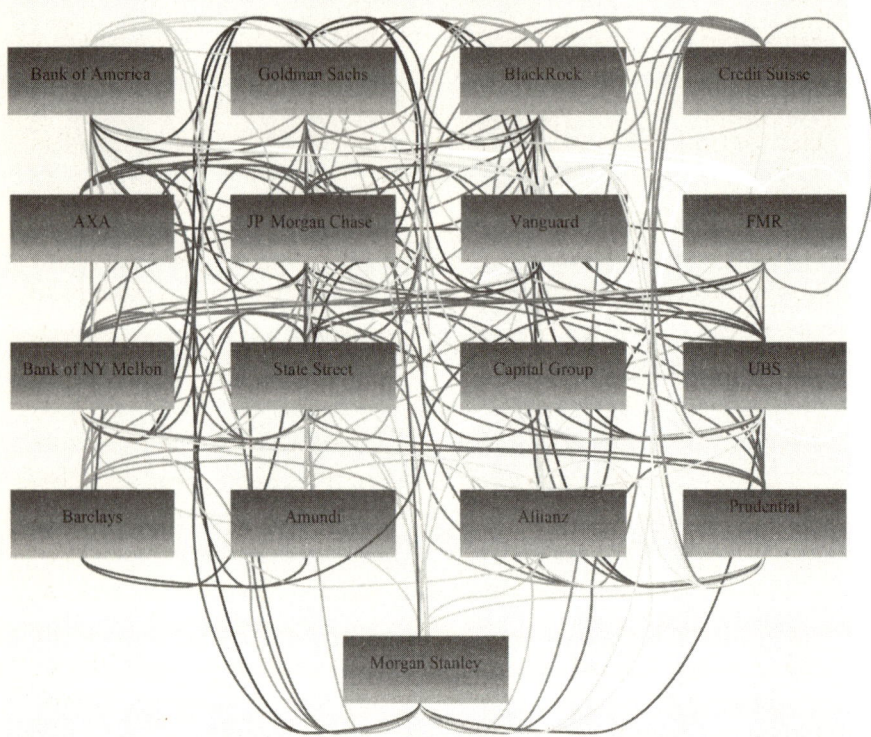

La concentración de capitales continúa produciéndose a ritmo acelerado. En 2017, mientras se escribía este libro, tres compañías de gestión de activos adquirieron el estatus de «gigante», al poseer más de un billón de dólares en capital de inversión. Esos nuevos gigantes son BNP Paribas, de Francia (con 1,3 billones de dólares gestionados), Northern Trust of Chicago (1,1 billones) y la estadounidense Wellington Management Company (1 billón). Los tres tienen inversiones entrecruzadas con el resto de los gigantes.

Las nueve compañías de gestión de capital que citamos a continuación, cada una de las cuales detenta más de ochocientos mil millones, son «gigantes en ciernes». Entre ellas se encuentran la holandesa Aegon (con 962.900 millones de dólares gestionados), la francesa Natixis Global Asset Management (961.000 millones), la alemana Deutsche Asset Management (838.000 millones), el banco británico HSBC (831.000 millones); además, de seis empresas estadounidenses: Nuveen (938.000 millones), T. Rowe Price (948.000 millones), TIAA (938.000 millones), Invesco Ltd. (917.000 millones) y Affiliated Managers Group (AMG) (803.000 millones). En conjunto, los diecisiete gigantes, con los tres nuevos gigantes y los nueve gigantes en ciernes, gestionan más de cincuenta y tres billones de dólares de riqueza mundial. Esta cifra de gestión de capital concentrado aumenta todavía más si añadimos las siguientes treinta y nueve compañías de gestión de activos más importantes, alcanzando más de setenta y cuatro billones de capital centralizado inter-invertido y controlado por sesenta y nueve empresas con inversiones entrelazadas.

Un análisis de NASDAQ de inversores y carteras de los trece nuevos gigantes y gigantes en ciernes muestra varias coinversiones entre ellos y los gigantes.

BNP Paribas (Francia, 1,2 billones de dólares gestionados). Coinversores: JP Morgan Chase, Bank of America.

Northern Trust (Estados Unidos, 1,1 billones de dólares gestionados). Coinversores: Vanguard Group, BlackRock, Fidelity Investments (FMR), State Street, JP Morgan Chase, Goldman Sachs Group, Bank of NY Mellon, Bank of America, UBS.

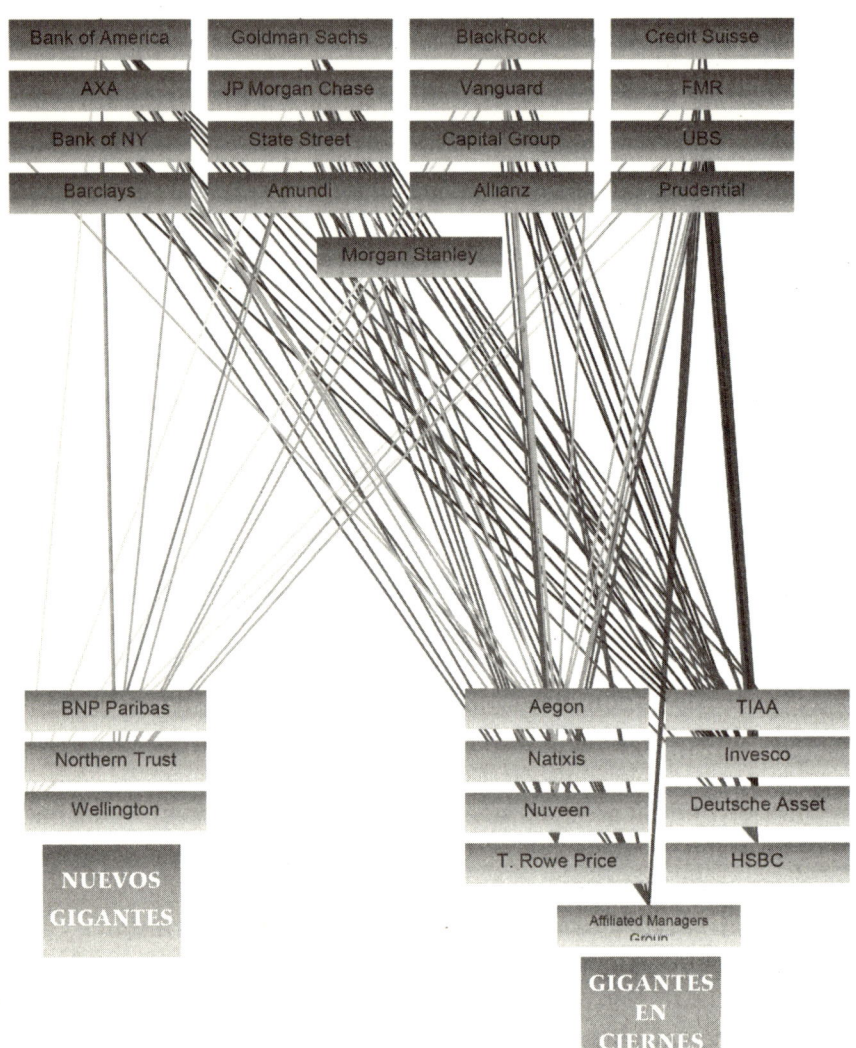

Wellington Management Company (Estados Unidos, 1 billón gestionado). Coinversores: JP Morgan Chase, Bank of America, BlackRock, Prudential Financial, UBS.

Gigantes en Ciernes

Aegon (Holanda, 962.000 millones de dólares gestionados). Coinversores: Bank of America, Goldman Sachs Group, Black Rock, Credit Suisse, UBS, Vanguard Group, Bank of NY Mellon.

Natixis Global Assets Management (Francia, 961.000 millones gestionados). Coinversores: JP Morgan Chase, Bank of America, BlackRock.

Nuveen (Estados Unidos, 948.000 millones gestionados). Coinversores: Bank of America, Prudential Financial, Bank of NY Mellon, BlackRock, UBS.

T. Rowe Price (Estados Unidos, 948.000 millones gestionados). Coinversores: Vanguard Group, BlackRock, State Street, Capital Group, JP Morgan Chase, Bank of America, Bank of NY Mellon, Goldman Sachs Group, UBS, Amundi, Fidelity Investments (FMR), Prudential Financial, Barclays plc.

TIAA (Estados Unidos, 938.000 millones gestionados). Coinversores: JP Morgan Chase, Bank of America.

Invesco Ltd. (Estados Unidos, 917.000 millones gestionados). Coinversores: Vanguard Group, BlackRock, UBS, State Street, JP Morgan Chase, Bank of NY Mellon, Amundi, Fidelity Investments (FMR), Goldman Sachs Group, Bank of America, Prudential Financial.

Deutsche Asset Management (Alemania, 839.000 millones gestionados). Coinversores: JP Morgan Chase, Bank of America, Vanguard Group, Goldman Sachs Group, Amundi, Bank of NY Mellon, Credit Suisse, UBS, Prudential Financial, Allianz SE (PIMCO), Capital Group, AXA Group, Barclays plc.

HSBC (Reino Unido, 831.000 millones gestionados). Coinversores: JP Morgan Chase, Bank of America, Goldman Sachs Group, Prudential Financial, BlackRock, Fidelity Investments (FMR), Capital Group, UBS, Credit Suisse, Bank of NY Mellon.

Affiliated Managers Group (AMG) (Estados Unidos, 803.000 millones gestionados). Coinversores: Vanguard Group, BlackRock, State Street, Bank of America, Goldman Sachs Group, Fidelity Investments (FMR), Amundi, JP Morgan Chase, Bank of NY Mellon, UBS, Prudential Financial, Credit Suisse.

Es interesante observar que la mayoría de «gigantes» y «gigantes en ciernes» tienen importantes inversiones en compañías tecnológicas de Silicon Valley. Apple, Microsoft, Alphabet y Facebook son las más destacadas, con cientos de miles de millones de dólares invertidos en sus acciones. También llama la atención la extensa inversión de varios gigantes en fondos cotizados (ETF) de Ishares, y varios fondos indexados estadounidenses e internacionales. Estas inversiones son parecidas a los fondos mutuos, pero ofrecen mayor facilidad en la compraventa. BlackRock, por ejemplo, ofrece centenares de fondos cotizados, igual que la mayoría de los gigantes financieros. En cierto sentido, Ishares y los ETF son inversiones en la estabilidad del mercado, pues las compañías invierten de forma colectiva las unas en las otras basándose en la estabilidad del crecimiento general del capital en el mundo. Según el índice NASDAQ, los diecisiete gigantes tienen 261.700 millones de dólares invertidos colectivamente en Ishares y ETF.

De esto puede deducirse cierta colaboración, en el sentido de que, si estas coinversiones simplemente se basaran en decisiones que buscan un buen rendimiento, presumiblemente habría mayores diferencias entre los tipos de inversiones realizadas por los distintos gigantes financieros. Sea cual sea el razonamiento que subyace a las similitudes en sus estrategias de inversión, el hecho de que los diecisiete gigantes tengan grandes inversiones en los demás resulta muy evidente. Esta interpenetración de inversiones financieras crea una enorme consolidación de capital global centralizado con intereses comunes.

Los gigantes y las figuras clave de la élite del poder respaldan de forma directa los efectos nocivos de Coca-Cola para el medioambiente y la salud en todo el mundo. Coke contribuye de manera muy significativa a la obesidad, a la diabetes tipo-2 y a las caries. Cada botella de este refresco contiene más de diez cucharaditas de azúcar. Cerca de 184.000 muertes al año están relacionadas con su consumo y el de otras bebidas azucaradas similares.

Los niveles de glucosa en sangre aumentan de manera espectacular a los veinte minutos de consumir una Coca-Cola, explica Niraj Naik (farmacéutico británico), provocando un estallido de insulina. A continuación, el hígado convierte las cantidades elevadas de azúcar que circula por nuestra sangre en grasas.

Pasados cuarenta minutos, el cuerpo ya ha absorbido toda la cafeína de la Coca-Cola, causando una dilatación de las pupilas y el aumento de la presión arterial. A esas alturas, los receptores de adenosina en el cerebro han quedado bloqueados, evitando el cansancio.

Cinco minutos después, aumenta la producción de dopamina (un neurotransmisor que ayuda a controlar los centros de placer y recompensa en el cerebro...). La forma en que la Coca-Cola estimula estos centros es comparable a los efectos de la heroína, y hace que deseemos otra lata.[59]

En 2017, Coca-Cola, una de las más importantes compañías de refrescos del mundo, sacó al mercado más de 110.000 millones de botellas de plástico de un solo uso, cerca de un 59% de su empaquetado global. Solo una pequeña fracción de ellas serán recicladas,[60] y cada botella de plástico de Coca-Cola tarda unos cuatrocientos cincuenta años en degradarse en el medio ambiente.[61]

Entre los gigantes globales que han invertido en Coca-Cola están Vanguard Group (12.800 millones de dólares), BlackRock (11.100 millones), Capital Group (10.400 millones), State Street (7.600 millones), Bank of America (3.100 millones), Fidelity Investments (FMR) (2.800 millones), Bank of NY Mellon (2.000 millones), Morgan Stanley (1.590 millones), UBS (1.500 millones), JP Morgan Chase (865 millones), Goldman Sachs Group (756 millones), Prudential Financial

(375 millones), Credit Suisse (358 millones) y Amundi/Crédit Agricole (303 millones).

Otras prácticas en común

Las autoridades consideran que los bancos más importantes son «demasiado grandes como para fracasar» y, en general, responden a sus actividades criminales con reformas pusilánimes y escasas acciones judiciales.[62] Así, el Gobierno de Estados Unidos se ha negado a llevar a juicio a ninguno de los cargos más destacados de la multitud de bancos que han blanqueado miles de millones de dólares para cárteles ilegales de droga. Por su parte, poderosas corporaciones bancarias, como JP Morgan Chase, se niegan una y otra vez a ceñirse a las leyes estadounidenses contra el blanqueo de capitales (AML).[63]

Esta negativa a tomar acciones legales suele alabarse como una jugada honorable para protegernos a todos de la desolación. Lanny A. Bauer, ayudante del fiscal general estadounidense, explicaba así la negativa a procesar al banco HSBC: «Si las autoridades estadounidenses hubiesen decidido presentar cargos criminales, HSBC habría perdido su licencia bancaria en Estados Unidos casi con toda seguridad, el futuro de la institución se habría visto amenazado y todo el sistema bancario se habría desestabilizado».[64]

Estas poderosas corporaciones no solo se consideran «demasiado grandes para fracasar», sino que aparentemente se han hecho demasiado grandes para diferenciarlas entre sí. En 2012, los seis bancos más grandes de Estados Unidos (JP Morgan Chase, Bank of America, Wells Fargo, Citigroup, Goldman Sachs Group y US Bancorp) tenían 9,3 billones de activos, una cantidad equivalente al 65 % del PIB del país y 93 % del total de ingresos por operaciones comerciales de todos los bancos estadounidenses.[65] Tradicionalmente, los bancos y las compañías de gestión de activos se han considerado entidades independientes, que competían por atraer a depósitos e inversiones de los consumidores. En teoría, esa competencia obliga a cada banco a ofrecer sus mejores precios. Sin embargo, estos bancos descubrieron que competir entre sí era menos rentable que trabajar juntos. Al comprender que sus intereses son los mismos, los directivos de los gigantes mundiales se han visto enormemente motivados para aunar fuerzas (legalmente o no) para manipular leyes, políticas y Gobiernos en su beneficio.

Los consejos de administración de los gigantes globales se reúnen regularmente para promover la optimización de beneficios y la viabilidad a largo plazo de los planes de negocio de sus compañías. Cuando acuerdan pagar a funcionarios gubernamentales, realizar actividades para debilitar a organizaciones de trabajadores, manipular el precio de productos básicos o utilizar información privilegiada de algún modo, en realidad están forjando alianzas conspiratorias dentro de esos consejos directivos.

Las consecuencias de esta falta de competencia en el sector bancario pueden ser demoledoras para el público. Pongamos por ejemplo el escándalo de la manipulación del índice líbor. JP Morgan Chase, UBS y Barclays plc (entre otros trece gigantes globales) se vieron implicados en el caso, al falsificar los datos que se utilizaban para fijar tasas de referencia desde comienzos de 2003.[66] Basándose en datos falsos, esas tasas acabaron afectando a los precios de todo, desde los préstamos para automóviles, casas o estudios, a tarjetas de crédito y préstamos hipotecarios y comerciales, o incluso al precio de las propias monedas. La Autoridad de Servicios Financieros del Reino Unido multó a Barclays con cuatrocientos cincuenta millones de dólares.[67] Ya ha habido varios juicios iniciados por organismos reguladores estadounidenses y europeos que han desembocado en importantes compensaciones. En 2012, UBS abonó multas por valor de 1.500 millones de dólares ante las entidades reguladoras europeas; JP Morgan Chase y Citigroup también pagaron multas considerables. Citigroup tuvo que abonar 425 millones de dólares en 2016 después de que funcionarios estadounidenses descubrieran que altos ejecutivos del banco conocían la manipulación de los tipos del líbor. Y en 2015, Deutsche Bank accedió a pagar una multa de 2.500 millones de dólares por manipulaciones en sus oficinas de Londres.

En 2015, estos mismos bancos tuvieron que admitir su culpabilidad por manipular los mercados globales de intercambio de divisas. Citigroup, JP Morgan Chase, Barclays plc, Royal

Bank of Scotland y UBS pagaron más de cinco mil millones de dólares en multas al Departamento de Justicia de Estados Unidos y otros organismos reguladores. El Departamento de Justicia no procesó a nadie por estos delitos.[68]

El escándalo de ISDAfix (International Swaps and Derivatives Association) se parece mucho al caso del líbor. Los mismos bancos superpoderosos fueron investigados para determinar si habían manipulado la ISDAFIX, una cifra referencial utilizada para calcular los precios de los *swaps* o permutas globales de tipos de interés.[69] Teniendo en cuenta que ciudades y Gobiernos soberanos se valen de *swaps* de tipos de interés para gestionar su deuda, la manipulación de esas tasas tiene un enorme impacto, especialmente para las clases pobres y obreras, ya que las redes de seguridad económica son objeto de medidas «de austeridad» (es decir, recortes presupuestarios), que favorecen la protección del capital financiero. En 2017, el Royal Bank of Scotland, Barclays, Citigroup y Goldman Sachs Group pagaron un total de 570 millones de dólares por la conspiración de ISDAFIX.[70]

Aparte de fijar los tipos ilegalmente y falsificar datos, los bancos infractores también utilizaban inversiones de clientes particulares para llevar a cabo actividades delictivas. Vanguard Group fue acusado de invertir dinero de clientes en lugares de juego ilegales situados en paraísos fiscales, lo que dio pie a una demanda colectiva bajo la ley RICO (ley de Chantaje civil, influencia y organizaciones corruptas). Vanguard no negó su delito, pero un juez dictaminó que los demandantes (los clientes de Vanguard) se vieron perjudicados al perder su dinero ante las severas medidas del Gobierno contra el juego ilegal, no por el hecho de que Vanguard hubiera invertido en tales lugares.[71] No obstante, resulta evidente que, si Vanguard no hubiese invertido dinero de sus clientes en negocios ilegales, no habría habido repercusiones negativas por las duras medidas gubernamentales. Tal y como comentaba el periodista Matt Taibbi: «Está todo amañado».[72] En efecto, da la sensación de que la élite corporativa nunca se verá obligada a pagar por sus delitos contra el consumidor y es poco probable que lleguemos a verlos procesados. Después de seis meses en el poder, la Administración Trump ya había rebajado dos terceras partes las sanciones impuestas por las agencias federales a compañías financieras. En la primera mitad de 2016, las multas a los bancos ascendieron a 1.400 millones de dólares, mientras que en el mismo periodo de 2017 solamente alcanzaron 489 millones.[73]

Curiosamente, todavía hay un juicio pendiente en el Tribunal de la Corona de Southwark, en Londres, contra cuatro antiguos directivos de Barclays. El que fuera director ejecutivo del banco, John Silvester Varley, y varios directivos clave, Roger Jenkins, Tom Kalaris y Richard Boath, están acusados de conspiración para cometer fraude. La vista se fijó para enero de 2019. Los cargos se relacionan con préstamos de miles de millones de dólares a Catar para cubrir déficits durante la crisis económica de 2008. Son los primeros banqueros séniors que se enfrentan a una acusación criminal derivada de la crisis económica de 2008. Aún está por ver si se mantiene la tradición y los cuatro salen absueltos.[74]

No pretendemos decir que ninguna persona identificada en este libro haya hecho nada ilegal. Solamente señalamos que los acuerdos estructurales e institucionales dentro de los sistemas de gestión de fondos del capital global buscan de manera implacable formas de sacar el máximo rendimiento a la inversión, y que siempre se dan condiciones adecuadas para que haya manipulaciones, ya sean legales o ilegales. Como estas instituciones son «demasiado grandes para fracasar», su alcance y su interconexión ejercen presión sobre los reguladores gubernamentales para que se mantengan al margen de investigaciones criminales, por no hablar de acciones judiciales. A consecuencia de ello, hay una clase semiprotegida de personas con fortunas cada vez mayores, que persiguen un crecimiento y un beneficio ilimitados, y que están poco preocupadas por las repercusiones de sus ambiciones económicas sobre otras personas, sociedades, culturas y entornos.

La influencia y la propaganda caminan de la mano del poder. BlackRock y otros muchos bancos e instituciones de Wall Street apoyan económicamente a grupos como Parent Revolution y StudentsFirst, cuya agenda persigue privatizar y posteriormente corporativizar nuestro sistema escolar público.[75] Los gigantes financieros mundiales están sentando las bases para privatizar el mundo. Si las instituciones democráticas y públicas (incluidos colegios, oficinas postales, universidades, fuerzas armadas e incluso iglesias) se convierten en entidades en manos privadas, los intereses corporativos pasarán a dominar de verdad. A medida que eso ocurre, nos vamos convirtiendo en una sociedad neofeudal en la que el mandato de los reyes se ve sustituido por la propiedad corporativa privada, y las personas pasan a ser, en ese sentido, como campesinos desvalidos.

A pesar de la supuesta competencia que existe entre los gigantes financieros, dada la riqueza concentrada que comparten, el sistema básicamente les exige que cooperen unos con otros por su propio bien. Esto incluye buscar y fomentar oportunidades de inversión comunes y acuerdos sobre riesgos compartidos, y trabajar de forma colectiva en pos de disposiciones políticas que creen ventajas para su sistema en conjunto.

Este grupo unido de diecisiete gigantes financieros forma el centro de control del capitalismo financiero global. Son estas compañías las que establecen las prioridades para las inversiones monetarias en negocios, industria y gobiernos. Su principal objetivo es conseguir un rendimiento medio de entre un tres y un diez por ciento de las inversiones, como mínimo. Dónde se realicen las inversiones es menos importante que obtener beneficios continuos que respalden el crecimiento en el mercado en general. Por tanto, la inversión en armas de guerra, tabaco, combustibles fósiles, tierras de cultivo, pesticidas, vacunas, cárceles privadas, colegios chárteres, compañías de seguridad, programas espía, cruceros, centros turísticos o energía nuclear son solamente inversiones que exigen un rendimiento adecuado.

Lo que queremos decir con esto fundamentalmente es que estas compañías necesitan mantener más de 41,1 billones de dólares invertidos en algún sitio para garantizar el crecimiento continuado del capitalismo global. De no haber crecimiento, se produciría un estancamiento en el rendimiento de las inversiones y el potencial derrumbe de todo el sistema financiero mundial. Los gigantes tienen pocas opciones para invertir todos sus recursos. Las inversiones seguras y con riesgo cero que ofrecen rendimiento sólido son su primera elección, y por ello todos invierten los unos en los otros a varios niveles. Más allá de eso, su excedente de capital tiene que ser colocado, y se enfrentan con la necesidad de invertir en burbujas sumamente especulativas, como los paquetes de préstamos inmobiliarios que condujeron a la crisis de 2008, hacer que los gobiernos gasten cada vez más dinero en guerras y seguridad, o comprar recursos públicos como sistemas de provisión de agua, colegios, autopistas, compañías que ofrecen servicios públicos y parques.

Estas diecisiete empresas no son las únicas que apoyan ese sistema de inversión de capital y crecimiento continuo. Ellas son el centro de control de miles de bancos y compañías de inversión capitalistas colectivamente encastrados en este sistema de crecimiento obligado. Sin embargo, sus intereses están plenamente reconocidos por las principales instituciones de la sociedad. Gobiernos, servicios de inteligencia, organismos legisladores, fuerzas policiales y militares y medios de comunicación corporativos trabajan para ayudar a sus intereses vitales.

El capitalismo es un sistema económico que se adapta de manera invisible por medio de contracciones, recesiones y depresiones. Pero estamos atrapados en una red impuesta de crecimiento y rentabilidad que tiene enormes consecuencias humanas sobre miles de millones de personas. Es de vital importancia que se consideren de forma honesta y abierta las verdaderas opciones del ser humano.

3

Gerentes

LA ÉLITE DEL PODER GLOBAL
DE LOS GIGANTES FINANCIEROS

$\mathcal{E}$n el capítulo 3, identificamos a las personas que conforman las juntas directivas de los diecisiete principales gigantes de la gestión de activos. Cada una de estas compañías gestiona fondos por valor de más de un billón de dólares, lo que suma un total por encima de 41,1 billones de dólares en conjunto.

Estos diecisiete Gigantes tienen ciento noventa y nueve directores en sus consejos de administración. Esas ciento noventa y nueve personas representan el centro de gestión financiera del capitalismo global. Colectivamente, administran esa concentración de 41,1 billones de dólares en fondos y actúan prácticamente en todos los países del mundo. Son los principales responsables de las decisiones relativas al capital financiero que impulsa el sistema económico global. Por lo general, los Gobiernos occidentales y los organismos políticos internacionales velan por el interés de este núcleo financiero de la élite del poder para proteger el libre flujo de inversiones de capital y recaudación de deuda en todo el planeta.

Los nombres concretos de los integrantes de la élite dirigente del poder en el mundo casi nunca se revelan en el contexto de una estructura de clases mundial. Los medios corporativos y los académicos de la cultura dominante suelen preferir no desvelar la identidad de las personas más poderosas del planeta en el núcleo de gestión financiera de la clase capitalista transnacional.

Los medios de comunicación corporativos hacen caso omiso a conceptos académicos como el de «clase capitalista transnacional». Un análisis de la cobertura informativa existente realizado por ProQuest el 6 de junio de 2017 introduciendo la expresión «clase capitalista transnacional» dio como resultado solamente dieciséis entradas en la última década: la mayoría era en medios de comunicación fuera de Estados Unidos, y en una carta al editor escrita por el autor de este libro publicada en el *Press Democrat* de Santa Rosa el 21 de junio de 2015. El 3 de octubre de 2013, el diario *Las Cruces Sun-News* incluía otra carta al editor anterior, citando nuestro estudio de 2013,[76] y el británico *The Guardian* publicó una carta de Leslie Sklair en su edición del 22 de enero de 2013. La idea de la emergencia de una clase capitalista transnacional está básicamente ausente de la cobertura corporativa de noticias en Estados Unidos y Europa. Es evidente que, dada la abundancia de libros e investigaciones publicadas sobre la CCT que mencionamos en el capítulo 1, los medios corporativos censuran el tema y, por lo general, se niegan a abordar quién compone esta élite de las personas más poderosas del mundo.

Creemos que el mundo debe saber quiénes forman el núcleo duro de la élite del poder de la CCT y, con ello, quién toma las decisiones financieras relativas a la gestión de las inversiones del capital mundial. Afortunadamente, se trata de una labor bastante sencilla, si bien ardua, ya que gran parte de la información es accesible al público. De hecho, se encuentra publicada en Internet.

Ciento treinta y seis de los ciento noventa y nueve directivos de la élite del poder (un 70%) son hombres. El 84% son de raza blanca y ascendencia europea. Entre todos esos directivos de la élite del poder poseen 147 titulaciones superiores, incluidos 59 másteres en administración de empresas (MBA), 22 doctorados en jurisprudencia (JD), 23 doctorados (PhD) y 35 másteres en letras y ciencias (MA/MS). Casi todos ellos estudiaron en selectas universidades privadas (28 lo hicieron en Harvard o Stanford).

Este centro de control de la élite del poder financiero está compuesto por personas de veinte nacionalidades distintas. Ciento diecisiete (el 59%) son estadounidenses; hay veintidós británicos y el mismo número de franceses; trece alemanes y trece suizos; tres representantes de Italia, Singapur, la India, Austria y Australia; dos de Japón y de Brasil, y uno de Sudáfrica, Países Bajos, Zambia, Kuwait, Bélgica, Canadá, México, Catar y Colombia. Viven o interactúan de forma regular en una o varias de las grandes ciudades del mundo: Nueva York, Chicago, Londres, París, Múnich, Tokio y Singapur. (Según información disponible, dos docenas de directivos de la élite del poder poseen doble nacionalidad.)

Los directivos de la élite del poder tienen un papel activo en Gobiernos y grupos políticos globales. Son asesores del FMI, la Organización Mundial del Comercio, el Banco Mundial, el Banco de Pagos Internacionales, la Junta de Gobernadores de la Reserva Federal, el G7 y el G20. Muchos han asistido al Foro Económico Mundial y la mayoría de los estadounidenses son miembros del Consejo de Relaciones Exteriores y de la Mesa Redonda de Negocios (*Business Roundtable*) de Estados Unidos.

Estos ciento noventa y nueve directivos son parte importante de la «superclase» que describe Rothkopf. Controlan las decisiones de inversión de los gigantes que administran más de 41,1 billones de dólares de capital para ese fin. Además, estos ejecutivos trabajan en otras doscientas dos compañías y bancos de gestión de inversiones más pequeños, y controlan cientos de miles de millones de dólares de capital de inversión a través de esas empresas menores (y a menudo privadas) de administración de inversiones, que incluimos en los apartados que dedicamos a cada uno de los directivos en el presente capítulo. La vida de la gente depende de las decisiones de estos directivos. La especulación con alimentos del mundo que aumentan de precio puede suponer beneficios para los inversores, pero también deriva en hambre para decenas de miles de personas. Asimismo, los cambios en las estrategias de inversión pueden acarrear desempleo para millones de ellas.

Los Gobiernos occidentales y los organismos políticos internacionales procuran velar por los intereses de este centro de control financiero de la CCT. Se emprenden guerras para proteger sus intereses. Se socavan y se derrocan regímenes no cooperadores para promover el libre flujo de capital global hacia inversiones en cualquier parte del mundo donde pueda haber rentabilidad.

Creemos que identificar a las personas que ostentan tamaño poder e influencia forma parte importante de una democracia que intente proteger una mesa común en la que todos los seres humanos puedan compartir y prosperar.

COMPAÑÍAS DE GESTIÓN DE ACTIVOS CON MÁS DE UN BILLÓN DE DÓLARES: JUNTA DIRECTIVA POR NACIONALIDAD.

Allianz SE (propietarios de PIMCO [Pacific Investment Management Company]) Activos gestionados: 3,3 billones de dólares

Sergio Balbinot (Italia), Oliver Bäte (Alemania), Jacqueline Hunt (Sudáfrica), Helga Jung (Alemania), Christof Mascher (Austria), Günther Thallinger (Austria), Axel Theis (Alemania), Dieter Wemmer (Suiza y Alemania), Werner Zedelius (Alemania).

Amundi/Crédit Agricole
Activos gestionados: 1,1 billones de dólares

Virginie Cayatte (Francia), Laurence Danon Arnaud (Francia), Rémi Garuz (Francia), Laurent Goutard (Francia), Robert LeBlanc (Francia), Michel Mathieu (Francia), Hélène Molinari (Francia), Xavier Musca (Francia), Yves Perrier (Francia), Christian Rouchon (Francia), Andrée Samat (Francia), Renée Talamona (Francia), Eric Tazé-Bernard (Francia).

AXA Investment Manager
Activos gestionados: 1,5 billones de dólares

Thomas Buberl (Alemania), Jean-Pierre Clamadieu (Francia), Ramón de Oliveira (Francia), Irene Dorner (Reino Unido), Denis Duverne (Francia), Jean-Martin Folz (Francia), André François-Poncet (Francia), Angelien Kemna (Francia), Isabelle

Kocher (Francia), Suet Fern Lee (Singapur), Stefan Lippe (Suiza y Alemania), François Martineau (Francia), Deanna Oppenheimer (Estados Unidos y Reino Unido), Doina Palici-Chehab (Alemania y Francia).

Bank of America Merrill Lynch
Activos gestionados: 2,5 billones de dólares

Sharon L. Allen (Estados Unidos), Susan S. Bies (Estados Unidos), Jack O. Bovender Jr. (Estados Unidos), Frank P. Bramble Sr. (Estados Unidos), Pierre J. P. de Weck (Suiza), Arnold W. Donald (Estados Unidos), Linda Parker Hudson (Estados Unidos), Monica C. Lozano (Estados Unidos), Thomas J. May (Estados Unidos), Brian T. Moynihan (Estados Unidos), Lionel L. Nowell III (Estados Unidos), Michael D. White (Estados Unidos), Thomas D. Woods (Canadá), Robert David Yost (Estados Unidos).

Bank of New York Mellon
Activos gestionados: 1,7 billones de dólares

Linda Z. Cook (Estados Unidos), Nicholas M. Donofrio (Estados Unidos), Joseph J. Echevarría (Estados Unidos), Edward P. Garden (Estados Unidos), Jeffrey A. Goldstein (Estados Unidos), Gerald L. Hassell (Estados Unidos), John M. Hinshaw (Estados Unidos), Edmund F. «Ted» Kelly (Estados Unidos e Irlanda), John A. Luke Jr. (Estados Unidos), Jennifer B. Morgan (Estados Unidos), Mark A. Nordenberg (Estados Unidos), Elizabeth B. Robinson (Estados Unidos), Charles W. Scharf (Estados Unidos).

Barclays plc
Activos gestionados: 2,5 billones de dólares

Michael Ashley (Estados Unidos), Tim Breedon (Estados Unidos), Sir Ian Cheshire (Estados Unidos), Mary Francis (Estados Unidos), Crawford Gillies (Estados Unidos), Sir Gerry Grimstone (Estados Unidos), Reuben Jeffery III (Estados Unidos), John McFarlane (Reino Unido), Tushar Morzaria

(Reino Unido), Dambisa Moyo (Zambia), Diane Schueneman (Estados Unidos), James (Jes) Staley (Estados Unidos), Ashok Vaswani (India).

BlackRock plc
Activos gestionados: 5,1 billones de dólares

Abdlatif Al-Hamad (Kuwait), Mathis Cabiallavetta (Suiza), Pamela Daley (Estados Unidos), William S. Demchak (Estados Unidos), Jessica P. Einhorn (Estados Unidos), Laurence (Larry) D. Fink (Estados Unidos), Fabrizio Freda (Italia), Murry S. Gerber (Estados Unidos), James Grosfeld (Estados Unidos), Robert S. Kapito (Estados Unidos), sir Deryck Charles Maughan (Reino Unido), Cheryl Mills (Estados Unidos), Gordon M. Nixon (Canadá), Charles H. Robbins (Estados Unidos), Ivan Seidenberg (Estados Unidos), Marco Antonio Slim Domit (México), John Silvester Varley (Reino Unido), Susan Lynne Wagner (Estados Unidos).

Capital Group Companies
Activos gestionados: 1,4 billones de dólares

Tim D. Armour (Estados Unidos), Noriko H. Chen (Estados Unidos), Kevin G. Clifford (Estados Unidos), Phil de Toledo (Estados Unidos), Mike C. Gitlin (Estados Unidos), Darcy Kopcho (Estados Unidos), Rob W. Lovelace (Estados Unidos), Martin A. Romo (Estados Unidos), Brad Vogt (Estados Unidos).

Credit Suisse Group AG
Activos gestionados: 1,3 billones de dólares

Iris Bohnet (Suiza), Andreas Gottschling (Alemania), Alexander Gut (Reino Unido y Suiza), Andreas N. Koopmann (Suiza), Seraina (Maag) Macia (Australia y Suiza), Kaikhushru (Kai) S. Nargolwala (Singapur), Joaquin J. Ribeiro (Estados Unidos), Urs Rohner (Suiza), Severin Schwan (Austria y Alemania), Jassim Bin Hamad J.J. Al Thani (Catar), Richard E. Thornburgh (Estados Unidos), John Tiner (Reino Unido), Alexandre Zeller (Suiza).

FMR Corporation [Fidelity Investments]
(controlada por la familia Johnson)
Activos gestionados: 2,1 billones de dólares

Marc Robert Bryant (Estados Unidos), Abigail Pierrepont Johnson (Estados Unidos), Edward Johnson III (Estados Unidos), C. Bruce Johnstone (Estados Unidos), Charles Sumner Morrison (Estados Unidos).

Goldman Sachs Group
Activos gestionados: 1,4 billones de dólares

Lloyd C. Blankfein (Estados Unidos), M. Michele Burns (Estados Unidos), Mark A. Flaherty (Estados Unidos), William W. George (Estados Unidos), James A. Johnson (Estados Unidos), Ellen J. Kullman (Estados Unidos), Lakshmi N. Mittal (India), Adebayo O. Ogunlesi (Nigeria), Peter Oppenheimer (Estados Unidos), David A. Viniar (Estados Unidos), Mark O. Winkelman (Holanda).

JP Morgan Chase & Co.
Activos gestionados: 3,8 billones de dólares

Linda B. Bammann (Estados Unidos), James A. Bell (Estados Unidos), Crandall C. Bowles (Estados Unidos), Stephen B. Burke (Estados Unidos), Todd A. Combs (Estados Unidos), James S. Crown (Estados Unidos), James (Jamie) Dimon (Estados Unidos), Timothy P. Flynn (Estados Unidos), Laban P. Jackson Jr. (Estados Unidos), Michael A. Neal (Estados Unidos), Lee R. Raymond (Estados Unidos), William C. Weldon (Estados Unidos).

Morgan Stanley & Co.
Activos gestionados: 1,3 billones de dólares

Erskine B. Bowles (Estados Unidos), Alistair Darling (Reino Unido), Thomas H. Glocer (Estados Unidos), James P. Gorman (Australia y Estados Unidos), Robert H. Herz (Reino Unido y Estados Unidos), Nobuyuki Hirano (Japón), Judith A. (Jami)

Miscik (Estados Unidos), Dennis M. Nally (Estados Unidos), Hutham S. Olayan (Arabia Saudí y Estados Unidos), James W. Owens (Estados Unidos), Ryosuke Tamakoshi (Japón), Perry M. Traquina (Estados Unidos), Rayford Wilkins Jr. (Estados Unidos).

Prudential Financial
Activos gestionados: 1,3 billones de dólares

Thomas J. Baltimore Jr. (Estados Unidos), Gilbert F. Casellas (Estados Unidos), Mark B. Grier (Estados Unidos), Martina Hund-Mejean (Alemania), Karl J. Krapek (Estados Unidos), Peter R. Lighte (Estados Unidos), George Paz (Estados Unidos), Sandra Pianalto (Italia y Estados Unidos), Christine A. Poon (Estados Unidos), Douglas A. Scovanner (Estados Unidos), John R. Strangfeld (Estados Unidos), Michael A. Todman (Estados Unidos).

State Street Corporation
Activos gestionados: 1,3 billones de dólares

Kennett F. Burnes (Estados Unidos), Patrick de Saint-Aignan (Estados Unidos y Francia), Lynn A. Dugle (Estados Unidos), Dame Amelia C. Fawcett (Estados Unidos y Reino Unido), William C. Freda (Estados Unidos), Linda A. Hill (Estados Unidos), Joseph (Jay) L. Hooley (Estados Unidos), Sean O'Sullivan (Canadá y Reino Unido), Richard P. Sergel (Estados Unidos), Gregory L. Summe (Estados Unidos).

UBS AG
Activos gestionados: 2,8 billones de dólares

Michel Demaré (Bélgica y Suiza), Reto Francioni (Suiza), Ann F. Godbehere (Reino Unido y Canadá), William G. Parrett (Estados Unidos), Julie G. Richardson (Estados Unidos), Isabelle Romy (Suiza), Robert W. Scully (Estados Unidos), David Sidwell (Estados Unidos y Reino Unido), Axel A. Weber (Alemania), Beatrice Weder di Mauro (Suiza e Italia), Dieter Wemmer (Suiza y Alemania).

Vanguard Group
Activos gestionados: 4 billones de dólares

Mortimer (Tim) J. Buckley (Estados Unidos), Emerson U. Fullwood (Estados Unidos), Rajiv L. Gupta (India y Estados Unidos), Amy Gutmann (Estados Unidos), JoAnn Heffernan Heisen (Estados Unidos), F. Joseph Loughrey (Estados Unidos), Mark Loughridge (Estados Unidos), Scott C. Malpass (Estados Unidos), F. William McNabb III (Estados Unidos), André F. Perold (Estados Unidos y Sudáfrica), Peter F. Volanakis (Estados Unidos).

Hemos investigado a algunas figuras clave situadas en el escalafón más alto de los directivos financieros de las élites del poder mundial. Una aproximación individual a varios de ellos puede hacer más profundo nuestro conocimiento de la naturaleza de la CCT como clase, así como respecto de los papeles que desempeñan los directivos de los diecisiete gigantes.

Laurence D. Fink: presidente y CEO de BlackRock plc

Larry Fink (66 años) creció en el seno de una familia judía de clase media de Van Nuys, California. Estudió en UCLA, donde se licenció en Ciencias Políticas; obtuvo un máster de administración de empresas por la Anderson Graduate School of Management de la misma universidad. En 1976, empezó a trabajar en el Departamento de Bonos de First Boston, donde en los años siguientes contribuyó a elevar el balance de la empresa en casi mil millones. A sus treinta y un años se convirtió en el miembro más joven del consejo de administración. Ayudó de manera activa a organizar la titulización (o securitización) de los préstamos para la compra de automóviles de la GMAC, y fue uno de los pioneros en la creación de títulos de crédito hipotecario. Formó parte del emergente mercado de titulización de deuda que transformó las finanzas mundiales y que contribuyó a empujarlo hacia el derrumbe financiero internacional de 2008.

En 1986, Larry Fink calculó equivocadamente el mercado

de intereses, lo que generó pérdidas por valor de cien millones de dólares para First Boston. Este error socavó sus éxitos iniciales y condujo a su salida definitiva de la compañía dos años más tarde.[77]

La experiencia de su salida de First Boston le ha acompañado aparentemente desde entonces, y ha despertado en él una motivación personal para convertir BlackRock en la gestora de fondos más grande del mundo. En la actualidad, la empresa administra 5,4 billones de dólares en inversiones directas, y actúa como asesora de inversiones para otros diez billones. Fink fundó BlackRock bajo el paraguas de BlackStone Group en 1988. Su principal objetivo era aumentar la capacidad de las empresas para prever el riesgo en las inversiones. Creó Aladdin (nombre abreviado de la plataforma de análisis de riesgos y gestión de activos de Blackrock), que hoy en día cuenta con unos dos mil trescientos analistas trabajando en miles de procesadores para monitorizar y comprobar todos los aspectos del mercado financiero global, incluidas pruebas de resistencia contra repentinos cambios en los tipos de interés, acontecimientos políticos y sorpresas en el mercado. Más de setenta compañías, entre ellas Deutsche Bank y Freddie Mac, confían en sus servicios para tomar decisiones relativas al mercado.[78]

En 2006, Fink adquirió la empresa de gestión de inversiones de Merrill Lynch, que aumentó los activos de BlackRock a más de un billón de dólares, duplicando su tamaño. Y en 2009, BlackRock compró Barclays Global Inverstors al gigante bancario británico Barclays plc, por aproximadamente trece mil quinientos millones de dólares, en una de las mayores operaciones en el sector de la gestión de capitales.[79]

En comparación con muchas otras empresas, BlackRock salió relativamente indemne de la crisis económica mundial de 2008. Perdió entre ocho mil y diez mil millones de dólares en total, pero también obtuvo beneficios del derrumbe gracias a un acuerdo con el Gobierno estadounidense para encargarse de la gestión de varios aspectos del Programa de Alivio de Activos Problemáticos (TARP).

Larry Fink está casado desde mediados de los años setenta con su novia del instituto. Tienen tres casas: un apartamento en el Upper East Side de Nueva York, una granja de diez hectáreas en North Salem y una casa en Aspen. Entre sus aficiones está la pesca con mosca, el esquí, el arte popular y el vino. Apenas utiliza el correo electrónico ni Twitter, y prefiere las conversaciones telefónicas o el cara a cara. A menudo se le ve en el restaurante San Pietro, muy cerca de su despacho en East 52nd Street. Fink lleva un Rolex de oro, pero se niega a tener un jet privado de empresa, y vuela en compañías aéreas comerciales. Es consciente de los prejuicios de los banqueros de inversiones WASP (blancos, anglosajones y protestantes, por sus siglas en inglés) de Wall Street, y cree que menosprecian a los agentes judíos e italianos.[80] Demócrata de toda la vida, era un candidato destacado para ocupar la Secretaría del Tesoro, en caso de haber sido elegida presidenta Hillary Clinton. Y ha liderado la defensa de la privatización de la Seguridad Social.[81]

En 1988, BlackRock Realty Advisors asumió la administración de veinte mil apartamentos del Stuyvesant Town-Peter Cooper Village. En 2006, compró el complejo residencial de Manhattan por un precio en lo más alto del mercado de 5.400 millones de dólares, pensando que podrían expulsar a inquilinos de alquiler controlado e incrementar los ingresos hasta alcanzar precios de mercado. El plan fracasó, y obligó a su coinversor, California Public Employees' Retirement System (CalPERS), a asumir pérdidas por valor de quinientos millones de dólares y a despedir a BlackRock como gestora de su cartera inmobiliaria.[82] Cuando le preguntaron acerca de la pérdida de CalPERS, Fink contestó: «No somos perfectos y nunca dije a nadie que fuéramos a serlo. Nuestros inversores disponían de toda la información que teníamos nosotros e hicieron su propia auditoría legal [...] Mi madre recibe su pensión de CalPERS».[83]

Larry Fink influye de forma directa en las estrategias de inversión de unos quince billones de dólares de capital mundial. Por esta razón, se embolsó más de veinticinco millones de sueldo en 2016. Su sistema de análisis Aladdin sigue permitiendo que BlackRock obtenga ingresos de sus inversiones por encima de la media del mercado. Su ETF permite que los inversores compren y vendan fácilmente, como si estuvieran adquiriendo acciones. En el primer trimestre de 2017, BlackRock declaró ganancias de 4,89 dólares por acción, comparado con los 4,25 del año anterior, y aumentó su portafolio a 5,4 billones de dólares.[84] En la actualidad, cuenta con veintiocho mil inversores, entre ellos Donald Trump.[85]

Cada vez recibe más peticiones para hacer sugerencias políticas en temas económicos. Ha participado en varios comités en el Foro Económico Mundial. Junto con otros directivos de Wall Street, asistió a una cena ofrecida por Barack Obama al presidente chino Xi Jinping en la Casa Blanca.[86] Es uno de los directores del Consejo de Relaciones Exteriores (CFR) y de la Business Roundtable y forma parte del consejo de administración de la Universidad de Nueva York y del Museo de Arte Moderno (MoMA). Asimismo fue distinguido por la revista *Fortune* como uno de los líderes mundiales más respetados, «director ejecutivo de la década» para *Financial News* en 2011, y uno de «Los mejores CEO del mundo» según *Barron's* durante once años consecutivos.[87]

Fink no parece involucrarse mucho en la gestión transnacional global directa, apenas se pronuncia públicamente sobre el FMI, el Banco Mundial, el Banco de Pagos Internacionales, la OTAN o el imperio militar estadounidense, más allá de mostrar su preocupación por la injerencia del Gobierno en el mercado. Por el contrario, sí ha manifestado su intranquilidad ante la «crisis de la jubilación», por la cual la gente mayor se está jubilando en estado de pobreza, y ha pedido que se creen leyes que exijan inversiones en jubilación por parte de todos los ciudadanos en activo, así como la privatización del fondo de la Seguridad Social.[88] En dos entrevistas, le preguntaron acerca del medioambiente, y en ambos casos sus respuestas fueron sucintas. En la carta dirigida a sus inversores en enero de 2017, escribía: «Sigo creyendo firmemente en que los beneficios generales de la globalización han sido significativos, y que las compañías globales desempeñan un papel protagonista impulsando el crecimiento y la prosperidad para todos. No obstante, es indudable que los beneficios de la globalización se han distribuido de forma desigual, beneficiando de forma desproporcionada a trabajadores altamente cualificados, sobre todo a aquellos que viven en zonas urbanas».

Considerando la enorme porción de capital mundial que controla, Larry Fink es un poderoso integrante de la élite del poder global de la CCT. En 2012, su patrimonio neto se calculaba en torno a los trescientos cuarenta millones de dólares, y probablemente se duplicó en 2017.[89] También está sumamente conectado dentro del núcleo financiero de esa minoría selecta de la CCT. Desde luego, es uno de los miembros más importantes de la élite financiera global. Él y sus socios tienen la capacidad de introducir cambios políticos que podrían afrontar de manera significativa las necesidades de miles de millones de personas que viven con unos pocos dólares al día, así como la crisis potencialmente fatal del medioambiente en todo el planeta. Sin embargo, a pesar de ser consciente de estos problemas mundiales, Fink cree firmemente que la expansión del capitalismo de mercado en general es mejor para el mundo.

James (Jamie) Dimon: presidente y CEO de JP Morgan Chase

Jamie Dimon es director ejecutivo de JP Morgan Chase desde 2005. JP Morgan Chase es el banco más grande de Estados Unidos y el tercero del mundo en activos totales. En 2016 obtuvo unas ganancias de 24.800 millones de dólares y controla 3,8 billones de dólares en depósitos y activos de clientes.[90] Hijo y nieto de corredores de bolsa, Jamie Dimon nació en 1956 y creció en la ciudad de Nueva York. Su abuelo, Apnos Papademetriou, abandonó Grecia en 1921 y cambió su apellido por Dimon. Tanto el padre de Jamie como su abuelo trabajaron en Shearson, Hammill & Company, una empresa de corretaje minorista y banca de inversión.[91] Dimon estudió en Browning School, un exclusivo colegio de chicos en Nueva York.

Se licenció en Psicología y Económicas por la Universidad de Tufts, Massachusetts. Tras dos años trabajando en una empresa de consultoría de inversiones, se matriculó en la Harvard Business School. En 1982 obtuvo un MBA como Baker Scholar.[92] Ser un Baker Scholar es el máximo reconocimiento para los alumnos que se gradúan del máster de administración de empresas en Harvard, y solo se concede al cinco por ciento más brillante de la promoción. Ese mismo año empezó a trabajar en American Express bajo la tutela personal de Sandy Weill, amigo de la familia. Dimon estuvo al lado de Weill como ayudante personal durante varias fusiones y compras. En 1996, se convirtió en director ejecutivo de Smith Barney (en 2012, Smith Barney pasaría a formar parte de Morgan Stanley). En 1998, Dimon y Weill planearon una fusión entre Travelers y Citicorp, y crearon un gigante bancario de inversión llamado Citigroup. Dimon fue nombrado presidente de Citigroup y codirector de la rama de banca de inversión y correduría, Salomon Smith Barney.

En noviembre de 1988, Sandy Weill despidió inesperadamente a Dimon. Oficialmente, se le invitó a dimitir. La dimisión se completó después de negociar una indemnización de treinta millones de dólares. Por aquel entonces, el patrimonio neto de Dimon se estimaba en cien millones. A pesar de que numerosas compañías empezaron a cortejarle inmediatamente, él prefirió mantenerse alejado del trabajo durante dieciocho meses. En ese año y medio, empezó a boxear para ponerse en forma, y aprovechó el tiempo para leer y barajar sus mejores opciones. Su familia y él viajaron por Europa durante seis semanas, y visitó a su hermano en Dinamarca.[93]

Una semana después de que Weill formara Citigroup, una fusión bancaria del Medio Oeste entre Banc One, con sede en Columbus (Ohio), y First Chicago NBD, creó Bank One, el quinto banco más grande de Estados Unidos. La entidad surgida de esta fusión experimentó numerosas dificultades debido a los distintos sistemas y culturas de ambos bancos. En diciembre de 1999 (más de un año después del despido de Dimon de Citigroup), el CEO (Chief Executive Officer) de Bank One se apartó del cargo bajo presión y la junta directiva empezó a buscar a un nuevo director ejecutivo.

Bank One era una importante institución financiera necesitada de un liderazgo fuerte. Dimon vio en el puesto una oportunidad para volver a entrar en el juego. El 27 de marzo de 2000, el banco anunciaba su nombramiento como nuevo presidente y CEO. Dimon se trasladó con su familia a Chicago, compró una mansión de mil cuatrocientos metros cuadrados y se sumergió en la dirección de Bank One. Despidieron a más de diez mil de los ochenta mil empleados. Se recortaron los sueldos más elevados y la junta directiva se redujo de veintidós a catorce miembros. Varios amigos de Dimon en Citigroup se incorporaron a Bank One para trabajar a su lado. Estandarizó los sistemas operativos, aumentó la cantidad de normas de prevención de riesgo, limitó las inversiones poco seguras, recortó los dividendos a la mitad y aumentó las reservas de capital del banco. Su objetivo era hacer una «fortaleza del balance» para permitir que Bank One capease las recesiones del mercado.[94] Para demostrar su compromiso con su nuevo puesto, invirtió sesenta millones de su propio bolsillo en acciones de Bank One. En 2001, el banco declaró beneficios por valor de 2.600 millones de dólares, de 3.300 millones en 2002, y de 3.500 millones en 2003. Estos beneficios abrieron la posibilidad de que Bank One se fusionara con JP Morgan Chase en 2004.

Tras la fusión en 2004, Dimon pasó a ser presidente y director de operaciones de JP Morgan Chase & Co. En 2006 lo nombraron presidente de la junta directiva.[95] En los años siguientes, bajo su dirección, JP Morgan Chase se convirtió en el mayor banco de inversión de Estados Unidos y en el principal emisor de tarjetas de crédito; alcanzó los 3,1 billones en activos gestionados en 2017. La revista *Time* incluyó a Dimon en la lista de personas más influyentes del mundo en 2008, 2009 y 2011. Su patrimonio neto está estimado en unos mil trescientos millones de dólares. Su salario actual en JP Morgan es de 27,5 millones.[96] En 2015, a pesar de los altibajos sufridos durante sus años en JP Morgan Chase, alcanzó el estatus de multimillonario. Según divulgaciones de información financiera del presidente Obama en 2011, Dimon tenía entre medio y un millón de dólares en una cuenta de gestión de activos privada en JP Morgan.[97]

Bajo el mandato de Dimon, el banco ha tenido que enfrentarse a una multa de dos mil millones de dólares por infringir la Ley de Secreto Bancario, al no denunciar actividades sospechosas de Bernie Maddoff.[98] En 2017, JP Morgan Chase pagó otra multa, de cincuenta y cinco millones de dólares, tras ser acusado de cobrar tipos de interés y tasas infladas sobre préstamos hipotecarios a unos cincuenta y tres mil solicitantes afroamericanos e hispanos entre 2006 y 2009, al menos.[99] En septiembre de 2011, la Agencia Financiera Federal de la Vivienda demandó al banco y a otras compañías por abusos en la venta de valores con respaldo hipotecario a Fannie Mae y Freddie Mac. JP Morgan Chase fue uno de los cinco grandes agentes de hipotecas que en febrero de 2012 accedieron a pagar una indemnización de veinticinco mil millones de dólares para zanjar las acusaciones de abusos en servicios de préstamos y ejecución de hipotecas.[100] Y en noviembre de 2013, pagó cuatro mil quinientos millones para resolver una denuncia de inversores institucionales que afirmaban que el banco les había vendido valores con respaldo hipotecario fraudulentos entre 2005 y 2008.[101]

Dimon forma parte de manera activa en el proceso de formulación de políticas, y aprovecha su influyente posición en Wall Street para promover y participar en varias organizaciones. Ocupa un puesto en el Banco de la Reserva Federal de Nueva York, en la junta directiva del United Negro College Fund (UNCF), en el consejo de administración de la Facultad de Medicina de la Universidad de Nueva York, y participa activamente en el Comité Ejecutivo de la Businesss Roundtable, como presidente. Cada año asiste al Foro Económico Mundial, donde participa como orador. En una entrevista concedida en Davos en 2017, defendió la desregulación de los bancos y la reforma tributaria en Estados UNidos.[102] Dimon es miembro del Consejo de Relaciones Exteriores (CFR) y participó en la CEO Speakers Series de dicho consejo en 2012. Sigue formando parte de la Comisión Trilateral[103] y asiste anualmente a las reuniones del Grupo Bilderberg.[104]

Jamie Dimon y su antiguo jefe, Sandy Weill, desempeñaron un papel clave en la eliminación de la Ley Glass-Steagall de 1933, que prohibía a los bancos comerciales involucrarse directamente en la banca de inversión. En 1999, bajo la Administración Clinton, la ley se modificó para permitir a los bancos comerciales invertir en instrumentos derivados y valores, cosa que condujo a inversiones masivas de los bancos en el mercado inmobiliario doméstico de Estados Unidos La crisis de crédito mundial de 2008 estuvo directamente relacionada con determinadas prácticas de crédito que, debido al aumento de los precios de la vivienda, permitieron que la gente, incluso aquella con poco crédito, obtuviera préstamos sin necesidad de demostrar ingresos.[105] Previendo la recesión, JP Morgan utilizó fondos de cobertura para apostar contra el mercado inmobiliario; de este modo, extrajo beneficio de la recesión al tiempo que seguía vendiendo títulos de deuda colateralizada (CDO). Como consecuencia de ello, en el año 2011, la Comisión de Bolsa y Valores (SEC) impuso al banco una multa de ciento cincuenta y tres millones de dólares por el empaquetado de hipotecas basura.[106]

El pinchazo de la burbuja inmobiliaria estuvo a punto de provocar el derrumbe del sistema financiero mundial. En 2010, después de acometerse grandes rescates gubernamentales, la Administración Obama impuso nuevas normas bancarias. Se aprobó la ley Dodd-Frank de reforma de Wall Street, y protección al consumidor, con un elemento clave, la «regla de Volcker» (título VI de la ley), que restringe las formas de inversión de los bancos, lo que limita el comercio especulativo.[107] Dimon fue uno de los líderes de Wall Street que se opusieron con firmeza a la regla de Volcker. Su postura no pasó desapercibida en la Casa Blanca: el que una vez fuera descrito como «banquero favorito de Obama» dejó de ser invitado a las cenas oficiales durante algún tiempo.[108] En 2012, el *Huffington Post* le preguntó por su constante defensa de Wall Street y su crítica a las leyes financieras del Gobierno. Su respuesta fue: «Esto no es la Unión Soviética… Esto son los Estados Unidos de América… Adivine… Un país libre, joder».[109]

En su «carta a los accionistas» de 2017, Dimon incluye un apartado significativo sobre políticas públicas; reconoce su preocupación ante el declive en el crecimiento de la productividad en Estados Unidos, el hecho de que la atención sanitaria sea más cara que en la mayoría de los países desarrollados, los veinte millones de delincuentes en el país, la caída en la tasa de participación en la mano de obra, los elevados índices de abandono escolar y los salarios bajos. No obstante, como respuesta a estos problemas, afirma: «Estados Unidos tiene que asegurarse de mantener una economía sana y dinámica. Eso es lo que impulsa la creación de puestos de trabajo, aumenta el nivel de vida de los que sufren, y nos coloca en posición de invertir en educación, tecnología e infraestructura de un modo sostenible y programático, para construir un futuro mejor y más seguro para el país y su gente. El ejército estadounidense seguirá siendo el mejor del mundo siempre y cuando tengamos la mejor economía del planeta».[110]

John McFarlane: presidente de Barclays Bank

Según el estudio publicado en Zúrich en 2011 sobre las empresas más superconectadas del planeta, Barclays Bank está en lo más alto de la lista. Compañía bancaria con trescientos años de historia, Barclays se fundó en 1690 en Londres. Creció con la expansión del Imperio británico y ahora ofrece sus servicios en más de cincuenta países y territorios, con más de cuarenta y nueve millones de clientes. Como banco multinacional global, Barclays tiene banca minorista, mayorista y de inversión, gestión patrimonial, hipotecas, préstamos y tarjetas de crédito. Fue el primer banco en ofrecer tarjetas de crédito en el Reino Unido, en el año 1966.[111] Sus acciones han oscilado de precio, desde un máximo de 55,70 dólares en 2007 a los 16,50 en 2010 y 7,80 en 2016.[112] El declive del valor de las acciones y el constante impacto de los escándalos del líbor y los tipos de cambio trajeron como consecuencia el cese de dos CEO en la última década y la contratación de John McFarlane en enero de 2015 como director no-ejecutivo. McFarlane se convirtió rápidamente en presidente de la junta directiva y CEO en funciones.

John McFarlane nació en Dumfries, Escocia, en 1947. Estudió en la Dumfries Academy, fundada en 1804 para los alumnos más destacados de la zona; allí se vestía uniforme con chaqueta, corbata y camisa blanca, y se estudiaba un programa basado en «respeto, ambición, compasión, justicia y responsabilidad».[113] Posteriormente, fue a la Universidad de Edimburgo, donde obtuvo un máster en 1969; en 1975, logró un MBA en la Cranfield University School of Management. Mientras cursaba este programa estuvo trabajando también en la Ford Motor Company. En 1975 se unió a Citibank, donde acabaría convirtiéndose en director para el Reino Unido e Irlanda, así como jefe de Citicorp Investment Bank Ltd.

Entre 1997 y 2007, McFarlane fue CEO del Australia and New Zealand Banking Group Ltd, y ocupó la presidencia de la junta directiva de la Asociación de Banqueros Australiana. A su vuelta al Reino Unido, formó parte del comité ejecutivo de varios bancos y compañías de inversión, entre ellas el Royal Bank of Scotland Group plc, la Bolsa de Londres, Aviva plc (compañía internacional de seguros e inversiones),[114] FirstGroup plc (importante empresa de transportes que aúna ferrocarriles y autobuses en el Reino Unido, Irlanda y Estados Unidos [incluyendo Greyhound]),[115] y la Westfield Corporation, propietaria de treinta y cinco grandes almacenes en el Reino Unido y Estados Unidos.[116] También forma parte de la European Financial Services Round Table, asiste de manera regular al Foro Económico Mundial,[117] y fue presidente de la Conferencia Monetaria Internacional.

John McFarlane está casado y tiene tres hijas, esculpe, toca la guitarra acústica en un grupo de *skiffle* y cultiva aceitunas en la Provenza. Juega al golf, pinta y le encanta cantar. Es famoso por su interpretación de *House of the rising sun* en eventos benéficos. McFarlane prometió incorporar valores éticos a Barclays, y endureció el código de vestir del banco: exigió traje y se prohíben sandalias, camisetas o vaqueros en el trabajo.[118] Creía que Barclays necesitaba mejorar su servicio al cliente y reducir los sueldos. Aprovechó su comparecencia en la conferencia anual de la Asociación de Banqueros Británicos para atacar la cultura de bonificaciones de los bancos afirmando que los banqueros ganaban demasiado dinero.[119]

Entre los planes de McFarlane para Barclays estaba optimizar las operaciones en todo el mundo, manteniendo departamentos centrales rentables e introduciendo recortes en otras áreas. Varios miles de personas fueron despedidas en los primeros años; el objetivo era duplicar los beneficios brutos. Su sueldo se fijó ligeramente por encima del millón de dólares.[120] Al llegar a Barclays, se quejó de la burocracia: «¡Tienen trescientos setenta y cinco consejos de administración..., y sobran trescientos setenta».[121] Se ha comprometido a seguir al frente de Barclays hasta 2019.[122] Entre sus obligaciones se encuentra participar en el comité negociador para el Brexit. Según parece, McFarlane declaró que «gran parte de las presiones que ejerce la industria financiera siguen centrándose en convencer a los funcionarios europeos de ofrecer un trato especial a los servicios financieros para que continúen funcionando sin restricciones en el mercado único».[123]

En octubre de 2015, poco después de que McFarlane ocupara la dirección, Barclays contrató a James (Jes) Staley como CEO. Staley era socio administrador de BlueMountain Capital, empresa de fondos de cobertura que gestiona unos veintidós mil millones de dólares, y había estado más de treinta años en JP Morgan Chase, donde trabajó como CEO del Banco de Inversión Corporativa bajo la supervisión de Jamie Dimon. En 2016, su salario en Barclays ascendía a 3,6 millones de dólares.[124] Staley sirvió en el Comité Asesor para Inversores sobre Mercados Financieros del Banco de la Reserva de Nueva York, y ha participado en el Consejo de Relaciones Exteriores.[125]

Jamie Dimon, Larry Fink y John McFarlane tienen estilos de vida y orientaciones ideológicas similares. Creen en la importancia del capitalismo global como un sistema beneficioso para el mundo. Reconocen que la desigualdad y la pobreza son problemas importantes, pero creen que el crecimiento del capital acabará solucionándolos. Justifican esta idea afirmando que hoy en día hay más gente de clase media que nunca. Aunque se muestran relativamente indiferentes en lo que tiene que ver con temas medioambientales, reconocen abiertamente que las oportunidades de inversión podrían variar debido a cambios climáticos. Los tres son millonarios, propietarios de varias casas, están casados y tienen tres hijos. Estudiaron en universidades selectas, ascendieron rápidamente en el mundo de las finanzas internacionales y se han convertido en líderes destacados del centro de control financiero de la élite del poder global de la clase capitalista transnacional. Aunque ha salido a la luz que las instituciones que dirigen han participado en colusiones ilegales con otras entidades, las multas normativas impuestas por los Gobiernos de turno se consideran básicamente como parte de hacer negocios. Pertenecen a numerosas organizaciones nacionales y transnacionales que formulan políticas que seguir, y prestan sus servicios a instituciones no lucrativas, universidades, centros médicos e instituciones culturales.

Υ

A continuación les invitamos a leer nombres, currículos e información financiera que se ha publicado acerca de los ciento noventa y nueve integrantes de la élite para entender plenamente la magnitud de la concentración de poder y riqueza en muy pocas manos. Al examinar la lista, fíjense en títulos especiales como «antiguo subdirector de la CIA», «Secretaría General de Francia», «jefe de Gabinete» de un presidente estadounidense, «canciller del Tesoro de Su Majestad», «dama comandante de la Orden del Imperio británico», «ministro de Finanzas», «ministro de Defensa», «hijo de quien fuera la persona más rica del mundo», «miembro del Consejo de Seguridad Nacional», «jefa de Gabinete» de una secretaria de Estado, «Cámara de los Lores», «Cámara de los Comunes», «Reserva Federal», «ciberpatriota», «autoridad monetaria» y otros cargos en equipos de Gobierno.

DIRECTIVOS DE LOS GIGANTES FINANCIEROS DE LA ÉLITE DEL PODER GLOBAL: CENTRO DE CONTROL DEL CAPITAL DE LA CLASE CAPITALISTA TRANSNACIONAL (EN 2017)

Todos los nombres aparecen por orden alfabético, siguiendo el siguiente formato:

Nombre, país de nacionalidad. **JC** (juntas corporativas / empleos corporativos actuales). **EA** (empleos corporativos / juntas anteriores). **CP** (consejos políticos, organizaciones filantrópicas, Gobierno). **E** (educación). **F** (estados financieros públicos;[126] prácticamente en todos los casos, los estados financieros citados suponen solo una parte de los ingresos y el patrimonio neto). Que un dato en concreto no esté disponible o se desconozca se indicará con la abreviatura «N/D».

Abdelatif Al-Hamad, Kuwait. **JC**: director de BlackRock; director general / presidente de la junta directiva de Arab Fund for Economic and Social Development. **EA**: ministro de Finanzas y

Desarrollo Social de Kuwait, Morgan Stanley, Marsh & MacLennan Companies, American International Group. National Bank of Kuwait. **CP:** autoridad de Promoción de la Inversión Directa de Kuwait (KDIPA), Arab Planning Institute, IFC Banking Advisory Group (Banco Mundial), Comité de Naciones Unidas para la Planificación del Desarrollo, Comisión de Gobierno Global, Foro Económico Mundial; miembro del consejo de administración: International Institute for Strategic Studies, Londres. **E:** Claremont College, Harvard International Affairs Program. **F:** salario en BlackRock de 255.500 dólares (2017); acciones de BlackRock: 4.767 - 2,26 millones de dólares (2016).

Sharon L. Allen, Estados Unidos. **JC:** directora: Bank of America Merrill Lynch. **EA:** Deloitte Touche Tohmatsu Ltd., Catalyst. **CP:** presidenta del Consejo Nacional del YMCA, President´s Export Council, Women's Leadership Board at the John F. Kennedy School of Government de Harvard, Foro Económico Mundial. **E:** University of Idaho. **F:** salario en Bank of America de 345.000 dólares (2016); acciones de Bank of America: 63.468 - 1,7 millones (2016); incluida en la lista de *Forbes* de «Las 100 mujeres más poderosas del mundo» durante cuatro años consecutivos.

Tim D. Armour, Estados Unidos. **JC:** director del Comité de Gestión, y presidente de Capital Group Companies. **EA:** varios cargos en Capital Group Companies. **E:** Middlebury College (BA en Económicas). **F:** salario en Capital Group N/D (compañía privada), aunque, en un juicio de divorcio celebrado en 2010, sus acciones de Capital Group se valoraron en 97,8 millones de dólares.

Michael Ashley, Reino Unido. **JC:** director de Barclays plc, KPMG Europe llp («ELLP»), Deloitte Touche Tohmatsu Ltd., The Finantial Reporting Council Ltd. **EA:** Instituto de Contables Colegiados de Inglaterra y Gales, Comité de Auditoría del Tesoro de Su Majestad, European Financial Reporting Advisory Group. **E:** Burnham Grammar School Academy. **F:** salario en Barclays de 271.170 dólares (2016); acciones de Barclays: 61.250 - 604.446 dólares (2016).

Sergio Balbinot, Italia. **JC:** Allianz SE, UniCredit SpA, La Centrale Finanziaria Generale SpA, Bajaj Allianz General Insurance Co. Ltd., Participate Maatschappij Graafschap Holland NV, Generali (Schweiz) Holding AG, Deutsche Vermögensberatung AG. **EA:** Assicurazioni Generali SpA, Trieste & Deutscher Lloyd. **CP:** Europ Assistance Holding S.A., Foro Económico Mundial. **E:** Universidad de Bolonia (BA en Administración de Empresas, MBA). **F:** salario anual en Allianz de 2,5 millones (2016).

Thomas J. Baltimore Jr., Estados Unidos. **JC:** director de Prudential Insurance Company of America, Park Hotels & Resorts, Hilton Worldwide Holdings. **EA:** MedStar Health, The RLJ Companies, PricewaterhouseCoopers llp. Integra LifeSciences Holdings Corp., Duke Realty Corp. **CP:** National Association of Real Estate Investment Trusts, American Hotel & Lodging Association, Industry Real Estate Finance Advisory Council; miembro del Consejo de Administración: University of Virginia Darden School Foundation; director de Thomas Jefferson University School of Medicine. **E:** University of Virginia (BS, MBA). **F:** posee 32.897 acciones de Prudential (88 millones de dólares); salario en Prudential 320.000 dólares (2016); salario en Parks and Hotel de 2,4 millones de dólares (2016); 8,4 millones de dólares en acciones de Hotel and Pack (2016).

Linda B. Bammann, Estados Unidos. **JC:** directora de JP Morgan Chase & Co., Manulife Finance (Delaware) lp. **EA:** Bank One, UBS Warburg, The Manufacturers Life Insurance Company. **CP:** The Federal Home Loan Mortage Corporation, Risk Management Association. **E:** Stanford University (BS), University of Michigan (MBA). **F:** salario en JP Morgan de 350.000 dólares (2016); acciones de JP Morgan: 81.000 - 3,1 millones de dólares (2016).

Oliver Bäte, Alemania. **JC:** CEO de Allianz SE. **EA:** Westdeutsche Landesbank, McKInsey & Company, Fuerzas Aéreas Alemanas; profesor: Universidad de Colonia. **CP:** presidente del Foro Europeo de Seguros (CFO), Foro Económico Mundial.

E: Universidad de Colonia, New York University (MBA). F: salario en Allianz de 4,6 millones de dólares (2016).

James A. Bell, Estados Unidos. **JC:** director de JP Morgan Chase & Co., Apple. **EA:** Rockwell International, Dow Chemical, The Boeing Company. **CP:** World Business Chicago, Chicago Economic Club; miembro del consejo de administración de Center for Strategic and International Studies. **E:** California State University at Los Angeles. **F:** Salario en JP Morgan 354.375 dólares (2016), salario en Apple de 465.551 dólares (2016); acciones de JP Morgan: 25.032 - 2,46 millones de dólares (2016); «Pioneer Award» en los premios *Black Engineer of the Year* (2012).

Susan S. Bies, Estados Unidos. **JC:** First Horizon; directora de Bank of America Merrill Lynch; vicepresidenta de Zurich Financial Services AG. **EA:** profesora de Económicas en Rhodes College; profesora de Económicas en Wayne State University. **CP:** Comisión de Bolsa y Valores de Estados Unidos, Junta de Gobernadores del Sistema Federal de la Reserva, Financial Accounting Standards Board, Financial Executives Institute, End Users of Derivatives Association, American Bankers Association, Bank Administration Institute, American Economic Administration, Institute of Management Accountants, International Women´s Forum, American Economic Association. **E:** Buffalo State College, Northwestern University (PhD). **F:** acciones de Bank of America: 152.056 - 4,06 millones de dólares (2016), salario en Bank of America de 338.076 dólares (2016); salario Zurich Financial de 410.000 dólares (2016).

Lloyd C. Blankfein, Estados Unidos. **JC:** presidente y CEO de The Goldman Sachs Group. **EA:** J. Aron & Co., Proskauer Rose llp. **CP:** FICC, The Partnership for New York City, Junta de Gobernadores de la Indian School of Business, Junta de Asesores del Decano y Consejo Decanal de Harvard University, Foro Económico Mundial, Consejo de Relaciones Exteriores (Estados Unidos). **E:** Harvard (BA, JD) **F:** patrimonio neto de 1.100 millones de dólares, salario en Goldman Sachs de 20,2 millones de dólares (2016); acciones en Goldman Sachs: 2,66 millones - 610,1 millones de dólares.

Iris Bohnet, Suiza. **JC:** Credit Suisse Group. **EA:** profesora de Políticas Públicas y decana en la Harvard Kennedy School; investigadora en la University de California en Berkeley. **CP:** Foro Económico Mundial, Junta Asesora de la Universidad de Economía y Administración de Empresas de Viena. **E:** Universidad de Zúrich (PhD en Económicas). **F:** salario en Credit Suisse de 2,8 millones (2016); acciones de Credit Suisse: 38.809 - 619.003 dólares (2016).

Jack O. Bovender Jr., Estados Unidos. **JC:** EP Health llc, HCA Realty, Montgomery Regional Hospital, Brookwood Medical Center of Gulfport, VH Holdings and Women´s and Children´s Hospital; director de Bank of America Merrill Lynch. **EA:** CEO de HCA Realty, Tennessee Valley Ventures lp. **CP:** Business Council of the Committee for the Preservation of Capitalism, American Hospital Association; miembro del Consejo de Administración de la Duke University. **E:** Duke University (BA, MA). **F:** salario en Bank of America de 450.000 dólares (2016); acciones de Bank of America: 87.588 - 2,34 millones de dólares (2016); en 2012, recibió acciones de HCA por valor de diez millones de dólares.

Crandall C. Bowles, Estados Unidos. **JC:** directora de JP Morgan Chase & Co., Springs Global, Sara Lee Corporations. **EA:** Wachovia Corporation. **CP:** Consejo Internacional de Negocios del Foro Económico Internacional, The Business Council (Consejo de Relaciones Exteriores), Global Research Institute of UNC-Chapel Hill, The Committee of 2000, Economic Club of New York, The University of North Carolina Press; miembro del Consejo de Administración: Brookings Institution. **E:** Wellesley College, Columbia University (MBA); casada con Erskine B. Bowles. **F:** patrimonio neto de 30-60 millones de dólares; salario en JP Morgan de 254.991 dólares (2016); acciones de JP Morgan, 86.631- 8,5 millones de dólares (2016).

Erskine B. Bowles, Estados Unidos. **JC:** BDT Capital Partners, Facebook, Norfolk Southern Corp., Erskine Bowles & Co., Intelisys Electronic Commerce; director principal en Morgan Stanley. **EA:** Belk, Cousins Properties, General Motors, Krispy Kreme Doughnuts, Wachovia, McLeodUSA, Merck & Co., Community Health Systems, First Union Corp., Carousel Capital; presidente emérito de la University of North Carolina. **CP:** United States Small Business Administration, National Commission on Fiscal Responsibility & Reform, Foro Económico Mundial; enviado especial adjunto en Naciones Unidas, jefe del Gabinete del presidente de Estados Unidos (con Bill Clinton). **E:** University of North Carolina at Chapel Hill (BS), Columbia University (MBA); casado con Crandall C. Bowles. **F:** patrimonio neto estimado 30-60 millones de dólares (*New York Times*, 1999); salario en JP Morgan de 369.375 dólares (2016); salario en Morgan Stanley de 383.333 dólares (2016); posee acciones de Morgan Stanley por valor de 7,72 millones de dólares.

Frank P. Bramble Sr., Estados Unidos. **JC:** director de Bank of America Merrill Lynch; profesor de la Towson University. **EA:** Maryland National Bank, MBNA Corp. MNC Financial, Allfirst Financial, Allied Irish Banks plc. Constellation Energy Group, Wilmington Trust Retirement and Institutional Services Company; CEO de Allfirst Bank. **E:** Towson University. **F:** salario en Bank of America de 300.000 dólares (2016); acciones de Bank of America: 313.193 - 8,37 millones de dólares (2016).

Tim Breedon, Reino Unido. **JC:** director de Barclays Bank plc, Index Funds Fidelity Investment (privada), Apax Global Alpha Ltd. (privada). **EA:** Legal & General Group plc, Standard Charter Bank, Mithras Investment Trust plc. **CP:** Ministerio de Justicia del Reino Unido, Association of British Insurers [organismo especial no bancario de préstamos del Gobierno británico], Investment Management Association, The Takeover Panel (Reino Unido), Financial Reporting Council. **E:** Oxford University, London Business School (MS en Negocios). **F:** ganaba 2,5 millones de dólares al abandonar L&G en 2012; salario en Barclays de 288.200 dólares (2016); acciones en Barclays: 27.755 - 269.501 dólares (2016).

Marc Robert Bryant, Estados Unidos. **JC:** Strategic Advisers, Deutsche Asset Management (privada); vicepresidente sénior en FMR llc. **EA:** GE Investment Management, Alliance Berstein lp. ProFound Advisors llc. **CP:** Foro Económico Mundial. **E:** Colgate University (BA), Emory University of Law. (JD). **F:** salario en FMR N/D (empresa privada).

Thomas Buberl, Alemania. **JC:** CEO de AXA Equitable Holdings. **EA:** Zurich Financial Services AG, Wintherthur Group, DBV Deutsche Beamtenversicherung AG. **CP:** Foro de Jóvenes Líderes Globales (Foro Económico Mundial). **E:** WHU Koblenz (MA en Economía), Lancaster University (MBA), University of St. Gallen (PhD en Economía). **F:** salario anual en AXA de 2 millones de dólares (2017); acciones de AXA: 1.757.212-44,1 millones de dólares (2016).

Mortimer (Tim) J. Buckley, Estados Unidos. **JC:** CEO, director general y CIO de The Vanguard Group. **EA:** varios cargos en Vanguard Group. **CP:** The Children´s Hospital of Philadelphia. **E:** Harvard College (BA en Economía), Harvard Business School (MBA). **F:** salario por el puesto de CEO en Vanguard N/D (privada); su predecesor ganaba 10 millones.

Stephen B. Burke, Estados Unidos. **JC:** Comcast Corporation, Berkshire Hathaway, director de JP Morgan Chase & Co.; CEO de NBC Universal. **EA:** Walt Disney Company, presidente de ABC Broadcasting. **E:** Colgate University, Harvard Business School (MBA). **F:** Salario en Berkshire 35,5 millones (2016), salario en JP Morgan de 309.375 (2016); acciones de JP Morgan: 97.944 - 9,6 millones de dólares (2016); salario por el puesto de CEO de NBC de 37,5 millones (2016); salario en Berkshire Hathaway de 2.700 dólares (Berkshire Hathaway paga a los directivos novecientos dólares más gastos por reunión).

Kennett F. Burnes, Estados Unidos. **JC:** director de State Street. **EA:** Watts Water Technologies, Choate Hall & Stewart; CEO en Cabot Corporation. **E:** Harvard University (BA, JD). **F:** salario en State Street de 425.000 dólares (2016); valor de sus acciones de State Street: 6,1 millones de dólares (2016).

M. Michele Burns, Estados Unidos. **JC:** Goldman Sachs Group, Anheuser-Busch InBev S. A. / NV, Circle Internet Financial, Etsy, Alexion Pharmaceuticals, Cisco Systems. **EA:** Mercer, Tresoro Mining Corp., March / McLennan Companies, Mirant Corporation, GenOn Energy, Delta Air Lines, Arthur Andersen llp. Worldspan lp, Ivan Allen Company, Wal-Mart Stores. **CP:** Foro Económico Mundial, Elton John AIDS Foundation. **E:** Georgia University (BA en Negocios, MA en Contabilidad), Babson College (MBA). **F:** ingresos en Marsh & McLennan 204.906 dólares (2016); salario en Goldman Sachs de 600.000 dólares (2016); acciones de Goldman Sachs: 15.784 - 3,7 millones de dólares (2016); salario en Cisco de 359.999 dólares (2016); salario en Anheuser-Busch de 204.906 dólares (2016); salario en Etsy de 201.906 dólares (2016); acciones de Etsy 157.600 - 2,5 millones de dólares (2016); salario en Alexion de 348.674 dólares (2016); acciones de Alexion: 9.646 - 1,07 millones de dólares.

Mathis Cabiallavetta, Suiza. **JC:** Union Bank of Switzerland, Philip Morris International, General Atlantic Partners, Altria Group, director de BlackRock. **EA:** Marsh & McLennan Companies, Swiss Re Ltd. **CP:** Banco de la Reserva de Nueva York, UBS, Swiss American Chamber of Commerce, British-American Business Council. **E:** Montreal University, Queen´s University of Kensington (MA en Economía). **F:** salario de 600.000 dólares en BlackRock y Philip Morris; acciones de Marsh & McLennan Co. por valor de 18 millones de dólares; acciones de BlackRock: 5.092 - 2,41 millones de dólares (2016); acciones de Philip Morris: 35.297 - 3,65 millones de dólares (2016).

Gilbert F. Casellas, Estados Unidos. **JC:** Prudential Financial, Casellas & Associates, Consejo Asesor de Diversidad de Toyota Motor Corporation, Equipo de Diversidad de Coca-Cola, Consejo Asesor Externo de Diversidad de Comcast Corporation, Consejo Asesor de Catalyst. **EA:** Swarthmore Group, McConnell Valdes llp, Q-linx, OMNITRU. **CP:** consejero general de las Fuerzas Aéreas de Estados Unidos, Junta de Monitorización del Censo de Estados Unidos, Consejo de Relaciones Exteriores,

Instituto del Caucus Hispano del Congreso (CHCI), Johnetta B. Cole Global Diversity and Inclusion Institute, Hispanic Federation, Military Leadership Diversity Commission. **E:** Yale University (BA), Pennsylvania (JD). **F:** salario en Prudential de 323.750 dólares; acciones en Prudential de 30.244 - 33,4 millones de dólares.

Virginie Cayatte, Francia. **JC:** Amundi Asset Management S. A., SoLocal Group S. A. **EA:** varios puestos en AXA (durante quince años). **CP:** regulación del mercado financiero y previsiones económicas en el Ministerio de Hacienda de Francia (de 2002 a 2006). **E:** École Polythechnique (Economía), École Nationale Supérieure des Mines de Paris. **F:** salario en Amundi 3.510 dólares (2016); en 2017 abandonó SoLocal «de mutuo acuerdo».

Noriko H. Chen, Estados Unidos. **JC:** Capital Group Companies. **EA:** Worldsec International Ltd.; varios puestos en Capital Group. **CP:** Consejo de Administración de Williams College, Foro Económico Mundial. **E:** Williams College (BA en Economía), Keio University´s Japanese Language Program. **F:** salario N/D (empresa privada); posee una residencia valorada en 5,6 millones (2015), en el norte de California.

Sir Ian Cheshire, Reino Unido. **JC:** Menhanden Capital plc, Debenhams plc, Prorland Corps llc, Medicinema Enterprises Ltd., presidente UK plc. **EA:** Kingfisher plc, British Retail Consortium, Sears plc, Boston Consulting Group, Guinness, Bradford & Bingley plc. **CP:** Departamento de Trabajo y Pensiones del Reino Unido, Grupo de Líderes Corporativos del Príncipe de Gales contra el Cambio Climático, Business Disability Forum President´s Group, Ecosystem Markets Task Force, Foro Económico Mundial. **E:** Cambridge University (Economía y Derecho). **F:** se embolsó 6,6 millones de dólares de Kingfisher en 2015, salario de Debenhams plc de 166.939 dólares (2016); elegido para la junta directiva de Barclays en 2017.

Jean-Pierre Clamadieu, Francia. **JC:** varios cargos en Rhodia, Solvay S.A.; presidente en Cytec Industries; CEO en Eco

Services Operations Corp.; director en AXA. **EA:** Ministerio de Industria, Ministerio de Trabajo. **CP:** World Business Council for Sustainable Development, Consejo Europeo de la Industria Química, Foro Económico Mundial. **E:** Group des École des Mines (Ingeniería). **F:** acciones de AXA por valor de 230.000 dólares; salario de Rhodia de 2,3 millones de dólares; salario de AXA de 119.340 dólares; acciones de AXA: 9.000 - 264.724 dólares (2016).

Kevin G. Clifford, Estados Unidos. **JC:** Capital Research and Management Company; director de Capital Guardian Trust Company; CEO en American Funds Distributors. **CP:** Junta de Regentes de Loyola High School (Los Ángeles), Forum for Investor Advice, Financial Planning Association, Miembro del Consejo de Administración: Wabash College. **E:** Wabash College (BA en Ciencias Políticas). **F:** salario N/D (empresa privada); posee una casa en la zona de Los Ángeles valorada en 2,2 millones de dólares (2016).

Todd A. Combs, Estados Unidos. **JC:** Precision Castparts Corp., Berkshire Hathaway, Charter Brokerage llc, Duracell; director de JP Morgan Chase &Co. **EA:** Castle Point Capital Management llc, JP Morgan Chase Bank USA, Progressive Insurance Corp., Copper Arch Capital. **CP:** Oficina de Regulación Financiera de Florida. **E:** Florida State University, Columbia Business School **F:** Berkshire Hathaway: bonificación de más de 27 millones en 2013, con un salario de un millón de dólares; sueldo en JP Morgan de 25.000 dólares (2016).

Linda Z. Cook, Estados Unidos JC: Bank of New York Mellon, Harbour Energy, Cargill, Chrysair Holdings Ltd., EIG Global Energy Partners. **EA:** Royal Dutch Shell, Boeing, KBR, Marathon Oil. **CP:** The National Petroleum Council, Kansas University Endowment Association. **E:** Kansas (BS de ingeniería petrolera). **F:** 7,5 millones de indemnización de Shell en 2010 con una transferencia de pensiones de 13,4 millones de dólares; salario anual en Boeing de 250.000 dólares (2008-2012); salario en Bank of NY Mellon de más de 260.000 (2017).

James S. Crown, Estados Unidos. **JC:** JP Morgan Chase Bank, Henry Crown and Company, General Dynamics Corporation, Sara Lee Corporation, Bank One Corp., First Chicago NBD Corp. **EA:** Salomon Brothers, Capital Markets Service Group, Hillshire Brands Company. **CP:** World Business Chicago, PEC Israel Economic Corp.; miembro del Consejo de Administración de The Aspen Institute y Chicago University. **E:** Hampshire College, Stanford University Law School (JD). **F:** heredero de más de 4.000 millones de dólares de la fortuna de la familia Crown; salario en JP Morgan de 355.000 dólares (2016).

Pamela Daley, Estados Unidos. **JC:** BG Group Ltd., Patheon NV, Secure-Works Corp.; directora de BlackRock. **EA:** Morgan, Lewis & Bockius, General Electric Co. **CP:** WWF (Fondo Mundial para la Naturaleza). **E:** Princeton University (BA de literatura), University of Pennsylvania Law School (JD). **F:** salario anual GE 522.000 hasta 2014; salario de BlackRock de 281.000 dólares (2016); acciones de BlackRock: 1.609 - 761.718 dólares (2016).

Laurence Danon Arnaud, Francia. **JC:** Amundi S. A., Pastic Omnium S. A., Tf1 Group S. A., Group Bruxelles Lambert S. A., Gecina S. A., Soc Télévision Française 1 S. A., Banque Privée Edmond de Rothschild, BPCE S. A. **EA:** Diageo plc, Plastic Omnium S. A., Lafuma S. A., Experian plc, Printemps Rhodia S. A. **CP:** École des Mines de Nantes, Medef, Ministerio de Economía y Finanzas de Francia. **E:** École Normande Supérieure Paris (Química Orgánica y Física). **F:** patrimonio neto de 12 millones de dólares.

Alistair Darling, Reino Unido. **JC:** Morgan Stanley. **EA:** miembro de la Cámara de los Comunes, miembro de la Cámara de los Lores, ministro de Hacienda del Reino Unido, secretario de Estado del Departamento de Comercio e Industria, secretario de Estado para el Departamento de Trabajo y Pensiones, secretario de Estado para Seguridad Social, secretario de Estado para el Transporte, secretario de Estado para Escocia. **CP:** Foro Económico Mundial, Standard Life Foundation, Royal Institute of International Affairs, presidente de la campaña *Better Together* en el referéndum escocés. **E:** Aberdeen University (Derecho). **F:** salario en Morgan Stanley de más de 415.000 dólares; acciones de Morgan Stanley por valor de 631.000 dólares (2016).

Ramón De Oliveira, Francia. **JC:** Investment Audit Practice, JACCAR Holdings, Taittinger-Kobrand USA, MONY Life Insurance Co. of America (privada); director en AXA. **EA:** JP Morgan Chase, AllianceBernstein Holding lp (AXA), Logan Pass Partners llc. Quilvest S. A., The Hartford Insurance Company, American Century Company, Sungard Data Systems, FIS Data Systems, Graduate School of Business at Columbia University, Stern School of Business at Nueva York University, Fonds de Donation du Musée du Louvre. **CP:** Friends of Education, The Ewing Marion Kauffman Foundation. **E:** Institut d´Études Politiques, Universidad de París. **F:** salario en AXA de 210.268 dólares (2016); acciones de AXA: 11.300 - 335.415 dólares (2016); acciones de AllianceBernstein 7.059 - 177.130 dólares (2016).

Patrick De Saint-Aignan, Estados Unidos y Francia. **JC:** European Kyoto Fund, Allied World Assurance Company Holdings AG, director de State Street Corporation. **EA:** Morgan Stanley, Bank of China Ltd., Natixis Corporate and Investment Bank. **E:** École des Hautes Études Commerciales de Paris, Harvard University (MBA) **F:** salario en State Street de 364.283 dólares; acciones de State Street por valor de 2,1 millones de dólares.

Phil De Toledo, Estados Unidos. **JC:** presidente en The Capital Group Companies. **EA:** Deloitte Haskins & Sells. **CP:** Comité Ejecutivo de Los Angeles Valley del American Israel Public Affairs Committee. **E:** UCLA (BA en Economía). **F:** posee dos casas en Los Ángeles valoradas en 2,8 millones en conjunto; salario en Capital N/D (empresa privada).

Pierre J. P. De Weck, Suiza. **JC:** Piton Capital llp. General Atlantic llc; director de Bank of America Merrill Lynch.

EA: Deutsche Bank, Citicorp, UBS, DWS Investments, Rhodia S. A., Sal. Oppenheim Jr. & Cie. SCA. **CP:** Parasol Unit Foundation for Contemporary Art. **E:** Instituto Federal Suizo de Tecnología (MS en Ingeniería Nuclear y Mecánica), MIT (MS en Administración). **F:** acciones de Bank of America: 39.770 - 1,06 millones (2016); salario en Bank of America de 305.000 (2016).

Michel Demaré, Bélgica y Suiza. **JC:** Syngenta AG, Global Markets; director de UBS Group AG, CFO: ABB Group. **EA:** Baxter International, Dow Chemical Company, Continental Illinois National Bank and Trust. **CP:** Foro Económico Mundial, IMD Foundation. **E:** Université Catholique de Louvain, Bélgica (MBA). **F:** salario en UBS de 975.000 dólares

William S. Demchak, Estados Unidos. **JC:** Hilliard Lyons Research Advisors, The RBB Fund, Senbanc Fund; director de BlackRock; CEO de PNC Financial Services Group **EA:** JP Morgan Chase & Co. **CP:** Consejo de Asuntos Mundiales de Pittsburgh, Foro Económico Mundial, The Financial Services Round Table. **E:** Allegheny College, University of Michigan (MBA). **F:** salario en PNC 13,1 millones (2016); acciones de PNC por valor de 63,3 millones (2016); acciones de BlackRock: 1.200 - 568.000 dólares (2016) [PNC es propietario del 23 % de BlackRock].

James (Jamie) Dimon, Estados Unidos. **JC:** CEO en JP Morgan Chase. **EA:** Citigroup, Travelers Group, Commercial Credit Company, American Express Company. **CP:** Banco de la Reserva Federal de Nueva York, Foro Económico Mundial, Consejo de Relaciones Exteriores; miembro del Consejo de Administración de New York University Medical Center. **E:** Tufts University, Harvard Business School (MBA). **F:** patrimonio neto, más de 1.300 millones; salario en JP Morgan Chase de 27,5 millones (2016); acciones de JP Morgan: 12.790.959 - 1.300 millones (2016); donó más de cincuenta mil dólares al Consejo de Relaciones Exteriores en 2016.

Arnold W. Donald, Estados Unidos. **JC:** Atlas Holdings llc,

Wind Point Partners, Russell Brands llc, Crown Holdings, Bridgewell Resources llc, BJC Health System, BMO Financial Corp., director de Bank of America Merrill Lynch; CEO en Carnival plc; **EA:** Bank of Montreal; vicepresidente de Monsanto Company y TransCanada Corp.; CEO de Merisant Company. **CP:** consejos de administración de Carleton College y de la University of Washington, Grocery Manufacturers Association (GMA), US-Russia Business Council, Fundación Eurasia, President´s Export Council, Consejo Decanal de la Kennedy School of Government. **E:** Washington University in St. Louis, Carleton College, Chicago University (MBA). **F:** salario en Carnival de 9,8 millones; salario en Bank of America de 300.000 dólares (2016); acciones en Bank of America: 58.342 - 1,56 millones de dólares (2016); vendió acciones de Carnival por valor de 6,1 millones de dólares en 2017.

Nicholas M. Donofrio, Estados Unidos. **JC:** Bank of New York Mellon, Sproxil, Wigix, Deplhi Automotive, TopCoder, Advanced Micro Devices, Liberty Mutual Group. **EA:** IBM, New York Hall of Science. **CP:** National Association of Corporate Directors, The Council for the United States and Italy, Comisión para el Futuro de la Educación Superior en el Departamento de Educación de Estados Unidos, National Action Council for Minorities in Engineering. **E:** Rensselaer Polytechnic Institute (BS), Syracuse University (MS en Ingeniería Eléctrica). **F:** salario en Bank of NY Mellon de 280.000 dólares (2016); salario en AMD de 338.197 (2016); acciones de AMD: 294.860 - 4,38 millones de dólares (2016).

Irene Dorner, Reino Unido. **JC:** Rolls Royce, Control Risks Group Holding Ltd., Clearing House, Outleadership, HSBC; directora de AXA Group. **EA:** Samuel Montagu and Co. Ltd. **CP:** The Financial Services Roundtable, Comité de Fomento de la Filantropía Empresarial, South East Asia Rainforest Research Partnership, Partnership fo New York City; miembro honorífico: St. Anne´s College, Oxford, Reino Unido, University of Nottingham for Asia, Reino Unido. **E:** St. Anne´s College (MA en Jurisprudencia). **F:** salario en AXA de 97.127 dólares (2016); acciones de AXA: 2.000 - 58.820 dólares

(2016); salario en Rolls Royce de 82.300 dólares (2016); salario en HSBC de 86.747 dólares (2016).

Lynn A. Dugle, Estados Unidos. **JC:** Engility Holdings, Texans Credit Union, Reytheon Company; director de State Street Corporation. **EA:** ADC Telecommunications, Texast Instruments. **CP:** Intelligence and National Security Alliance, Defense Science Board, CyberPatriot, programa de posgrado de la Southern Methodist University. **E:** Purdue University (BA en Dirección Técnica y Español), University of Texas at Dallas (MBA). **F:** salario en State Street de 290.250 dólares (2016); acciones de State Street por valor de 488.051 dólares (2017); acciones de Engility por valor de 624.252 dólares (2017).

Denis Duverne, Francia. **JC:** AllianceBernstein Holding llp; presidente del Consejo de Administración de AXA. **EA:** varios puestos en AXA, Compagnie Financière IBI; cónsul general de Francia en Nueva York. **CP:** Ministerio de Finanzas de Francia. **E:** Institut d´Études Politiques y École Nationale D´Administration. **F:** salario en AXA de 2,8 millones (2016); acciones de AXA: 1.348.524 - 39,6 millones de dólares (2016).

Joseph J. Echevarría, Estados Unidos. **JC:** Bank of New York Mellon, Xerox, Unum Group, Pfizer. **EA:** Deloitte Touche Tohmatsu llp. **CP:** Asociación de Profesionales Latinos en las Finanzas y la Contabilidad (ALPFA), Presidential Commission on Election Administration, President´s Export Council, My Brother´s Keeper Alliance, Foro Económico Mundial; miembro del Consejo de Administración de University of Miami. **E:** University of Miami (BA en Negocios). **F:** salario en NY Mellon de 326.497 dólares (2016); acciones de NY Mellon: 15.372 - 802.879 dólares (2016); acciones de Xerox: 12.803 - 361.812 dólares (2016).

Jessica P. Einhorn, Estados Unidos. **JC:** Time Warner; directora de BlackRock; decana en Paul H. Nitze School of Advanced International Studies en Johns Hopkins University. **EA:** Clark & Weinstock, Fondo Monetario Internacional, Banco Mundial, Departamento del Tesoro de Estados Unidos, Agencia de Estados Unidos de Cooperación para el Desarrollo Internacional, Pitney Bowes. **CP:** Comisión Trilateral, Consejo de Relaciones Exteriores, Peterson Institute for International Economics, Center for Global Development, National Bureau of Economic Research; miembro del Consejo de Administración de Rockefeller Brothers Fund. **E:** Barnard College en la Columbia University, SAIS (Johns Hopkins) (MA), Princeton University (PhD en Ciencias Políticas). **F:** salario en BlackRock de 246.000 dólares (2016); acciones de BlackRock: 1.452 - 688.248 dólares (2016); salario en Johns Hopkins de más de 300.000 dólares (2017); acciones de Time Warner por valor de 2 millones de dólares en 2016.

Dame Amelia C. Fawcett, Estados Unidos y Reino Unido. **JC:** Kinnevik AB; directora de State Street Corporation. **EA:** Morgan Stanley, Guardian Media Group plc, Sullivan & Cromwell, Pensions First Group llp. **CP:** Hedge Fund Standars Board, Prince of Wales's Charitable Foundation, London Business School, Foro Económico Mundial, Miembro de US-UK Fullbright Commission. **E:** Wellesley College, University of Virginia (PhD en Jurisprudencia). **F:** salario en State Street de 302.000 dólares (2016); acciones de State Street por valor de 2,8 millones (2017); salario en Kinnevik AB de 83.000 dólares (2016); recibió el título de dama del Imperio británico en 2010.

Laurence (Larry) D. Fink, Estados Unidos. **JC:** PNC Financial Services Group, Innovir Laboratories (privada); CEO en BlackRock. **EA:** The First Boston Corporation, VIMRx Pharmaceuticals. **CP:** Financial Services Roundtable, Museum of Modern Art, Consejo Internacional de Negocios del Foro Económico Mundial; director de Consejo de Relaciones Exteriores; miembro del Consejo de Administración de New York University; **E:** UCLA (graduado, MBA). **F:** salario en BlackRock de 25,4 millones de dólares (2017); acciones de BlackRock 1.041.711 - 493,7 millones de dólares (2016); recibió el título de CEO de la década otorgado por *Financial News* (2011); donó más de cincuenta mil dólares al Consejo de Relaciones Exteriores (2016).

Mark A. Flaherty, Estados Unidos. **JC:** Goldman Sachs Group. **EA:** Wellington Management Group, Standish Mellon Asset Management Company, Aetna. **CP:** miembro del Consejo de Administración de Providence College y The Newman School. **E:** Providence College. **F:** salario en Goldman Sachs 575.000 dólares (2016); acciones de Goldman Sachs 6.714 - 1,6 millones de dólares (2016).

Timothy P. Flynn, Estados Unidos. **JC:** Walmart; director de JP Morgan Chase & Co.. **EA:** KPMG llp. **CP:** Consejo Internacional de Negocios del Foro Económico Mundial, Business Roundtable, Financial Accounting Standards Board, The Prince of Wales' International Integrated Reporting Committee. **E:** University of St. Thomas (St. Paul, Minnesota). **F:** salario en JP Morgan de 349.375 dólares (2016); acciones de JP Morgan: 38.817 - 3,8 millones de dólares (2016); salario en Walmart de 384.364 dólares (2016); acciones de Walmart: 33.184 - 3,23 millones de dólares (2016).

Jean-Martin Folz, Francia. **JC:** Jeumont-Schneider; director independiente sénior: AXA S. A. **EA:** Groupe PSA, Eutelsat Communications S. A., Carrefour S. A., Banque PSA Finance, Alstom AG, Solvay S. A., Compagnie de Saint-Gobain S. A., Société Générale Group, Gaurecia S. A.; presidente/CEO de Automobile Peugeot S. A. **E:** École Polytechnique (BA), École Nationale Supérieure des Mines de Paris (título de Ingeniería). **F:** salario en AXA de 199.628 dólares (2016); acciones de AXA: 11.084 - 325.980 dólares (2016).

Reto Francioni, Suiza. **JC:** Swiss International Airlines AG, Coca-Cola HBC AG, MedTech Innovation Partners AG. Consors; director de UBS Group AG. **EA:** Credit Suisse, SWX Europe Holdings Ltd., Consors Capital Bank AG, Hofmann-La Roche AG, Clearstream International S. A.; CEO de Deutsche Böerse Systems AG. **CP:** Moscow International Financial Center, Foro Económico Mundial. **E:** Universidad de Zúrich (LLB, PhD) **F:** salario UBS de 580.000 dólares (2016); salario en Coca-Cola de HBS 94.770 dólares (2016).

Mary Francis, Reino Unido. **JC:** Fund Distribution Ltd., Ensco plc, Swiss Re AG; directora de Barclays plc. **EA:** Aviva plc, Centrica plc, Cable & Wireless Communications Ltd. **CP:** UK Civil Service, Bank of England, Chatham House, Pensions Policy Institute, National Consumer Council, Press Complaints Commission, International Financial Services. **E:** University of Cambridge (máster en Historia). **F:** salario en Swiss RE de 64.000 dólares (2016); salario en Barclays 37.990 dólares (2016); salario en Ensco plc de 302.252 dólares (2016); acciones de Ensco por valor de 65.395 dólares en 2016.

André François-Poncet, Francia. **JC:** CIAM; director de AXA S. A. **EA:** Morgan Stanley Dean Witter, Médica France S. A., BC Partners. **CP:** Club des Trente. **E:** École des Hautes Études Commerciales de Montréal (MA en Administración de Empresas), Harvard Business School (MBA). **F:** salario estimado en AXA de 118.000 dólares (2017).

Fabrizio Freda, Italia. **JC:** director de BlackRock; CEO de The Estée Lauder Companies. **EA:** Procter & Gamble, Coca-Cola. **E:** Universidad de Nápoles. **F:** salario en BlackRock de 245.000 dólares (2016); acciones de BlackRock: 2.442 - 1,15 millones de dólares (2016); salario en Estée Lauder de 15 millones de dólares (2017); vendió 300.000 acciones de Estée Lauder por treinta y un millones de dólares en 2017.

William C. Freda, Estados Unidos. **JC:** The Guardian Life Insurance Company of America (privada), Hamilton Insurance Group Ltd. (privada); director de State Street Corporation. **EA:** Deloitte llp . **CP:** Committee on Capital Markets Regulation, American Institute of Certified Public Accountants´ Insurance Company Committee, International Accounting Standards Committee´s Insurance, Steering Committee, Economic Club of New York, National Italian American Foundation. **E:** Bentley University (BS). **F:** salario en State Street de 356.000 dólares (2016).

Emerson U. Fullwood, Estados Unidos. **JC:** director de Vanguard Group; profesor: Rochester Institute of Technology;

director de North Carolina A&T University´s College of Engineering Industry Advisory Group. **EA:** Xerox Corporation, Amerigroup Corp., General Signal Corporation, SPX Corp. **CP:** United Way of Rochester, University of Rochester Medical Center, Monroe Community College Foundation, Rochester Urban League, Colgate Rochester Crozer Divinity School. **E:** North Carolina State University, Columbia University (MBA). **F:** salario en Vanguard de 237.000 (2016); salario en Rochester de más de 160.000 dólares (2017).

Edward P. Garden, Estados Unidos. **JC:** Bank of New York Mellon, Penair, Trian Fund Management, General Electric (en octubre de 2017). **EA:** The Wendy´s Company, Family Dollar Stores, Credit Suisse First Boston, Chemtura Corporation, BT Alex Brown. **E:** Harvard (BA). **F:** salario en NY de Mellon 268.746 dólares (2016); acciones de Wendy´s por valor de 3,6 millones en 2016; controla 32,3 millones de acciones con derecho a voto en NY Mellon a través de Train Entities (2016); también es socio fundador de Train Fund Management, fondo de cobertura privado con 12.400 millones de dólares gestionados en 2016; compró 421.800 acciones de NY Mellon por 18,3 millones en 2015.

Rémi Garuz, Francia. **JC:** Amundi S. A., Caisse Régionale de Crédit Agricole Mutuel D´Aquitaine. **EA:** Producta, CAMCA, Regional Bank of Gironde. **CP:** Regional Economic, Social and Environmental Council. **E:** recibió el BEPC (Certificado de Estudios de Primer Ciclo) y un certificado de técnico agrícola. **F:** salario N/D.

William W. George, Estados Unidos. **JC:** Goldman Sachs Group, Novartis Consumer Health. **EA:** Medtronic, Honeywell, ExxonMobil, Target Corp.; profesor invitado de gestión en École Polytechnique Féderale de Lausanne. **CP:** Departamento de Defensa de Estados Unidos, The Carnegie Endowment for International Peace, The Global Center for Leadership and Business Ethics, Foro Económico Mundial USA, Harvard Business School, Cruz Roja Estadounidense, National Association of Corporate Directors, Foro Económico Mundial;

miembro del Consejo de Administración de Clínica Mayo. **E:** Georgia Institute of Technology (BS en Ingeniería Industrial), Harvard University (MBA) **F:** salario en Goldman Sachs de 600.000 dólares (2016); acciones de Goldman Sachs: 73.613 - 17,6 millones de dólares (2016).

Murry S. Gerber, Estados Unidos. **JC:** Halliburton, United States Steel Corp.; director de BlackRock. **EA:** Shell, CEO, EQT Corporation. **CP:** Pennsylvania Business Council; miembro del Consejo de Administración de Augustana College. **E:** Augustana College, University of Illinois (MA en Geología). **F:** salario en BlackRock de 301.000 dólares (2016); acciones de BlackRock: 38.686 - 18,3 millones de dólares (2016); salario en US Steel de 200.000 dólares (2016); acciones de US Steel: 164.345 - 4,4 millones de dólares (2016); salario en Halliburton de 412.657 dólares (2016); acciones de Halliburton: 51.451 - 2,3 millones de dólares (2016).

Crawford Gillies, Reino Unido. **JC:** Control Risks Groups Holdings Ltd., SSE plc; director de Barclays plc; presidente de The Edrington Group Ltd. **EA:** Standard Life plc, Bain & Company, Mitie Group plc, Reed International plc, Scottish Development International Ltd. **CP:** Junta de Administración y Junta de Estrategia del Departamento de Comercio e Industria del Reino Unido. **E:** The University of Edinburgh (Derecho), Harvard Business School (MBA). **F:** salario en Barclays de 327.500 dólares (2016); acciones de Barclays de 70.208 - 681.719 dólares (2016); salario en SSE de 99.560 dólares (2016); acciones de SSE: 5.000 - 9,2 millones de dólares (2016); salario en Mitie de 100.000 dólares (2016).

Mike C. Gitlin, Estados Unidos. **JC:** Capital Group Companies Management Committee. **EA:** Citigroup Global Markets, T. Rowe Price Group. **CP:** N/D **E:** Colgate University (BA). **F:** salario N/D (compañía privada); posee una casa valorada en 6,9 millones en 2017 en la zona de Los Ángeles.

Thomas H. Glocer, Estados Unidos. **JC:** Morgan Stanley, K2 Intelligence, Publicis Groupe, Merck & Co. **EA:** Instinet

Group, New York City Investment Fund Mangaer; CEO de Thomson Reuters. **CP:** European Business Leaders Council, Partnership for New York City, Madison Council of the Library of Congress, Advisory Board of British-American Business Council, Consejo de Negocios Internacionales del Foro Económico Mundial; director del Consejo de Relaciones Exteriores. **E:** Columbia University (BA en Ciencias Políticas), Yale Law School (JD). **F:** acciones de Morgan Stanley por valor de 2,1 millones de dólares (2016); salario en Morgan Stanley de 325.000 dólares (2016); salario en Merck de 305.000 (2016); acciones de Merck de 49.291 - 2,7 millones de dólares (2016).

Ann F. Godbhere, Reino Unido y Canadá. **JC:** British American Tobacco plc, All Source Global Management AGM llc, Prudential plc, Rio Tinto Group, Atrium Underwriters Ltd., Arden Holdings Ltd.; directora de UBS Group AG. **EA:** Sun Life Financial (Canadá), CFO: Northern Rock; CFO en Swiss Re Group. **E:** Certified General Accountants Association of Canada. **F:** salario en UBS 825.000 dólares (2016); salario en British American Tobacco de 146.720 dólares; acciones de British-American Tobacco por valor de 200.252 dólares; acciones de Prudential por valor de 391.383 dólares; acciones de Rio Tinto por valor de 146.079 dólares (2016).

Jeffrey A. Goldstein, Estados Unidos. **JC:** Bank of New York Mellon, Hellman & Friedman llc, Edelman Financial Services, Westfield Corp. Ltd. **EA:** LPL Financial Holdings, BT Wolfensohn, Arch Capital Group. AlixPartners llc. **CP:** Consejo de Relaciones Exteriores, Foreign Plicy Assn., Financial Stability Oversight Council, German Marshall Fund of the US, International Center of Research on Women, Departamento del Tesoro de Estados Unidos. **E:** Vassar College (BA en Economía), Yale University (MA, PhD en Economía). **F:** salario en NY Mellon de 269.996 dólares (2016); acciones de NY Mellon: 20.332 - 1,06 millones de dólares (2016).

James P. Gorman, Australia y el Reino Unido. **JC:** presidente/CEO de Morgan Stanley. **EA:** Merrill Lynch, Mckinsey & Co., Phillips Fox & Masel, MSCI, Visa USA. **CP:** Banco de la Reserva Federal de Nueva York, Institute of International Finance, The Partnership of New York City, Metroplitan Museum of Art, Business Council, Consejo de Relaciones Exteriores, Foro Económico Mundial, Business Roundtable. **E:** University of Melbourne (BA, LLB), Columbia University (MBA). **F:** salario en Morgan Stanley de 9,6 millones de dólares (2016); posee 183.686 acciones de Morgan Stanley por valor de 8,4 millones de dólares, con opciones sobre 424.731 (2016).

Andreas Gottschling, Alemania. **JC:** Credit Suisse Group AG, Menkul Degerler A.S., Banca Comercială Română S. A. **EA:** Erste Group Bank AG, Erste&Steiermärkische Bank D. D., Oesterreichische Kontrollbank AG. **CP:** N/D. **E:** Universidad de Friburgo, Alemania (BA), Harvard University (estudios de posgrado), UC San Diego (PhD en Economía). **F:** salario en Credit Suisse de 2,8 millones de dólares (2016).

Laurent Goutard, Francia. **JC:** Amundi S. A., Société Générale S. A., Komerční Banka AS, Franfinance S. A., Compagnie Générale d'Affacturage AS. **EA:** Genefim S. A., Sophia Bail S. A., SG Financial Services Holding S. A., Sogessur S. A., Geneval S. A. **CP:** N/D **E:** Université de Paris Dauphine (Economía), Institut d'Études Politiques de Paris (Economía) **F:** salario N/D.

Mark B. Grier, Estados Unidos. **JC:** vicepresidente de Prudential Financial. **EA:** Chase Manhattan Corporation, Global Impact Investing Network, Achieve, Wachovia Securities Financial Holdings llc, RGS Energy Group, Annuity and Life Re (Holdings) Ltd. **E:** Eastern Illinois University (BA,MA), University of Rochester (MBA). **F:** salario en Prudential de 14,2 millones (2015); posee 920.869 acciones de Prudential, valoradas en 36,4 millones de dólares.

Sir Gerry Grimstone, Reino Unido. **JC:** Tote Direct, Standard Life Investments Ltd., TheCityUK, Deloitte llp, Wilmington Capital Ltd., Abu Dhabi Commercial Bank P.J.S.C.; vicepresidente de Barclays plc. **EA:** Candover Investments plc, Shroeders plc, F&C Global Smaller Companies plc, Aggregate Industries Ltd., Dairy Crest Group plc. **CP:** Ministerio de Defensa británico, Horserace Totalisator Board, Ministerio de Hacienda británico, Departamento de Salud y Seguridad Social del Reino Unido, Financial Services Trade and Investment Board, Shareholder Executive; mando de combate de la RAF. **E:** Oxford University (MA, MS) **F:** salario en Barclays 327.500 dólares (2016); acciones de Barclays: 103.288 - 2 millones de dólares (2016); salario en Standard Life de 497.800 dólares (2016); posee 206.626 acciones de Standard Life valoradas en 103 millones de dólares.

James Grosfeld, Estados Unidos. **JC:** Copart, Interstate Bakeries Corporation, Addington Resources; director de BlackRock. **EA:** PulteGroup, Championship Liquidating Trust. **CP:** Federal National Mortgage Association. **E:** Amherst College, Columbia Law School (LLB). **F:** salario en BlackRock de 264.000 dólares (2016); acciones de BlackRock: 513.780 - 243,5 millones de dólares (2016).

Rajiv L. Gupta, India y Estados Unidos. **JC:** New Mountain Capital (compañía de inversiones privada que gestiona seis mil millones de dólares), Delphi Automotive plc, Tyco International plc, Hewlett-Packard Company; director de Vanguard Group. **EA:** Scott Paper Company, Ducolite International; presidente de Rohm and Haas Co. **CP:** Foro Económico Mundial, American Chemistry Council, Society of Chemical Industry; miembro del Consejo de Administración de The Conference Board y Drexel University. **E:** Indian Institute of Technology, Cornell University, Drexel University (MBA). **F:** salario en Vanguard de 250.333 dólares (2016); salario en Tycon International de 282.500 (2016); salario en HP de 360.354 dólares (2017); acciones en HP: 267.896 - 5,8 millones de dólares (2016); salario en Tyco de 282.500 dólares (2016); acciones de Tyco: 30.803 - 2,9 millones de dólares; salario en Delphi (presidente) de 525.072 dólares; acciones de Delphi: 23.554 - 2,3 millones de dólares (2016).

Alexander Gut, Reino Unido y Suiza. **JC:** Credit Suisse Group AG, Holcim (Deutschland) AG, Adecco Group AG, Gut

Corporate Finance AG. **EA:** KPMG, Ernst & Young. **E:** Universidad de Zúrich (MBA, PhD en Administración de Empresas). **F:** salario en Credit Suisse de 2,8 millones de dólares (2016); acciones de Credit Suisse: 7.866 – 125.698 dólares (2016).

Amy Gutmann, Estados Unidos. **JC:** directora de Vanguard Group; presidenta de University of Pennsylvania. **CP:** Carnegie Corporation of New York, National Commission on the Humanities and Social Sciences, Presidential Commission for the Study of Bioethical Issues, Global Colloquium of the University Presidents, Foro Económico Mundial; miembro del Consejo de Administración de National Constitution Center; asesora de la Secretaría General de Naciones Unidas. **E:** Radcliffe Institute for Advanced Study, London School of Economics, Harvard University (PhD en Ciencias Políticas). **F:** salario de University of Pennsylvania de 3,5 millones (2017); salario en Vanguard de 236.000 dólares (2016).

Gerald L. Hassell, Estados Unidos. **JC:** Comcast, Institute of International Finance; presidente y CEO de Bank of New York Mellon. **EA:** Private Export Funding Corporation. **CP:** The Financial Services Roundtable, Economic Club of New York, Financial Services Forum, Visitors of Duke University Fuqua School of Business, Big Brothers/Big Sisters of New York City, The Partnership for New York City, The Philharmonic-Symphony Society of New York, September 11 Memorial & Museum. **E:** Duke University (BA), New York University (MBA en Finanzas). **F:** salario en NY Mellon de 19,1 millones de dólares (2016); acciones de NY Mellon: 2,52 millones - 131,8 millones de dólares (2016).

JoAnn Heffernan Heisen, Estados Unidos. **JC:** Skytop Lodge Corporation; directora de Vanguard Group. **EA:** Johnson & Johnson, Primerica Corporation, Kenmill Textile Corporation, Chase Manhattan Bank. **CP:** Robert Wood Johnson Foundation, University Medical Center of Princeton at Plainsboro, Maxwell School of Citizenship and Public Affairs at Syracuse University, Center for Talent Innovation. **E:** Syracuse University. **F:** salario en Vanguard de 248.833 dólares (2016); también presidenta de la JoAnn Heffernan Heisen Family Foundation, que en 2016 tenía seiscientos mil dólares en acciones.

Robert H. Herz, Reino Unido y Estados Unidos. **JC:** Morgan Stanley, Workiva, itBit Trust Company (Bitcoin), Fannie Mae, Federal National Mortgage Association. **EA:** Webfilings, Coopers & Lybrand llp, PriceWaterhouseCoopers llp. **CP:** Kessler Foundation, Financial Accounting Standards Board, International Accounting Standards Board, Public Company Accounting Oversight Board, Accounting Standards Oversight Council of Canada, Sasb Foundation. **E:** University of Manchester (BA en Economía); experto contable (CPA). **F:** acciones de Morgan Stanley por valor de 1,9 millones de dólares (2016); salario en Morgan Stanley de 325.000 dólares (2016); salario en Fannie Mae de 182.079 dólares (2016).

Linda A. Hill, Estados Unidos. **JC:** directora de State Street Corporation, profesora de Administración de Empresas en Harvard University. **EA:** Cooper Industries, Harvard Business Planning. **CP:** Foro Económico Mundial, The Bridgespan Group, Nelson Mandela Children's Fund USA; miembro del Consejo de Administración de Bryn Mawr College. **E:** Bryn Mawr College, University of Chicago (PhD). **F:** salario en State Street de 264.000 dólares (2016); salario en Harvard de más de 198.000 dólares (2017); acciones de State Street: 14.145 - 4,4 millones de dólares (2017).

John M. Hinshaw, Estados Unidos. **JC:** Bank of New York Melon, DocuSign, Clique Intelligence. **EA:** Hewlett-Packard Company, Boeing, Cellco Partnership, Bell Atlantinc. **CP:** Departamento de Comercio de Estados Unidos. **E:** James Madison University (BA en Negocios). **F:** salario en NY Mellon de 263.996 dólares (2016); acciones de NY Mellon: 14.145 - 738.793 dólares (2016).

Nobuyuki Hirano, Japón. **JC:** Morgan Stanley, Mitsubishi UFJ Financial Group. **EA:** The Bank of Tokyo-Mitsubishi UFJ Ltd. **CP:** Institute of International Finance, Foro Económico Mundial, Asociación de Banqueros Japoneses. **E:** Universidad de Kyoto (Derecho). **F:** salario en Bank of Tokyo-Mitsubishi de 1,3 millones de dólares (2016); representa el 23,5 % de la participación de Mitsubishi en Morgan Stanley.

Joseph (Jay) L. Hooley, Estados Unidos. **JC:** Boston Financial Data Services, National Financial Data Services; presidente de State Street Corp. **CP:** Boston College Center for Asset Management; miembro del Comité Asesor: The Boston Club. **E:** Boston College. **F:** salario en State Street de 13,5 millones (2016); acciones de State Street por valor de 71,2 millones de dólares (2016).

Linda Parker Hudson, Estados Unidos. **JC:** directora de Bank of America Merrill Lynch; CEO de BAE Systems. **EA:** General Dynamics Corp., Martin Marietta, Ford Aerospace, Harris Corporation. **CP:** Aerospace Industries Association, International Women´s Forum, C200. **E:** University of Florida (Ingeniería). **F:** salario en Bank of America de 280.000 dólares (2015); acciones de Bank of America: 56.365 - 1,5 millones de dólares (2016); salario en BAE de 300.000 dólares (2016); salario como CEO de BAE 2,9 millones de dólares (2013); acciones BAE: 3.309 - 1,77 millones de dólares (2016).

Martina Hund-Mejean, Alemania. **JC:** Prudential Financial, Covidien International Finance S. A., Topaz International Group S. A.; CFO de MasterCard Worldwide. **EA:** Tyco International plc, General Motors Corporation, Dow Chemical. **CP:** miembro del Consejo de Administración de la University of Virginia. **E:** Universidad de Friburgo (máster de Economía), University of Virginia (MBA). **F:** salario en MasterCard de 5,8 millones de dólares (2016); salario en Prudential de 305.000 dólares (2016); acciones de Prudential: 15.633 - 1,6 millones de dólares (2016).

Jacqueline Hunt, Sudáfrica. **JC:** Allianz SE. **EA:** Prudential plc, Standard Life & Accident Insurance Co., Norwich Union Insurance, Aviva Group Ireland plc, Royal & SunAlliance Insurance plc, PriceWaterhouseCoopers, National Express Group plc. **CP:** Foro Económico Mundial, Dormant Assets Commission, FXA Practitioner Panel, TheCityUK, ABI Board.

E: University of Witwatersrand (BA), South African Institute of Chartered Accounts (experta contable - CPA). **F:** salario en Allianz de 2.385.639 dólares (2016).

Laban P. Jackson Jr., Estados Unidos. **JC:** Clear Creek Properties, Gulf Stream Home, Garden Inc., TBN Holdings; director de JP Morgan Chase & Co.; **EA:** Home Depot, SIRVA, IPIX Corporation, Bank One. **CP:** Federal Reserve Bank of Cleveland. **E:** United States Military Academy. **F:** salario en JP Morgan de 532.500 dólares (2016); acciones de JP Morgan 175.204 - 17,2 millones de dólares (2016).

Reuben Jeffery III, Estados Unidos. **JC:** director de Barclays plc; CEO de Rockefeller & Co. (43.000 millones de dólares en acciones gestionadas, 2016). **EA:** Goldman Sachs & Co., Davis Polk & Wardwell llp, Morgan Guaranty Trust Company of New York; subsecretario de Estado de Estados Unidos para Asuntos Económicos, Energía y Agricultura. **CP:** National Security Council, The Ditchley Foundation, Consejo de Relaciones Exteriores, Foro Económico Mundial, Center for Strategic & International Studies, US Commodity Futures Trading Commission, International Advisory Council of the China Securities Regulatory Commission (CSRC), Consejo Atlántico, Comisión Trilateral. **E:** Yale University (BA en Ciencias Políticas), Stanford University (MBA, JD). **F:** posee un apartamento valorado en nueve millones de dólares en Park Avenue desde 2013; acciones de Goldman Sachs por valor de ochenta millones de dólares aproximadamente; salario en Barclays de 157.200 dólares (2016); acciones en Barclays: 200.196 - 1,9 millones de dólares (2016); salario en Rockefeller N/D (empresa privada); donó entre veinticinco mil y cincuenta mil dólares al Consejo de Relaciones Exteriores.

Abigail Pierrepont Johnson, Estados Unidos. **JC:** presidenta de Fidelity Financial Services llc. **EA:** Booz Allen & Hamilton. **CP:** miembro del Consejo de Administración de Massachusetts Institute of Technology, Fidelity Foundation. **E:** Hobart and William Smith Colleges, Harvard Business (MBA). **F:** patrimonio neto de 13.100 millones de dólares.

Edward Johnson III, Estados Unidos. **JC:** Crocker Realty Investors; CEO en FMR (jubilado) y Regal Communications; presidente de Fidelity Investments. **CP:** Beth Israel Hospital, American Academy of Arts and Sciences, Boston Museum of Fine Arts; miembro del Consejo de Administración de Fidelity Foundation. **E:** Harvard (BA). **F:** patrimonio neto de 8.400 millones de dólares (2016).

James A. Johnson, Estados Unidos. **JC:** Goldman Sachs Group, Johnson Capital Partners, KB HOME/Shaw Louisiana llc. **EA:** Fannie Mae, Lehman Brothers, Dayton Hudson Corporation, Relypsa, Perseus llc, Gannett Co., Unitedhealth Group, Forestar Group, Temple-Inland, Cummins, TEGNA, AmpliPhi Biosciences Corporation, Executive Assistant to VP Walter F. Mondale. **CP:** Consejo de Relaciones Exteriores, American Institute of Certified Public Accountants Administrations; miembro del Consejo de Administración de The Brookings Institution. **E:** University of Minnesota (BA); Princeton University (MPA). **F:** salario en Goldman Sachs de 600.000 dólares (2016); acciones de Goldman Sachs: 42.312 - 10,2 millones de dólares (2016).

C. Bruce Johnstone, Estados Unidos. **JC:** AP Capital Partners llc, presidente y miembro del Consejo de Administración de Fidelity International. **CP:** Needham Education Foundation, Harvard Business School Fund, Alexis de Tocquevile Society of the United Way, Inner City Schools Scholarship Fund. **E:** Harvard University (BA, MBA). **F:** salario N/D (empresas privadas).

Helga Jung, Alemania. **JC:** Allianz SE, Deutsche Telekom AG. **EA:** UniCredit SpA; profesora de la Universidad de Augsburgo. **CP:** Foro Económico Mundial. **E:** Universidad de Augsburgo (MBA, PhD en Administración de Empresas). **F:** salario en Allianz de 2,4 millones de dólares (2016).

Robert S. Kapito, Estados Unidos. **JC:** icruise.com; presidente de BlackRock. **EA:** Bain & Co. **CP:** Conferencia Monetaria Internacional, The Financial Services Roundtable; miembro del

Consejo de Administración de University of Pennsylvania (BA), Harvard Business School (MBA). **F:** salario en BlackRock de 19,3 millones de dólares (2017); acciones de BlackRock: 411.144 - 194,8 millones de dólares (2016).

Edmund F. Ted Kelly, Estados Unidos e Irlanda. **JC:** Bank of New York Mellon, Liberty Mutual Group. **EA:** Mellon Financial Corp., Aetna, EMC Corporation, Segue Software; profesor de la University of New Brunswick, Unversity of Missouri en St. Louis. **CP:** The Financial Services Roundtable, Foro Económico Mundial, Alliance of American Insurers, United Way of Massachusetts Bay, American Red Cross of Massachusetts Bay, Boston Private Industry Council, American Ireland Fund, Bretton Woods Committee; miembro del Consejo de Administración del Boston College. **E:** Queen´s University of Belfast (BA), MIT (PhD). **F:** salario en NY Mellon de 285.396 dólares (2016); acciones de NY Mellon 45.807- 2,39 millones de dólares (2016); acciones de Liberty: 45.807 - 824.526 dólares (2016); en 2013, se jubiló del puesto de CEO de Liberty Mutual con cincuenta millones en su último año.

Angelien Kemna, Holanda. **JC:** Yellow&Blue Investment Management BV; directora de AXA; CEO de APG Asset Management NV. **EA:** ING Investment Management BV, Robeco Group NV, Railpen Investments, Maastricht University, Erasmus University Rotterdam, Universidad de Leiden, Autoridad Holandesa para los Mercados Financieros. **CP:** Child and Youth Finance International. **E:** Erasmus University Rotterdam (MA en Econometría, PhD en Finanzas) **F:** salario en AXA de 91.494 dólares (2016).

Isabelle Kocher, Francia. **JC:** International Power plc, Electrabel S. A., ENGIE S. A., Lyonnaise Des Eaux France S. A.; directora de AXA S. A.; CEO de SUEZ S. A. **EA:** Compagnie Financière Edmond de Rothschild, Société Européenne de Propulsion, Arkema S. A., Ministerio de Economía y Finanzas de Francia; asesora de Asuntos Industriales del primer ministro de Francia. **CP:** Foro Económico Mundial. **E:** École Normale Supérieure (graduada) Corp des Mines (posgrado en Física).

F: salario en AXA de 78.000 dólares (2016); acciones de AXA 5.960 - 175.283 dólares (2016); salario en ENGIE de 1,13 millones de dólares (2016).

Andreas N. Koopmann, Suiza. **JC:** Credit Suisse Group AG, Georg Fischer AG, Nestlé S. A., CSD Holding AG. **EA:** Bobst Group S. A., Bruno Piatti AG, Motor Columbus AG **E:** Swiss Federal Institute of Technology (MA en Ingeniería Mecánica), International Institute for Management Development (MBA). **F:** salario en Credit Suisse de 2,8 millones de dólares (2016); acciones de Credit Suisse 81.746 dólares - 1,3 millones (2016), salario en Nestlé de 750.052 dólares (2016); acciones en Nestlé: 92.536 - 6,6 millones de dólares (2016).

Darcy Kopcho, Estados Unidos. **JC:** Capital Group Companies Management Committee. **EA:** Baker International, varios puestos en Capital Group Companies. **CP:** Defenders of Wildlife. **E:** University of California, Santa Bárbara (BA en Estudios Religiosos), University of California, Irvine (MBA). **F:** salario N/D (empresa privada); posee una casa de 680 m^2 valorada en 4,5 millones de dólares en 2009 en la zona de Los Ángeles.

Karl J. Krapek, Estados Unidos. **JC:** Prudential Financial, Northrop Grumman **EA:** Carrier Corp., United Technologies Corp., Otis Elevator Company, Pratt and Whitney Aircraft Engine Company, General Motors, The Conneticut Bank and Trust Company, Alcatel-Lucent USA, Delta Airlines. **CP:** Visteon Corporation; presidente y miembro del Consejo de Administración de Connecticut State University System. **E:** Kettering University (BA), Purdue University (MA en Ingeniería Industrial). **F:** salario en Prudential de 420.000 dólares (2016); acciones en Prudential: 45.606 - 5,03 millones de dólares (2016); salario de Northrop Grumman 354.011 (2016); acciones en Northrop: 27.879 - 8,27 millones de dólares (2016).

Ellen J. Kullman, Estados Unidos. **JC:** Goldman Sachs Group. Dell Technologies, Amgen, United Technologies, Temasek Holdings Ltd. (privada). **EA:** General Motors, General Electric; CEO de DuPont do Brasil S. A. **CP:** Consejo de Relaciones Exteriores, Consejo de Administración de Tufts University, US-India CEO Forum, Business Council, National Academy of Engineering, Foro Económico Mundial. **E:** Tufts University (BS en Ingeniería Mecánica), Northwestern University (MBA). **F:** salario en Goldman Sachs de 575.000 dólares (2016); acciones de Goldman Sachs por valor de 50.028 dólares (2016); salario en Dell de 1,26 millones de dólares (2016); salario en United Technologies de 300.947 dólares (2016); acciones en United Tech: 14.798 - 1,7 millones de dólares (2016); salario en Amgen de 79.790 dólares (nuevo nombramiento, 2016); salario en DuPont mientras era CEO de 9,7 millones de dólares (2012).

Robert LeBlanc, Francia. **JC:** Amundi S. A., RL Conseil, SACI, Andersen Consulting; presidente y CEO de Aon France. **EA:** Société des Bourses Françaises, Meeschaert Rousselle, Uni Europe Assistance, APAX France, International Space Brokers France. **CP:** Movement of Christian Entrepreneurs and Managers, MEDEF. **E:** École Polytechnique (graduado), Université de Paris-Dauphine (PhD en Estrategia de Organizaciones). **F:** salario en Amundi de 3.510 dólares (2016); salario en Aon (2016) de 3,8 millones de dólares (2016).

Suet Fern Lee, Singapur. **JC:** Sanofi, Rickmers Trust Managament Pte Ltd.; directora de AXA S. A. **EA:** Morgan Lweis & Bockius llp (bufete internacional de Donald Trump desde 2005), Macquarie International Infrastructure Fund Ltd., Horsburgh Maritime Investments, SembCorp Industries Ltd., Transcu Group Ltd., Orangestar Investment Holdings Private Ltd., Richina Pacific Ltd., Eng Wah Organization Ltd. **CP:** The World Justice Project, National Heritage Board, International Bar Association, Accounting Advisory Board, National University of Singapore Business School; Junta de Asesores de Singapore Management University School of Law; Comité Ejecutivo de Singapore Academy of Law. **E:** University of Singapore (primer máster de Artes [Derecho]), Gray´s Inn, Londres (abogada). **F:** salario en Sanofi S. A. de 110.000 dólares (2016), salario en AXA de 118.000 dólares; acciones de AXA: 8.000 - 235.280 dólares (2016).

Peter R. Lighte, Estados Unidos. **JC:** Prudential Financial, JP Morgan Chase Bank (China) Manufacturers Hanover Ltd. **CP:** Council on International Educational Change, Half The Sky Foundation. **E:** George Washington University (BA), Princeton University (PhD en Estudios sobre el Este Asiático). **F:** salario en Prudential de 430.000 dólares (2016); acciones de Prudential: 4.260 - 3,7 millones de dólares.

Stefan Lippe, Suiza y Alemania. **JC:** Commerzbank AG, Yes Europe AG, CelsiusPro AG, Acqupart Holding AG, Acquifin AG, director de AXA S. A. **EA:** Swiss Re AG, Bavarian Re. **CP:** Foro Económico Mundial, German Insurance Association for Vocational Training (BWV). **E:** Unviersität Mannheim (BA en Matemáticas, PhD en Economía). **F:** salario en AXA de 214.181 dólares (2016); acciones de AXA: 1.200 - 35.292 dólares (2016); salario en Commerzbank de 140.985 dólares (2016).

F. Joseph Loughrey, Estados Unidos. **JC:** Hillenbrand, SKF AB; director de Vanguard Group. **EA:** Cummins. **CP:** National Association of Manufacturers, Kellogg Institute for International Studies en la University of Notre Dame, Chicago Council on Global Affairs, Lumina Foundation for Education, Oxfam America. **E:** University of Notre Dame. **F:** salario en Hillenbrand de 246.852 dólares (2016); acciones de Hillenbrand: 43.786 - 1,9 millones de dólares (2016).

Mark Loughridge, Estados Unidos. **JC:** Dow Medical Company; director de Vanguard Group. **EA:** CFO: IBM (jubilado en 2013). **E:** Stanford University (BE en Ingeniería Mecánica), University of Chicago (MBA), École Nationale Supérieure de Mécanique, Francia. **F:** salario en Vanguard de 281.333 dólares (2016); salario en Dow de 262.474 dólares (2016); acciones de Dow: 7.574 - 534.724 dólares (2016); salario en IBM de 775.000 dólares (2013); acciones de IMB: 88.317 - 13,2 millones de dólares (2013).

Rob W. Lovelace, Estados Unidos. **JC:** Capital Group Companies Management Committee. **EA:** varios cargos en Capital Group Companies. **CP:** Reef New World Fund, California

Communitiy Foundation, Pacific Council on International Policy, Consejo de Relaciones Exteriores. **E:** Princeton University (Economía Minera [Geología]), experto en análisis financiero. **F:** salario en Capital N/D (empresa privada); posee una casa en la zona de Los Ángeles valorada en 4,8 millones de dólares.

Mónica C. Lozano, Estados Unidos. **JC:** The Walt Disney Co., Target Corporation, Sun America Asset Management Corp., (privada); directora de Bank of America Merrill Lynch. **EA:** Lozano Communications, ImpreMedia llc. Tenet Healthcare Corp., Union Bank Switzerland; CEO y editora de La Opinión lp. **CP:** Consejo de Relaciones Exteriores, California HealthCare Foundation, The Rockefeller Foundation, Consejo Nacional de La Raza, President´s Council on Jobs and Competitiveness; miembro del Consejo de Administración de la University of Southern California; Junta de Regentes de la University of California. **E:** University of Oregon. **F:** salario en Bank of America de 320.000 dólares (2016); acciones de Bank of America: 130.091 - 3,48 millones de dólares (2016); salario en Disney de 124.964 dólares (2016); acciones de Disney: 23.019 - 2,3 millones de dólares (2016); salario en Target de 196.630 dólares (2016); acciones de Target: 592 - 33.080 dólares (2016).

John A. Luke Jr., Estados Unidos. **JC:** Bank of New York Mellon, Blue Heron Capital, The WestRock Company, The Timkin Company, Dominion Midstream Partners, Virginia Commonwealth University Health System, Factory Mutual Insurance Company. **EA:** Rigesa. **CP:** Consejo de Relaciones Exteriores, The American Enterprise Institute for Public Policy Research, Fuerzas Aéreas de Estados Unidos, National Association of Manufacturers, American Forest & Paper Association, Virginia Museum of Fine Arts, Viginia Commonwealth University Health System, President´s Export Council. **E:** St. Lawrence University (BA), University of Pennsylvania (MBA). **F:** salario en NY Mellon de 249.996 dólares (2016); salario en WestRock de 341.444 dólares (2016); acciones de WestRock: 2.935.272 - 172 millones de dólares (2016).

Seraina (Maag) Macia, Australia y Suiza. **JC:** Credit Suisse AG, Hamilton Insurance Group, BanQu. **EA:** XL Insurance North America, Zurich Financial Services, Neue Zürcher Bank, Universal Underwriters Insurance Company. **CP:** Jóvenes Líderes Globales del Foro Económico Mundial, CFA Institute, Association of Professional Insurance Women. **E:** Deakin University, Monash University (MBA), CFA Institute (experta en análisis financiero) **F:** salario en Credit Suisse de 2,8 millones de dólares (2016); acciones de Credit Suisse 19.799 - 316.388 dólares (2016).

Scott C. Malpass, Estados Unidos. **JC:** director de Vanguard Group; administrador de Fondos de Inversión de 3,5 millones de dólares de University of Notre Dame. **EA:** St. Joseph Capital Corp., Bank of New York Mellon, Irving Trust Company. **CP:** Round Table Healthcare Management llc, The Investment Fund for Foundations. **E:** University of Notre Dame (BA, MBA). **F:** salario en Vanguard de 230.000 dólares (2016); salario en Notre Dame University de 2,05 millones de dólares (2016).

François Martineau, Francia. **JC:** Conservateur Finance S. A., Bred Banque Populaire; director de AXA; abogado en Lussan et Associés. **EA:** École Nationales de Magistrature. **CP:** Consejo de Europa, Associations Mutuelles Le Conservateur. **E:** Institut d'Études Politiques, Université Paris-Sorbonne, Paris IV (Filosofía), Université Paris I Panthéon-Sorbonne (MA en Derecho). **F:** salario en AXA de 112.056 dólares (2016); acciones de AXA: 6.732 - 197.988 dólares (2016).

Christof Mascher, Austria. **JC:** Allianz SE; CEO de ACORD Corporation. **EA:** Volkswagen Autoversicherung AG, Wiener Allianz. **E:** Universidad de Viena (MA), Universidad de Innsbruck (PhD en Derecho). **F:** salario en Allianz de 3,7 millones de dólares (2016); salario en ACORD de 2,3 millones de dólares (2016).

Michel Mathieu, Francia. **JC:** Amundi S. A., Crédit Lyonnais S. A., Cassa di Risparmio di Parma e Piacenza SpA, Crédit Agricole S. A., Predica, SILCA. **EA:** Banca Popolare FriulAdria

SpA, Banco Espírito Santo S. A. **CP:** Commission de Politique Financière & Bancaire, Assn. Des Presidents, Commission Mixte Internationale, Cotec, Club IBM, Bureau Fédérale de la Fédération Nationale du Crédit Agricole. **E:** Télécom ParisTech (PhD en Derecho Corporativo y Empresarial). **F:** salario en Amundi de 923.161 dólares (2015); salario en Crédit Agricole de 1,02 millones de dólares.

Sir Deryck Charles Maughan, Reino Unido. **JC:** Nikko Securities Co., GlaxoSmithKline plc; director de BlackRock. **EA:** Salomon Brothers, Kohlberg Kravis Roberts & Co., Thomson Reuters Corporation, The Goldman Sachs Group, Citicorp. **CP:** Comisión Trilateral, British-American Business Council, Bolsa de Nueva York, Foro Económico Mundial, Consejos Asesores de Harvard y Stanford, NYU Medical Center; miembro del Consejo de Administración de Lincoln Center. **E:** King´s College, University of London, Graduate School of Business, Stanford University (MS). **F:** salario en BlackRock de 294.250 dólares (2016); acciones de BlackRock: 9.921 - 4,7 millones de dólares (2016).

Thomas J. May, Estados Unidos. **JC:** NSTAR Communications, BEC Funding II llc, Connecticut Light and Power Company, Public Service Company of New Hampshire, Liberty Mutual Holding Company, Liberty Financial Companies, New England Business Services Deluxe Pintpoint; director de Bank of America Merrill Lynch. **EA:** BankBoston Corp., RCN Corporation; CEO y presidente de Eversource Energy; CEO de Cambridge Electric Light Company y Boston Edison Company. **CP:** Financial Executives International. **E:** Stonehill College, Bentley College (MS en Finanzas), Harvard Business School´s Advanced Management Program. **F:** salario en Bank of America de 300.000 dólares (2015); acciones en Bank of America: 254.224 - 6,8 millones de dólares (2016); salario en Eversource de 19 millones de dólares (2014); acciones de Eversource 1.297.588 - 80,7 millones de dólares (2016).

John McFarlane, Reino Unido. **JC:** Barclays plc. **EA:** Aviva plc., Australia and New Zealand Banking Group Ltd., Standard Chartered plc, The Royal Bank of Scotland Group plc, Citicorp, Capital Radio plc, First Group plc, Westfield Holdings Ltd., Carindale Property Trust, London Stock Exchange plc, National Westminster Bank plc. **CP:** Foro Económico Mundial, TheCityUK, Australian Bankers Association, The Securities Association, Economic Research Institute for Asean & East Asia, Financial Reporting Council, Conferencia Monetaria Internacional. **E:** The University of Edinburgh (MA), Cranfield University (MBA). **F:** salario en Barclays de 1,04 millones de dólares (2016); acciones en Barclays 46.852 - 454.931 dólares (2016).

F. William McNabb III, Estados Unidos. **JC:** CEO de Vanguard Group. **CP:** Investment Company Institute´s Board of Governors, Zoological Society of Philadelphia, United Way of Greater Philadelphia. **E:** Dartmouth College (MBA), Wharton School of the University of Pennsylvania. **F:** salario N/D (empresa privada), aunque el salario del anterior CEO de Vanguard ascendía a diez millones de dólares.

Cheryl Mills, Estados Unidos. **JC:** directora de BlackRock; CEO de BlackIvy Group. **EA:** Cendant Corporation, Orion Power, Oxygen Media, Hogan & Hartson; vicepresidenta de New York University, jefa de gabinete de la Secretaria de Estado de Hillary Clinton; viceconsejera del presidente Clinton. **CP:** Clinton Foundation. **E:** University of Virginia (BA), Stanford Law School (JD). **F:** salario en BlackRock de 253.000 dólares (2016); acciones en BlackRock: 1.124 - 532.776 dólares (2016).

Judith A., Jami, Miscik, Estados Unidos. **JC:** Morgan Stanley, in-Q-Tel (fundación de gestión tecnológica de la CIA), EMC Corp. **EA:** Lehman Brothers Holding, Barclays Bank plc; CEO de Kissinger Assoc.; subdirectora de Inteligencia en la CIA. **CP:** National Security Council, American Ditchley Foundation, United Nations Assn.; directora del Consejo de Relaciones Exteriores. **E:** Pepperdine University (BA), University of Denver (MA en Relaciones Internacionales). **F:** posee 807.953 dólares en acciones de Morgan Stanley; salario en Morgan Stanley de 345.000 dólares (2016).

Lakshmi N. Mittal, India. **JC:** Goldman Sachs Group, ISG, Incoal Company, CEO de Aperam, Arcelor Mittal (mayor productor de acero en el mundo). **EA:** Airbus Group SE. **CP:** Consejo de Asesoría Global del Primer Ministro Indio, Consejo de Inversión Exterior de Kazajistán, Consejo de Inversión Internacional de Sudáfrica, Consejo de Inversores del Gabinete de Ministros de Ucrania, Consejo de Negocios Internacionales del Foro Económico Mundial, Comité Ejecutivo de World Steels Association, Junta Asesora Internacional Presidencial de Mozambique. **E:** St. Xavier's College (BA). **F:** salario en Goldman Sachs de 575.000 dólares (2016); salario en Aperam de 1,55 millones de dólares (2016); patrimonio neto de 16.400 millones de dólares (*Forbes*, 2017).

Hélène Molinari, Francia. **JC:** Amundi S. A., AHM Conseil, Lagardère SCA, BE-Bound. **EA:** Cap Gemini, AXA, BE-Bound. **CP:** MEDEF, Nos quartiers ont des talents, Centre d´Études Littéraires et Scientifiques Appliquées, Entreprendre pour Apprendre, Boyden Foundation. **E:** licenciada en Ingeniería. **F:** salario en Amundi de 64.657 dólares (2016).

Jennifer B. Morgan, Estados Unidos. **JC:** Bank of New York Mellon, SAP SE **EA:** Siebel Systems, Accenture. **CP:** Foro Económico Mundial, National Academy Foundation, GEN-YOUth. **E:** James Madison University (BA en Negocios). **F:** salario en NY Mellon de 10.321 dólares (2016); acciones de NY Mellon: 416 - 21.727 dólares (2016); salario en SAP más de 185.000 dólares (2016).

Charles Sumner Morrison, Estados Unidos. **JC:** Pyramis Global Advisors; presidente de la Gestión de Activos: FMR Co. (2,1 billones de dólares). **EA:** Fidelity Management & Research Company, Fidelity Investments. **CP:** Forum Club SW Florida. **E:** N/D. **F:** salario N/D (empresa privada).

Tushar Morzaria, Reino Unido. **JC:** director de Barclays plc. **EA:** JP Morgan Chase, SG Warburg, Coopers & Lybrand Deloitte. **CP:** Foro Económico Mundial. **E:** University of Manchester (BS en Ciencias Informáticas y Contabilidad). **F:** salario en Barclays 4,8 millones de dólares (2016); acciones de Barclays: 5.518.841- 56,4 millones de dólares (2016).

Brian T. Moynihan, Estados Unidos. **JC:** CEO y presidente de Bank of America. **EA:** Bank of America Merrill Lynch Preferred Capital Trust IV, BlackRock; presidente de Merrill Lynch & CO. **CP:** Foro Económico Mundial. Miembro del Consejo de Administración: Brown University. **E:** Brown University, University of Notre Dame Law School (JD), Miami University (MA). **F:** salario en Bank of America 15,4 millones (2016); acciones de Bank of America: 3.244.190 - 86,7 millones de dólares (2016).

Dambisa Moyo, Zambia. **JC:** Barrick Gold Corporation, Chevron Corporation, Mildstorm Corporation, directora: Barclays plc. **EA:** Banco Mundial, Goldman Sachs, Lundin Petroleum AM, SAB Miller plc, Seagate Technology plc. **CP:** Berggruen Institute, Foro Económico Mundial, Bilderberg Group. **E:** American Univeristy (MBA), Kennedy School of Government, Harvard (MPA), St. Antony´s College, Oxford (doctorado). **F:** salario en Chevron de 212.087 dólares (2016); acciones de Chevron: 1391 - 159.561 dólares (2016); salario en Barclays de 176.850 dólares (2016); acciones de Barclays: 51.192 - 497.074 dólares (2016); salario en Barrick Gold de 200.000 dólares (2016); acciones de Barrick: 45.334 - 724.437 dólares (2016); acciones de Seagate: 11.753 - 461.892 dólares (2016).

Xavier Musca, Francia. **JC:** Pacifica S. A., Capgemini SE, Crédit Agricole S. A., Cassa di Risparmio di Parma e Piacenza SpA, Pacifica S. A., CNP, Assurances S. A., Banco Espirito Santo, presidente de Amundi S. A. **EA:** Gaz de France, PREDICA, Union de Banques Arabes et Françaises S. A., Crédit du Maroc, GDF Suez S. A., BESPAR. **CP:** secretario general de la Presidencia de la República Francesa, Ministerio de Economía y Finanzas de Francia, Club de París, Comité Económico y Financiero de la Unión Europea, African Development Bank. **E:** Institut d'Études Politiques de Paris, Institut d'Études Politiques y École Nationale d'Administration. **F:** salario en Amundi de 1,5 millones de dólares (2016); salario en Crédit Agricole de 1,2 millones de dólares (2016).

Dennis M. Nally, Estados Unidos. **JC:** Morgan Stanley, Globality Inc. **EA:** PriceWaterhouseCoopers. **CP:** US Consejos de Negocios Internacionales de Estados Unidos, Cámara de Comercio de Estados Unidos, The Business Roundtable, The Partnership for New York City, Junta de Asesores de Duke Kunshan University, Foro Económico Mundial; miembro del Consejo de Administración de Carnegie Hall Corporation / The Carnegie Hall Society. **E:** Western Michigan University, Columbia University y Penn State University Executive Programs (CPA). **F:** salario en Morgan Stanley de 165.416 dólares (2016); acciones de Morgan Stanley: 4.397 - 215.848 dólares (2016); salario como CEO de PWC no revelado, pero el director de PWC en el Reino Unido ganaba 4,8 millones de dólares en 2015.

Kaikhushru *Kai* S. Nargolwala, Singapur. **JC:** Credit Suisse Group, Singapore Telecommunications Ltd., Prudential plc, Clifford Capital Pte. Ltd., Duke-NUS Graduate Medical School. **EA:** Bank of America, Peat Marwing Mitchell & Co. **CP:** Foro Económico Mundial. **E:** University of Delhi (BA en Economía). **F:** salario en Credit Suisse de 2,8 millones (2016); acciones de Credit Suisse: 226.362 - 3,6 millones de dólares (2016); salario en Prudential de 159.820 dólares (2016); acciones de Prudential: 70.000 - 3,5 millones de dólares (2016).

Michael A. Neal, Estados Unidos. **JC:** director de JP Morgan Chase & Co. **EA:** GE Capital, Acasta Enterprises. **CP:** Junta Asesora Estadounidense del INSEAD (Instituto Europeo de Administración de Negocios), Foro Económico Mundial, Financial Services Forum, Georgia Tech Foundation. **E:** Georgia Institute of Technology (BS). **F:** salario en JP Morgan de 324.375 dólares (2016); acciones de JP Morgan: 29.100 - 2,86 millones de dólares (2017).

Gordon M. Nixon, Canadá. **JC:** BlackRock, Bell Canada, Acasta Enterprises. **EA:** Royal Bank of Canada, Newmont Mining Corp. **CP:** Institute of International Finance, Conferencia Monetaria Internacional, Canadian Council of Chief Executives. **E:** Queen's University (BA en Comercio). **F:** salario en BlackRock de 262.500 dólares (2016); acciones de BlackRock: 252 - 119.448 dólares (2016); salario en Bell Canada de 353.681 dólares (2016); acciones de Bell Canada: 20.000 - 1,7 millones de dólares.

Mark A. Nordenberg, Estados Unidos. **JC:** The Bank of New York Mellon, Pittsburgh Life Sciences Greenhouse, University of Pittsburgh Medical Center. **EA:** rector y director general de la University of Pittsburgh. **CP:** Comité Asesor sobre Reglas de Procedimiento Civil del Tribunal Supremo de Estados Unidos, Association of American Universities. **E:** Thiel College (BA), University of Wisconsin Law School (JD). **F:** salario en NY Mellon de 281.864 dólares (2016); acciones de NY Mellon: 42.892 - 2,23 millones de dólares (2016); salario en University of Pittsburgh de 597.500 dólares (2014).

Lionel L. Nowell III, Estados Unidos. **JC:** American Electric Power Service Corporation, AEP Texas Central Company; vicepresidente y director de Bank of America Merrill Lynch. **EA:** RJP Nabisco, Pepsico, Reynolds American, Diageo plc, Pizza Hut, Church & Dwight Co., Bottling Group llc, CFO: Pillsbury North America. **CP:** Executive Leadership Council, Financial Executive Institute, American Institute of Certified Public Accountants. **E:** Ohio State University. **F:** salario en Bank of America de 3 millones de dólares (2016); acciones de Bank of America: 66.375 - 1,77 millones de dólares (2016); salario en Reynolds de 393.197 dólares (2014); salario en American Electric de 294.053 dólares (2016); acciones en American Electric: 34.015 - 2,7 millones de dólares (2016).

Adebayo O. Ogunlesi, Nigeria. **JC:** Goldman Sachs Group. Kosmos Energy, Callaway Golf Company, SWAP Tenchologies and Telecomms (privada), Global Infrastructure Partners (privada), New York City Investment Fund Manager, Terminal Investment Ltd., S. A. (privada), Harrisdirect (privada). **EA:** Credit Suisse, Africa Finance Corporation, Global Energy

Group, Freeport LNG Development. **CP:** NAACP Legal Defense & Educational Fund, Prep for Prep, Americans for Oxford, Miembro del Consejo de Administración: New York-Presbiterian Hospital. **E:** Oxford University (BA), Harvard Law School (JD, MBA). **F:** salario en Goldman Sachs de 600.000 dólares (2016); acciones de Goldman Sachs: 16.407 - 3,9 millones de dólares (2016); salario en Kosmos Energy de 201.667 dólares (2016); acciones en Kosmos: 994 millones de dólares (2016); salario en Callaway de 127.000 dólares (2016); acciones de Callaway: 40.800 - 587.928 dólares (2016).

Hutham S. Olayan, Arabia Saudí y Estados Unidos. **JC:** Morgan Stanley, IBM, Equity International, Olayan Group. **EA:** Competro Real Estate Ltd., Chase Manhattan Bank, Donaldson Lufkin & Jenrette, Saudi International Bank, The Blackstone Group lp, Trex Medical Corporation, Crescent Diversified Ltd., Thermo Fisher Scientific. **CP:** The MasterCard Foundation, Arab Bankers Association of North America, Peter G. Peterson Institute for International Economics, Consejo de Relaciones Exteriores, The Brookings Institution, Foro Económico Mundial, Miembro del Consejo de Administración: American University of Beirut **E:** American University of Beirut (BA), Indiana University (MBA). **F:** posee acciones de Morgan Stanley por valor de 6,7 millones de dólares; salario en Morgan Stanley de 345.000 dólares (2016); salario en IBM de 304.268 dólares (2016); acciones de IBM: 1.936 - 300.087 dólares (2016), en 2016 había donado 25.000 - 50.000 dólares al Consejo de Relaciones Exteriores; patrimonio neto más de 2.700 millones de dólares.

Deanna Oppenheimer, Estados Unidos y Reino Unido. **JC:** Joshua Green Corporation (privada), BoardReady (privada), Vettd, Worldplay Group plc, Whitbread plc, Finsphere Corporation, Tesco plc; CEO de CameoWorks llc; directora de AXA. **EA:** Anthemis Group S. A., Barclays plc, Bain & Company, Washington Mutual, Catellus Development Corp., NCR Corporation, Tesco Personal Finance plc, Brooks Sports. **CP:** miembro del Consejo de Administración de University of Puget Sound. **E:** University of Puget Sound (BA en Ciencias Políticas y Asuntos Urbanos), Kellogg School of Management at Northwestern University Advanced Executive Program. **F:** salario en AXA de 142.975 dólares (2016); acciones en AXA (2016); salario en Tesco de 202.169 dólares; acciones de Tesco: 57.350 - 11,1 millones de dólares (2016); salario en Worldpay Group de 159.383 dólares (2016); salario en Whitbread Co. de 100.870 (2016); acciones de Whitbread: 1.600 - 7,5 millones de dólares.

Peter Oppenheimer, Estados Unidos. **JC:** Goldman Sachs Group. **EA:** Apple, Automatic Data Processing, Coopers and Lybrand. **CP:** junta directiva de la California Polytechnic State University Foundation. **E:** California Polytechnic Universtity (BA), University of Santa Clara (MBA) **F:** salario en Goldman Sachs de 600.000 dólares (2016); acciones de Goldman Sachs: 11.354 - 2,7 millones de dólares (2016); en 2014, se jubiló del puesto de CEO en Apple con 53 millones de dólares en acciones.

Sean O´Sullivan, Canadá y el Reino Unido. **JC:** director de State Street Corporation. **EA:** HSBC Holdings plc, HFC Bank. **CP:** Comité Asesor de Tecnología Informática en la University of British Columbia, York University Foundation. **E:** The University of Western Ontario (BA). **F:** salario en State Street más de 250.000 dólares (2017); 46.115 acciones de HSBC vendidas en 2014 - 22,6 millones de dólares.

James W. Owens, Estados Unidos. **JC:** Morgan Stanley, IBM Alcoa, Aladium Transformación de Productos Sociedad Limitada, FM Global Insurance Company. **EA:** Caterpillar, Peoria, Factory Mutual Insurance Company, Allianz SE. **CP:** Consejo de Relaciones Exteriores (director 2006-2014), The Business Roundtable, World Resource Institute. **E:** North Carolina State University (PhD en Economía). **F:** salario en Morgan Stanley de 355.000 dólares (2016); acciones de Morgan Stanley 58.797 - 2,86 millones de dólares (2016); salario en IBM de 386.831 (2016); acciones de IBM 16.811 - 2,5 millones de dólares (2016); salario en Alcoa de 83.346 dólares (2016); acciones de Alcoa: 1,39 millones de dólares (2016).

Doina Palici-Chehab, Alemania y Francia. **JC:** directora de AXA (representante de los empleados accionistas), AXA Insurance Pte. Ltd. (Singapur). **EA:** varios puestos en compañías internacionales de AXA, AGF. **CP:** Cámara de Comercio de Francia (Singapur), Singapore College of Insurance, Junta Asesora de Singapore Management University Lee Kong Chian School of Business. **E:** Universidad de Bucarest, Deutsche Versicherungsakademie (título en Gestión de Seguros). **F:** salario en AXA de 118.331 dólares (2016); acciones de AXA: 27.041 - 803.117 dólares (2016).

William G. Parrett, Estados Unidos. **JC:** Eastman Kodak Company, Blackstone Group LP, Conduent, Thermo Fisher Scientific; director de UBS AG. **EA:** CEO de Deloitte Touche Tohmatsu. **CP:** Foro Económico Mundial, United States Council for International Business, United Way Worldwide. **E:** St. Francis College, Nueva York (experto contable [CPA]). **F:** salario en UBS de 727.000 dólares (2016); salario en Eastman Kodak de 270.000 dólares (2016); acciones de Eastman Kodak: más de 16.600 - 58.900 dólares (2016); salario en Conduent de 125.000 dólares (2016); acciones de Conduent: 5.161 - 79.501 dólares (2016); salario en Blackstone de 329.910 dólares (2016); acciones de Blackstone 80.543 - 2,5 millones de dólares (2016); salario en Thermo Fisher 290.731 dólares (2016); acciones de Thermo Fisher: 11.636 - 2,25 millones de dólares (2016).

George Paz, Estados Unidos. **JC:** Prudential Financial, Express Scripts Holding Company, Aristotle Holding; presidente de Honeywell International. **EA:** Life Partners Group; socio: Coopers and Lybrand llp. **CP:** Banco de la Reserva Federal; miembro del Consejo de Administración de Washing University, St. Louis. **E:** University of Missouri-Columbia (BA en Negocios). **F:** salario en Prudential de 430.000 dólares (2016); acciones de Prudential 4.677 - 5,16 millones de dólares (2016); salario en Honeywell de 330.078 dólares (2016); acciones de Honeywell: 40.205 - 6,01 millones de dólares (2016); salario en Express Scripts Holding Company de 11,9 millones de dólares (2016).

André F. Perold, Estados Unidos y Sudáfrica. **JC:** director de Vanguard Group; socio-gerente: HighVista Strategies (3,2 millones de dólares gestionados). **EA:** Rand Merchant bank; profesor de Finanzas y Banca en la Harvard University. **E:** University of the Witwatersrand, Johanesburgo, Stanford University (PhD). **F:** salario en Vanguard de 237.000 dólares (2016).

Yves Perrier, Francia. **JC:** Crédit Agricole, Société Générale Gestion S. A., Crédit Agricole Cheuvreu S. A.; CEO de Amundi S. A. **EA:** Crédit Lyonnais, Calyon Bank Czech Republic A.S., LCH Clearnet Group Ltd., CACEIS S. A. **CP:** Asociación Francesa de Gestión Financiera. **E:** ESSEC International School of Business Europe (MBA). **F:** salario en Amundi de 2,8 millones de dólares (2016).

Sandra Pianalto, Italia y Estados Unidos. **JC:** Prudential Financial, JM Smucker Co., Eaton Corp., plc. **EA:** presidenta del Banco de la Reserva Federal de Cleveland. **CP:** Comité Presupuestario de la Cámara de Representantes de Estados Unidos, Team Neo, United Way of Greater Cleveland, Greater Cleveland Partnership, Bortheast Ohio Council on Higher Education, University Hospitals Health System. **E:** University of Akron (BA), George Washington University (MA en Economía). **F:** salario en Prudential de 307.000 (2016); acciones de Prudential: 3.965 - 4,37 millones de dólares (2016); salario en Smucker de 228.000 dólares (2016); acciones de Smucker: 3.093 - 344.467 dólares (2016); salario en Eaton de 301.198 dólares (2016); acciones de Eaton: 500 - 37.980 dólares.

Christine A. Poon, Estados Unidos. **JC:** Prudential Financial, Crane Group Co. (privada), The Sherwin- Williams Company, Regeneron Pharmaceuticals, Royal Philips Electronics North America, Johnson & Johnson **EA:** Barclays plc, Koninklijke Philips NV, Kate Spade & Company, Liz Claiborne, Bristol-Myers Squibb Company; decana de The Max M. Fisher College of Business at the Ohio State University. **CP:** Foro Económico Mundial, Fox Chase Cancer Center, US-China Business Council, Healthcare Business Women´s Association. **E:** Northwestern University (BA), St. Louis University (MS en

Biología y Bioquímica), Boston University (MBA). **F:** acciones de Prudential: 22.599 - 2,5 millones de dólares (2016); salario en Prudential de 323.750 dólares (2016); salario en Johnson & Johnson de 189.295 dólares (2016); acciones de Sherman Williams 1.383 - 544.943 dólares (2016); salario en Regeneron Pharmaceuticals de 2,06 millones de dólares (2016); acciones de Regeneron Pharmaceuticals: 82.433 - 31,7 millones de dólares (2016); salario en Royal Philips Electronics de 169.065 dólares (2016).

Lee R. Raymond, Estados Unidos. **JC:** Decision Sciences Corporation; director de JP Morgan Chase & Co. **EA:** Kohlberg Kravis Roberts & Co.; CEO de ExxonMobil. **CP:** Business Council for International Understanding, National Petroleum Council, American Enterprise Institute, The Business Council, The Business Rountdable, Consejo de Relaciones Exteriores, President´s Export Council, National Petroleum Council. **E:** University of Wisconsin, University of Minnesota (PhD en Ingeniería Química). **F:** salario en JP Morgan de 391.875 dólares (2016); acciones de JP Morgan: 225.711 - 22,2 millones de dólares (2016); salario en ExxonMobil de 26,8 millones de dólares (2005); acciones de ExxonMobil: 3,2 millones - 199 millones de dólares (2005).

Joaquin J. Ribeiro, Estados Unidos. **JC:** Credit Suisse Group. **EA:** Deloitte llp **CP:** Institute of International Finance and Securities Industry, Financial Markets Association, Foro Económico Mundial. **E:** Pace University (graduado), New York University (MBA), Columbia Business School (Executive Business Certificate, CPA). **F:** salario en Credit Suisse de 2,8 millones de dólares (2016); acciones de Credit Suisse: 7.865 - 125.682 dólares (2016).

Julie G. Richardson, Estados Unidos. **JC:** Arconic, VEREIT, Yext, The Hartford Financial Services Group, Kroll Risk & Compliance Solutions (privada), US Investigations Services llc; directora en UBS AG. **EA:** Providence Equity Partners llc, JP Morgan Chase & Co., Merrill Lynch & Co., Open Solutions llc, SunGard, Stream Global Services. **CP:** Make-A-Wish Foundation New York. **E:** University of Wisconsin-Madison (BBA), Stanford Graduate School of Business. **F:** salario en UBS de 295.630 dólares (2016); salario en Arconic de 81.833 dólares (2016); acciones de Arconic: 3.112 - 74.680 dólares (2016); salario en VEREIT de 235.087 dólares (2016); acciones de VEREIT: 49.979 - 402.830 dólares (2016); salario en Hartford Financial de 191.505 de dólares (2016); acciones de Hartford Financial: 26.517 - 1,47 millones de dólares (2016); salario en Yext de 295.630 dólares; acciones de Yext 4.119 - 191.505 dólares (2016); acciones de Cisco: 359.011 - 11 millones de dólares (2016).

Charles H. Robbins, Estados Unidos. **JC:** BlackRock; CEO de Cisco Systems. **EA:** Bay Networks, Ascend Communications. **CP:** Atlanta Chapter of Business Executives for National Security, MS Society of Northern California, Foro Económico Mundial. **E:** University of North Carolina at Charlotte (BA). **F:** salario en BlackRock de 250.000 dólares (2017); salario en Cisco de 16,7 millones de dólares (2017); acciones de Cisco por valor de 37,9 millones de dólares en 2016.

Elizabeth B. Robinson, Estados Unidos. **JC:** The Bank of New York Mellon Corporation, Russell Reynolds Associates (privada). **EA:** Goldman Sachs Group. **CP:** miembro del Consejo de Administración de Williams College y Massachusetts Museum of Contemporary Art. **E:** Williams College (BA), Columbia University (MBA). **F:** salario en NY Mellon más de 250.000 dólares (2017).

Urs Rohner, Suiza. **JC:** Credit Suisse Group AG. **EA:** ProSiebenSat.1 Media AG, Lenz & Staehelin, Sullivan & Cromwell llp. **CP:** Foro Económico Mundial, Institute of International Finance, Institut International d'Études Bancaires. **E:** Universidad de Zúrich. **F:** salario en Credit Suisse de 2,8 millones de dólares (2016); acciones de Credit Suisse: 197.861 - 3,16 millones de dólares (2016).

Martin A. Romo, Estados Unidos. **JC:** Comité de Administración de Capital Group Companies, Fundamental Investors (privada). **EA:** varios puestos en Capital Group Companies.

CP: Comité Asesor de Stanford University - Stanford Graduate School of Business. **E:** UC Berkeley (BA en Arquitectura), Stanford Graduate School of Business (MBA). **F:** salario N/D (empresa privada).

Isabelle Romy, Suiza. **JC:** Escuela Politécnica Federal de Lausana (EPFL), SIX Swiss Exchange; directora de UBS Group AG; profesora de Derecho de la Universidad de Friburgo. **EA:** Tribunal Supremo de Suiza, Boalt Hall School of Law, University of California. **E:** Universidad de Friburgo (PhD), Universidad de Lausana (JD). **F:** salario en UBS de 625.000 dólares (2016); salario en la Universidad de Friburgo de 200.000 dólares aproximadamente (2016).

Christian Rouchon, Francia. **JC:** Amundi S. A., Bforbank S. A., Crédit Agricole Home Loan SFH S. A., Capida SAS, Crédit Agricole Sud Rhône Alpes, InnovaFonds SAS. **EA:** Crédit Agricole Loire Haute-Loire. **E:** experto contable titulado en Francia. **F:** salario en Amundi de 463.363 dólares (2016).

Andrée Samat, Francia. **JC:** Amundi S. A., Crédit Agricole Group, Sofipaca S. A., Crédit Foncier de Monaco, Carspezia, HECA, CFM Indosuez Wealth- **CP:** concejala y vicealcaldesa de Saint-Cyr-sur-Mer. **E:** título de grado universitario. **F:** salario en Amundi de 3.000 dólares (2016); otros puestos y acciones N/D (empresas privadas).

Charles W. Scharf, Estados Unidos. **JC:** Microsoft Corporation, Visa International Service Association; CEO de The Bank of New York Mellon Corporation. **EA:** One Equity Partners llc, JPMorgan Chase & Co., Banc One Corporation, Citigroup, Smith Barney, Primerica, Commercial Crédit Corporation, The Travelers Companies, Smartrac N.V, The St. Paul Companies. **CP:** Foro Económico Mundial, Consejo de Administración de la Johns Hopkins University, Financial Servicies Roundtable, Economic Club of Chicago. **E:** Johns Hopkins University (BA), New York University (MBA). **F:** salario en Microsoft de 325.000 dólares (2016); acciones de Microsoft: 36.162 - 3 millones de dólares (2016); acciones de Visa: 88.316 - 5,5 millones de dólares (2015); salario en NY Mellon de 7,6 millones de dólares (por nombramiento como CEO) en 2017 y 16,5 millones de dólares (entre sueldo e incentivos) en 2018.

Diane Shueneman, Estados Unidos. **JC:** The Capital Markets Company (privada), N. V. Capco Consulting; directora de Barclays plc. **EA:** Bank of America Merrill Lynch, McKinsey & Company, Penson Worldwide, Omgeo llc, ICAP plc, The Depository Trust & Cleaning Corporation, United Bank of America. **CP:** Year Up, National Cooperative Cancer Network Foundation. **E:** UC San Diego (BA). **F:** salario en Barclays de 303.920 dólares (2016); acciones de Barclays 16.004 - 161.320 dólares (2016); salario en Capco de 75.980 dólares aproximadamente (2017).

Severin Schwan, Austria y Alemania. **JC:** Credit Suisse AG, Genentech; CEO de Roche Holdings AG. **EA:** Chugai Pharmaceutical Co. Ltd. **CP:** Foro Económico Mundial, International Federation of Pharmaceutical Manufacturers, Consejo Asesor de Líderes Empresariales Internacionales para el alcalde de Shanghái. **E:** Universidad de Innsbruck (Economía, JD). **F:** salario en Credit Suisse de 2,8 millones de dólares (2016); acciones de Credit Suisse: 82.803 - 1,32 millones de dólares (2016); salario en Roche de 14,3 millones de dólares (2016).

Douglas A. Scovanner, Estados Unidos. **JC:** Prudential Financial, Hudson´s Bay Company (privada), Goldner Hawn Johnson & Morrison (privada). **EA:** Target, Fleming Companies, Coca-Cola, TCF Financial Corp. **E:** Washington and Lee University (BA), Colgate W. Darden Graduate School (MBA). **F:** posee 21.242 - 2,4 millones de dólares en acciones de Prudential; salario en Prudential de 335.000 dólares (2016); salario en Target de 3 millones de dólares (2012).

Robert W. Scully, Estados Unidos. **JC:** Xoetis, KKR & Co. lp, Ally Credit Canada Ltd., Chubb Corp.; director de UBS AG. **EA:** Lehman Brothers, Salomon Brothers, Morgan Stanley, Chase Manhattan Bank. **CP:** Global Fund for Children, Teach for America, Blyth Eastman Dillon & Co., Bank of America,

General Motors Acceptance Corporation of Canada. **E:** Princeton University, Harvard Business School (MBA). **F:** salario en UBS de 295.000 dólares (2016); salario en KKR de 265.000 dólares (2016); salario en Zoetis de 295.000 dólares (2016); acciones de Zoetis: 9.436 - 672.692 de dólares (2016); salario en Chubb de 280.000 dólares (2016); acciones de Chubb: 23.933 - 3,5 millones de dólares (2016).

Ivan Seidenberg, Estados Unidos. **JC:** Perella Weinberg Partners LP (privada); director de BlackRock. **EA:** Cellco Partnership, American Products Corporation, Wyeth llc, Honeywell Technology Solutions, Viacom; CEO de Verizon Communications. **CP:** New York Academy of Sciences, US President´s Export Council; presidente de Business Roundtable. **E:** City University of New York, Pace University (MBA). **F:** salario en BlackRock de 282.500 dólares (2016); acciones de BlackRock: 11.330 - 5,3 millones de dólares (2016); salario en Verizon de 26,4 millones de dólares (2011).

Richard P. Sergel, Estados Unidos. **JC:** Emera Inc.; director de State Street Corporation. **EA:** New England Electric System (National Grid USA); CEO de North American Electric Reliability Corporation. **CP:** Consortium for Energy Efficiency; director de The Greater Boston Chamber of Commerce. **E:** Florida State University, North Carolina State University, University of Miami (MBA); **F:** salario en State Street de 318.000 dólares (2016); acciones de State Street: 4,4 millones de dólares (2017); salario en Emera de 210.311 dólares (2016); acciones de Emera: 10.235 - 646.127 dólares (2016).

David Sidwell, Estados Unidos y Reino Unido. **JC:** Apollo Global Management -AGM llc, MSCI, PriceWaterhouseCoopers; director de UBS AG. **CP:** National Council on Aging, Federal National Mortgage Association, International Accounting Standards Committee Foundation; director de Fannie Mae. **E:** Cambridge University, Institute for Chartered Accountants in England and Wales. **F:** salario en UBS de 1,07 millones (2016); salario en MSCI de 144.986 dólares (2016); acciones MSCI: 704.118 - 90,7 millones de dólares; salario en

PriceWaterhouse (Chubbs) de 280.000 dólares (2016); acciones de PriceWaterhouse: 6.104 - 581.894 dólares (2016).

Marco Anonio Slim Domit, México. **JC:** director de BlackRock; CEO de Grupo Financiero Inbursa SAB de CV, Impulsora del Desarrollo y el Empleo en América Latina SAB de CV, Afore Inbursa S. A. de CV, Arrendadora Financiera Inbursa S. A. de CV, Operadora Inbursa de Sociedades de Inversión S. A. de CV, Seguros Inbursa S. A., Sears Roebuck, America Telecom, América Móvil S. A. de CV, Carso Global Telecom S. A. de CV, US Commercial Corp. S. A. de CV, CompUSA, Grupo Carso S. A. de CV. **EA:** director de teléfonos de México SAB de CV. **CP:** Foro Económico Mundial. **E:** Universidad de Anáhuac. **F:** salario en Blackrook de 264.000 dólares (2016); acciones de BlackRock 2.538 - 1,2 millones de dólares (2016); patrimonio neto más de 4.100 millones de dólares; hijo de Carlos Slim Helú, cuyo patrimonio neto estimado asciende a 65.000 millones de dólares

James *Jes* Staley, Estados Unidos. **JC:** BlueMountain Capital Management llc (privado). CEO de Barclays plc. **EA:** JP Morgan Chase, UBS AG. **CP:** Foro Económico Mundial, Comité Asesor en Inversiones del Banco de la Reserva Federal de Nueva York, Institute of International Finance, Consejo de Relaciones Exteriores, Robin Hood Foundation. **E:** Bowdoin College (BA en Economía). **F:** salario en Barclays de 5,5 millones de dólares (2016); acciones de Barclays: 4.242.848 - 41,2 millones de dólares (2016).

John R. Strangfeld, Estados Unidos. **JC:** presidente y CEO de Prudential Financial. **EA:** N/D. **CP:** New Jersey Performing Arts Center, Geneva Assoc.; director de American Council of Life Insurers. **E:** Susquehanna University (BS), University of Virginia (MBA). **F:** salario en Prudential de 17,3 millones de dólares (2015); acciones de Prudential: 1.893.286 - 20,9 millones de dólares (2016).

Gregory L. Summe, Estados Unidos. **JC:** Global BuyoutCarlyle Group, Automatic Data Processing; director de State Street Corporation. **EA:** Goldman Sachs Capital Partners, Perking Elmer, General Aviation Avionics, AlliedSignal (Honeywell International), General Electric, McKinsey & Co. **CP:** Conference Board. **E:** University of Kentucky, University of Cincinnati, Wharton School of the University of Pennsylvania (MBA). **F:** salario en State Street de 308.360 dólares (2016); acciones en State Street: 6,7 millones de dólares (2016); salario en Automated Data de 310.000 dólares aproximadamente (2017).

Renée Talamona, Francia. **JC:** Amundi S. A., Crédit Agricole S. A., LCL S. A. **EA:** CALF, BFT IM, GIE Coopernic. **CP:** Syndicat National de Cadres Dirigeants. **E:** Licenciada en Economía **F:** salario N/D (empresa privada).

Ryosuke Tamakoshi, Japón. **JC:** Morgan Stanley, Persol Holdings, Temp Holdings CO.; presidente de Mitsubishi UFJ Financial Group (MUFG). **EA:** The Sanwa Bank, United California Bank, Bank of Tokyo, The Kansai Electric Power Company, Dah Sing Financial Holdings. **F:** trabaja en Morgan Stanley sin percibir salario, posee el 23% de las acciones con derecho a voto por MUFG, con unos beneficios anuales de 1.100 millones de dólares en 2017; salario en MUFG de 5 millones de dólares aproximadamente (2016).

Éric Tazé-Bernard, Francia. **JC:** director representante de empleados en Amundi S. A. **EA:** Crédit Agricole, Invesco, SEDES, BNP, Banque Indosuez. **E:** École Nationale de la Statistique et de l'Administration Économique (título de Estadística y Economía), Université Paris I Panthéon-Sorbonne (posgrado en Economía), Université Paris IV René Descartes (licenciado en Derecho), University of California at Berkeley (MA en Economía) **F:** salario N/D (empresa privada).

Günther Thallinger, Austria. **JC:** Allianz SE PIMCO. **EA:** Universidad Técnica de Viena, McKinsey & Company. **CP:** Foro Económico Mundial (European Business Council), Federal Finance Ministry, Principles for Responsible Investment Association, German Equity Institute. **E:** Universidad Técnica de Graz y Universidad Técnica de Viena (Matemáticas), Universidad Técnica de Viena (doctorado, tesis en Matemáticas Aplicadas). **F:** salario en Allianz más de 750.000 dólares (2017).

Jassim Bin Hamad J. J. Al Thani, Catar. **JC:** Credit Suisse Group AG, Qatar Islamic Bank, Al Mirqab Capital, Damaan Islamic Insurance Co. (BEEMA), Qatar Navigation; presidente de Qinvest; presidente de Qatar Insurance Company. **CP:** Qatar National Cancer Society, Foro Económico Mundial. **E:** Royal Military Academy en Sandhurst, Inglaterra. **F:** salario en Credit Suisse de 250.000 dólares; acciones de Credit Suisse: 35.809 - 572.227 dólares (2016); patrimonio neto 1.300 millones de dólares (*Forbes*, 2016); miembro de la familia real de Catar.

Axel Theis, Alemania. **JC:** Allianz SE, Euler Hermes Group S. A., ProCurand GmbH. **EA:** Fireman´s Fund Insurance Company, Dekra e.V., ThyssenKrupp Steel Europe AG. **E:** Humboldt University Berlin, aprobó el primer y segundo examen estatal de Derecho; Phd en Derecho. **F:** salario en Allianz de 2,6 millones de dólares (2016).

Richard E. Thornburgh, Estados Unidos. **JC:** Corsair Capital (220.000 millones de dólares), S&P Global (McGraw-Hill), New Star Financial; CFO: Credit Suisse Group. **EA:** First Boston Corporation, Reynolds American. **E:** University of Cincinnati, Harvard (MBA en finanzas). **F:** salario en Credit Suisse de más de 10,4 millones de dólares (2016); acciones de Credit Suisse: 225.038 - 35,9 millones de dólares (2016); salario en S&P de 234.639 dólares; acciones de S&P: 7.989 - 1,3 millones de dólares (2017); acciones de New Star Financial 1,5 millones - 17,7 millones de dólares (2017).

John Tiner, Reino Unido. **JC:** Credit Suisse Group, Lucida plc, Friends Life, Corsair Capital. **EA:** FSA. **CP:** Comité Europeo de Supervisores de Seguros y de Pensiones de Jubilación (CEIOPS), Comité Europeo de Reguladores de Valores (CESR). **E:** Kensington University, Universidad de Innsbruck (MA en Economía, PhD en Derecho). **F:** salario en Credit Suisse más de 2,8 millones de dólares (2017); acciones de Credit Suisse: 140.910 - 2,25 millones de dólares (2016); recibió el título de comandante de la Orden del Imperio Británico en 2008.

Michael A. Todman, Estados Unidos. **JC:** Prudential Financial, Brown Forman Corporation, Newell Brands. **EA:** Whirlpool, Wang Laboratories, Price Waterhouse and Co. **CP:** Consejo de Regentes de Loyola University. **E:** Georgetown University (BS en Negocios). **F:** salario en Brown & Forman de 236.846 dólares; acciones de Brown & Forman: 10.489 - 5,8 millones de dólares (2016); salario en Prudential de 430.000 dólares; acciones de Prudential: 4.360 - 5,1 millones de dólares (2016); salario en Newell de 262.488 dólares. Comandante del Imperio británico en 2008; acciones de Newell: 51.954 - 1,5 millones de dólares.

Perry M. Traquina, Estados Unidos. **JC:** Morgan Stanley, eBay, Allstate. **EA:** CEO en Wellington Management Group. **CP:** Foro Económico Mundial; miembro del Consejo de Administración de Brandeis University y Windsor School. **E:** The London School of Economics (BA en Economía), Harvard Business School (MBA), experto analista financiero. **F:** salario en Morgan Stanley de 335.000 dólares (2016); salario en eBay de 328.000 dólares; acciones de eBay por valor de 969.000 dólares (2016); acciones de Allstate: 765 - 75.796 dólares (2016).

Ashok Vaswani, India. **JC:** Brysam Global Partners, director ejecutivo de Banca Minorista y Empresarial: Barclays Bank plc. **EA:** Citibank, Global Consumer Bank, US Cards Business. **CP:** Foro Económico Mundial, S. P. Jain Institute of Management. **E:** Universidad de Bombay, Sydenham College of Commerce and Economics, Institute of Chartered Accountants of India. **F:** posee 360.000 acciones de Barclays por valor de 3,4 millones de dólares.

David A Viniar, Estados Unidos. **JC:** Goldman Sachs Group, Square Inc. **CP:** Goldman Sachs Foundation, Children's Aid & Family Services, Financial Accounting Foundation, Garden of

Dreams Foundation. **E:** Union College (BA), Harvard (MBA). **F:** salario en Goldman Sachs de 575.000 dólares (2016); acciones de Goldman Sachs 129 millones - 308,7 millones de dólares (2016); salario en Square de 367.238 dólares (2016); acciones de Square 335.700 - 13,8 millones de dólares (2016).

Brad Vogt, Estados Unidos. **JC:** Comité de Administración de Capital Group Companies. **EA:** varios puestos en Capital Group Companies. **CP:** Investment Company Institute. **E:** Wesleyan University (BA en Política Internacional y Economía). **F:** salario en Capital N/D (empresa privada).

Peter F. Volanakis, Estados Unidos. **JC:** CCS Holding, director de Vanguard Group. **EA:** SPX Corporation; CEO de Corning Inc. **CP:** supervisor de Administración de Empresas en Dartmouth College. **E:** Dartmouth College (BA, MA). **F:** salario en Vanguard de 250.000 dólares (2016); salario en Corning de 8,7 millones de dólares (2010); vendió 260.000 acciones de Corning en 2010 por 4,68 millones de dólares.

Susan Lyne Wagner, Estados Unidos. **JC:** RBB Fund, Bogle Small Cap Growth Fund; socia fundadora de BlackRock; directora de DSP BlackRock Investment India. **EA:** Lehman Brothers. **E:** Wellesley College, University of Chicago (MBA en Finanzas). **F:** salario en BlackRock de 244.000 dólares (2016); acciones de BlackRock: 494.629 - 243,4 millones de dólares (2016).

Axel A. Weber, Alemania. **JC:** director de UBS AG. **EA:** presidente de German Bundesbank; profesor de Economía Internacional de la Universidad de Colonia; profesor de Economía Monetaria en Goethe University. **CP:** Banco Central Europeo, Banco de Pagos Internacionales, Fondo Monetario Internacional (FMI), G7, G20, Foro Económico Mundial, Junta Europea de Riesgo Sistémico (JERS), Junta de Estabilidad Financiera (FSB), Consejo Alemán de Expertos Económicos, Comisión Trilateral, Grupo de los Treinta, Berggruen Institute. **E:** Universidad de Konstanz, Universidad de Siegen (PhD). **F:** salario en UBS de 6,03 millones de dólares (2016).

Beatrice Weder di Mauro, Suiza e Italia. **JC:** directora de UBS AG; profesora de Economía en Johannes Gutenberg University of Mainz. **EA:** Fondo Monetario Internacional (FMI), National Bureau of Economic Research, Centre for Economic Policy Research, Banco Mundial, ThyssenKrupp AG, Roche Holding AG, Asesora de Políticas Económicas de la Canciller Ángela Merkel. **CP:** Banco de la Reserva Federal de Nueva York, Foro Económico Mundial, Consejo Alemán de Expertos Económicos. **E:** Universidad de Basilea (PhD); profesora invitada en Harvard University, National Bureau of Economic Research, United Nations University (Tokio) e INSEAD (Singapur). **F:** salario en UBS 750.000 dólares Grupo de los Treinta; salario en Universidad de Mainz de 200.000 dólares (2017).

William C. Weldon, Estados Unidos. **JC:** ExxonMobil, director de JP Morgan Chase & Co., presidente de Johnson & Johnson. **EA:** Korea McNeil Ltd., Ortho-Cilag Pharmaceutical Ltd., Janssen Pharmaceutica, Ethicon Endo-Surgery. **CP:** US-China Business Council, The Business Council, Business Roundtable, Pharmaceutical Research and Manufacturers of America, Foro Económico Mundial. **E:** Quinnipac University. **F:** salario en JP Morgan de 417.500 dólares (2016); acciones de JP Morgan: 89.379 - 8,8 millones de dólares (2016); salario en ExxonMobil de 303.239 dólares (2016); posee acciones de Johnson & Johnson por valor de más de 23 millones de dólares; se jubiló como CEO de Johnson & Johnson con un paquete de jubilación de 143 millones de dólares.

Dieter Wemmer, Suiza y Alemania. **JC:** Allianz SpA; director de UBS AG. **EA:** Zurich Insurance Group AG. **CP:** CFO Forum, Banco Central Europeo, Systemic Risk Working Group, Banco de Pagos Internacionales, Berlin Center of Corporate Governance, Foro Económico Mundial; presidente de Economic and Finance Committee of Insurance Europe. **E:** Universidad de Colonia (MA, PhD en Matemáticas). **F:** salario en Allianz de 3,3 millones de dólares (2015), salario en UBS de 2 millones (2016).

Michael D. White, Estados Unidos. **JC:** Kimberly-Clark Corporation, Whirlpool Corporation, Trian Fund Management lp; director de Bank of America Corporation. **EA:** Frito-Lay, Avon Products, Bain & Company, Arthur Andersen & Co. DirecTV. CEO de PepsiCo. **CP:** US-China Business Council, Partnership for Drug-Free Kids, Foro Económico Mundial. **E:** Boston College (BA), Johns Hopkins University (MA en Relaciones Internacionales). **F:** salario en Bank of America de 330 dólares (2016); acciones de Bank of America: 97.730 - 2,6 millones de dólares (2016); acciones de Whirlpool: 14.103 - 2,3 millones de dólares (2016); salario en Whirlpool de 298.000 dólares (2016); salario en Kimberly-Clark de 265.000 dólares (2016); vendió acciones de Pepsi por valor de 6,18 millones de dólares en 2009.

Rayford Wilkings Jr., Estados Unidos. **JC:** Morgan Stanley, Valero Energy Corporation. **EA:** H&R Block, AT&T, SBC, Southwestern Bell Telephone, Caterpillar. **CP:** Tiger Woods Foundation; asesor de McCombs School of Business at the University of Texas at Austin. **E:** The University of Texas, Austin (BA en Administración de Empresas). **F:** acciones de Morgan Stanley 21.041- 1,02 millones de dólares (2016); salario en Morgan Stanley de 345.000 dólares (2016); acciones de Caterpillar por valor de 129.000 dólares en 2016; salario en Valero Energy de 310.000 dólares (2016); mencionado en *Fortune* como uno de «Los 50 directivos negros más poderosos del país».

Mark O. Winkelman, Holanda. **JC:** Goldman Sachs Group. **EA:** Banco Mundial, J. C. Flowers & Co., Anheuser-Busch Inbev S. A. / NV. **CP:** Foro Económico Mundial, presidente de la Junta de la University of Pennsylvania Health System. **E:** Erasmus University Rotterdam (BA en Economía), University of Pennsylvania (MBA). **F:** salario en Goldman Sachs de 575.000 dólares (2016); acciones de Goldman Sachs 96.517- 23,1 millones de dólares (2016).

Thomas D. Woods, Canadá. **JC:** TMX Group, DBRS, Alberta Investment Management Corporation, St. Joseph´s Health

Centre, Canadian Imperial Bank of Commerce; director del Bank of America. **EA:** CIBC Wood Gundy Securities, Financial Corp., First Caribbean International Bank Ltd., Metrowerks Corporation. **CP:** Covenant House, Invest in Kids Foundation, Hummingbird Center for the Performing Arts. **E:** University of Toronto (BA), Harvard Business School (MBA). **F:** salario en Bank of America de 300.000 dólares (2016), acciones de Bank of America: 32.459 - 862.760 dólares (2016); salario en Canadian Imperial Bank of Commerce de 300.000 dólares (2016).

Robert David Yost, Estados Unidos. **JC:** Marsh & McLennan Companies, Tycon International Ltd.; director de Bank of America Merrill Lynch. **EA:** Exelis, HP Enterprise Services llc, Aetna; CEO de AmerisourceBergen Corp. **CP:** International Federation of Pharmaceutical Wholesalers; miembro del Consejo de Administración de University of Pennsylvania. **E:** United States Air Force Academy, University of California en Los Ángeles (MBA). **F:** acciones de Bank of America: 138.568 - 3,56 millones de dólares (2016); salario en Bank of America de 305.000 dólares (2016); salario en Marsh & McLennan de 270.000 dólares (2016); salario en Tyco International de 257.500 dólares (2016).

Werner Zedelius, Alemania. **JC:** Allianz SE, FC Bayern München AG, Rosno. **EA:** Cornhill Insurance plc, Foro Económico Mundial. **E:** Bankkaufmann (título general de Banca), Universidad de Friburgo (PhD en Derecho), aprobó el primer y el segundo examen estatal de Derecho. **F:** salario en Allianz de 4,05 millones de dólares (2016).

Alexandre Zeller, Suiza. **JC:** Credit Suisse Group AG, Kudelski S. A., Maus Frères S. A. **EA:** Banque Cantonale Vaudoise S. A., Nestlé, SIX Group AG. **CP:** Cámara de Comercio e Industria del Cantón de Vaud, Asociación de Banqueros Suizos, Foro Económico Mundial. **E:** Universidad de Lausana (BA en Economía), Harvard Business School Advanced Management Program. **F:** salario en Credit Suisse de 2,8 millones de dólares (2016).

Prueba de solidaridad entre el grupo de dirección de la CCT

Los ciento noventa y nueve directores de los gigantes globales forman una clase muy selecta de personas. Todos se conocen entre sí, ya sea personalmente o de oídas. Al menos sesenta y nueve de ellos han asistido al Foro Económico Mundial que se celebra anualmente, donde suelen formar parte de paneles o hacer presentaciones en público. La mayoría de ellos estudiaron en las mismas selectas universidades, e interactúan dentro de círculos sociales de clase alta en las ciudades más importantes del mundo. Todos ellos son ricos y tienen considerables capitales invertidos en uno o varios de los gigantes financieros. Están todos profundamente comprometidos con la importancia de mantener el crecimiento del capital en el mundo. Y a pesar de que algunos muestran cierta sensibilidad hacia los problemas medioambientales y de justicia social, parecen incapaces de vincularlos con la concentración mundial de capital.

Los directores de la élite del poder de estas diecisiete compañías de gestión de activos más grandes y centralizadas representan el núcleo central del capital internacional. Son los directivos de la élite del poder en 2017. La gente se jubila o fallece, y otras personas parecidas ocupan su lugar, convirtiendo la estructura general en una red de control de capital global que se autoperpetúa. Por ello, estas ciento noventa y nueve personas comparten el objetivo de sacar el máximo rendimiento de sus inversiones para sí mismos y para sus clientes, y es posible que lo intenten conseguir por el medio que haga falta, ya sea legal o ilegal.

Una vez más, nuestra intención no es decir que ninguna de las personas identificadas en este estudio como una de las ciento noventa y nueve figuras de la élite del poder global en el núcleo financiero de la CCT haya hecho nada ilegal. Simplemente señalamos que los planes institucionales y estructurales dentro de los sistemas de gestión monetaria del capital global buscan de manera implacable obtener el máximo rendimiento de las inversiones, y que siempre se dan las condiciones necesarias para que se produzcan manipulaciones, ya sean legales o ilegales. Si a esto añadimos el hecho de que esos ciento noventa y nueve individuos pueden acceder fácilmente a los demás, las posibilidades de que se den actividades cooperativas se multiplican.

Elaborar esta lista de ciento noventa y nueve directores de las mayores compañías de gestión de capital del mundo es un paso importante para comprender cómo funciona el capitalismo hoy en día y en todo el mundo. Estos directivos son responsables de tomar decisiones relativas a la inversión de billones de dólares. Teniendo en cuenta que todos ellos cabrían dentro de un salón de actos universitario de tamaño medio, la concentración de poder y control resulta asombrosa. Supuestamente compiten entre ellos, pero, dada la riqueza concentrada que comparten, el sistema básicamente exige que cooperen para su bien común. Esto significa que deben buscar y promover oportunidades de inversión comunes y contratos de riesgo compartido, y trabajar de forma colectiva en pos de acuerdos políticos que generen ventajas para su sistema en conjunto.

Este grupo reducido de ciento noventa y nueve personas constituye el centro de control de la élite del poder del capitalismo financiero global. Establecen las prioridades de las inversiones monetarias en negocios, industria y gobiernos. Su máxima prioridad es conseguir rendimientos medios de entre el 3 y el 10%, al menos, de las inversiones. Dónde se hagan esas inversiones no importa tanto como que generen rendimientos continuos para fomentar el crecimiento en el mercado general. El capital que promueve la producción de tabaco, armas, productos químicos tóxicos, la contaminación y otros bienes y servicios socialmente destructivos y sus derivados, se ve como una inversión que genera rendimiento sin que haya una preocupación consciente por las consecuencias sociales de la inversión.

CONOCERSE

Una de las responsabilidades de John McFarlane es asistir a las asambleas anuales de la Conferencia Monetaria Internacional. Esta Conferencia es una reunión privada que se celebra cada año entre varios centenares de los más importantes banqueros del mundo. La American Bankers Association (ABA) ejerce como secretariado de la conferencia. Un comunicado de prensa poco habitual emitido con motivo de la conferencia de Toronto en 2015, decía lo siguiente:

> La Conferencia Monetaria Internacional, para la cual la ABA funciona como secretariado, se reúne hoy en Toronto, donde los líderes de instituciones financieras de veintinueve países escucharán al vicepresidente del Banco de la Reserva Federal, Stanley Fisher, al ministro de Finanzas de Canadá, Joe Oliver, y a otros destacados líderes corporativos y bancarios.
>
> Los asistentes abordarán varios temas críticos de la banca mundial, incluida la competencia internacional, la tecnología de pagos, la regulación de la conducta financiera y la ciberseguridad. Entre los representantes de ABA en la conferencia se encuentran el presidente y CEO, Frank Keating, y el director, John Ikard, presidente y CEO de FirstBank Holding Company, Lakewood, Colorado.

En 2011, el por entonces secretario del Tesoro de Estados Unidos, Timothy Geithner, se dirigió a los asistentes a la conferencia. Su discurso fue posteriormente divulgado por el Departamento del Tesoro estadounidense:[127]

> Así pues, permítanme decirles por qué nos encontramos en una posición mucho más fuerte en la actualidad, y dónde nos queda mucho trabajo por hacer... Las partes más débiles del sistema financiero estadounidense, las compañías que asumieron más riesgo, ya no existen o han sido reestructuradas de manera significativa. Esa lista incluye a Lehman Brothers, Bear Stearns, Merrill Lynch, Washington Mutual, Wachovia, GMAC, Countrywide y AIG. De las quince instituciones más importantes en Estados Unidos antes de la crisis, solo nueve siguen siendo entidades independientes.
>
> Aquellas que sobrevivieron lo hicieron por ser capaces de reunir capital de inversores privados, diluyendo de manera significativa a los accionistas existentes. Utilizamos pruebas de resistencia para dar al mercado privado la capacidad de distinguir entre aquellas instituciones que necesitaban fortalecer su base de capital y aquellas que no, a través de requisitos de divulgación sin precedentes y objetivos claros de cuánto capital necesitaban esas instituciones.

Las diecinueve compañías sometidas a ese proceso han aumentado conjuntamente el capital común en más de trescientos mil millones de dólares desde 2008...

La Conferencia Monetaria Internacional lleva funcionando desde 1956. Ni siquiera tiene una página web, y utiliza un sitio exclusivo para sus miembros protegido con contraseña.[128] Nada en su agenda parece abordar las consecuencias socioeconómicas de las inversiones para determinar su impacto sobre la gente y el medioambiente.

Según Andrew Gavin Marshall, la Conferencia Monetaria Internacional de 2013 tuvo lugar en Shanghái. Marshall incluye a los siguientes banqueros entre los doscientos asistentes: Baudouin Prot (presidente de BNP Paribas), Douglas Flint (presidente de HSBC), Axel A. Weber (presidente de UBS), Jacob A. Frenkel (presidente de JP Morgan Chase International), Jamie Dimon (presidente y CEO de JP Morgan Chase), Jürgen Fitschen (Co-CEO de Deutsche Bank), John G. Stumpf (presidente y CEO de Wells Fargo), Francisco González (presidente y CEO de BBVA), Peter Sands (CEO de Standard Chartered), Han Zheng (miembro del Comité Central de la Oficina Política del Partido Comunista Chino [CPC] y secretario del Comité Municipal de Shanghái del CPC), Jiang Jianqing (presidente del Banco Industrial y Comercial de China), Shang Fulin (presidente de la Comisión Reguladora del Mercado de Valores de China), Tian Guoli (presidente de Bank of China), Zhou Xiaochuan (gobernador del Banco Popular de China, banco central del país), Mario Draghi (presidente del Banco Central Europeo), Jaime Caruana (director general del Banco de Pagos Internacionales), y Janet Yellen, por entonces vicepresidenta del Comité de la Reserva Federal, y que se convirtió en presidenta del Sistema de la Reserva Federal hasta 2018, cuando Jerome Powell la sustituyó.[129]

EL FORO POLÍTICO Y ESTRATÉGICO DE DONALD TRUMP

El 2 de diciembre de 2016, la cadena CNBC daba la noticia de que Donald Trump, presidente electo de Estados Unidos, planeaba reunirse de forma regular con empresarios clave del país y directivos de Wall Street poco después de su investidura. Larry Fink y Jamie Dimon se encontraban en la lista ofrecida por la Administración Trump de los miembros del consejo de negocios propuesto:[130]

- Stephen A. Schwarzman (presidente del foro). Presidente, CEO y cofundador de Blackstone
- Paul Atkins, CEO, Patomak Global Partners llc. Excomisionado de la Comisión de Bolsa y Valores
- Mary Barra, presidenta y CEO, General Motors
- Toby Cosgrove, CEO, Cleveland Clinic
- Jamie Dimon, presidente y CEO, JP Morgan Chase & Co
- Larry Fink, presidente y CEO, BlackRock
- Bob Iger, presidente y CEO, The Walt Disney Company*
- Rich Lesser, presidente y CEO, Boston Consulting Group
- Doug McMillon, presidente y CEO, Walmart Stores
- Jim McNerney, expresidente, director y CEO, Boeing
- Elon Musk, presidente y CEO, SpaceX y Tesla**
- Indra Nooyi, presidenta y CEO de PepsiCo
- Adebayo *Bayo* O. Ogunlesi, presidente y socio gerente, Global Infrastructure Partners
- Ginni Rometty, presidenta y CEO de IBM
- Kevin Warsh, profesora visitante distinguida Shepard Family de Economía del Hoover Institute, exintegrante de la Junta de Gobernadores del Sistema de la Reserva Federal
- Mark Weinberger, presidente mundial y CEO, EY
- Jack Welch, expresidente y CEO, General Electric
- Daniel Yergin, ganador del Premio Pulitzer, vicepresidente de IHS Markit[131]

Cuando Fox News le preguntó a Jamie Dimon si él tam-

---

* En junio de 2017, Bob Iger ya había dimitido ante la decisión de Trump de retirarse del Acuerdo de París.
** Como Iger, Elon Musk también había dimitido,

bién pensaba abandonar el foro de Trump ante la presión de sus accionistas, su respuesta fue llanamente: «no», según una noticia de *Bloomberg News*. El presidente del banco más importante de Estados Unidos en lo que a activos se refiere dijo que, a pesar de no estar de acuerdo con todas las políticas e ideas de Trump, quiere contribuir al éxito del líder del mundo libre. Aparentemente, sus palabras fueron: «Es el piloto de nuestro avión [...] Estamos intentando ayudar. Trataría de ayudar a cualquier presidente de los Estados Unidos porque soy un patriota».

Antes de las elecciones de 2016, trece líderes corporativos firmaron conjuntamente una carta abierta con «Principios de sentido común del Gobierno corporativo». Entre los firmantes estaban Jamie Dimon y Larry Fink, así como Warren Buffett, CEO de Berkshire Hathaway, Mary Barra, CEO de General Motors, Jeff Immelt, CEO de GE, Mary Erdoes, CEO de JP Morgan Asset Management, Tim Armour, CEO de Capital Group, Mark Machin, CEO de CPP Investment Board, Lowell McAdam, CEO de Verizon, Bill McNabb, CEO de Vanguard, Ronald O'Hanley, CEO de State Street Global Advisors, Brian Rogers, presidente y CIO de T. Rowe Price, y Jeff Uben, CEO de ValueAct Capital. A continuación exponemos varios puntos importantes del documento dirigido al país, que darán al lector una idea de las perspectivas ideológicas de la élite global del poder:

> La salud de las corporaciones y los mercados financieros de Estados Unidos (y la confianza del público en ambos) es fundamental para el crecimiento económico y para un futuro mejor para los trabajadores, jubilados e inversores estadounidenses.
>
> Millones de familias estadounidenses dependen del trabajo que crean esas empresas (nuestras cinco mil compañías públicas representan un tercio de los empleos en el sector privado de la nación). Y estas mismas familias, junto con millones de personas más, dependen también de que las empresas públicas las ayuden a mejorar su futuro financiero, al haber invertido en ellas a través de fondos mutuos de inversión, planes 401(k) y planes de pensiones, ahorros para la universidad y otras cuentas para comprar una casa, enviar a los hijos a estudiar y ahorrar para la jubilación.

Nuestro futuro depende de que estas compañías tengan una gestión eficaz en pos de una prosperidad a largo plazo, y esa es la razón por la cual el Gobierno de las compañías estadounidenses es tan importante para cada uno de sus ciudadanos... Representamos a algunas de las grandes corporaciones de Estados Unidos, así como a gestores de inversión, que, como fiduciarios, a su vez representan a millones de ahorradores particulares y beneficiarios de pensiones. Contamos con CEO corporativos, con el director del fondo de pensiones público de Canadá y con un inversor activista, así como los directores de una serie de inversores institucionales que administran capital en nombre de un amplio abanico de estadounidenses. La existencia de consejos de administración realmente independientes es fundamental para una gobernabilidad efectiva, de modo que ningún consejo debería estar mediatizado por el consejero delegado o por la dirección. Todo consejo debería reunirse de forma regular sin la presencia del consejero delegado, e interactuar de manera activa y directa con los ejecutivos inferiores al consejero delegado. Los consejos con un alto grado de diversidad toman decisiones mejores, de modo que todo consejo debería incluir miembros con aptitudes, orígenes y experiencias complementarios y diversas. Asimismo, es importante equilibrar el conocimiento y el juicio que acompañan a la experiencia y la antigüedad, con la necesidad de nuevas ideas y perspectivas de nuevos integrantes del consejo. Todo consejo necesita un líder fuerte, que sea independiente del consejero delegado [...] Nuestros mercados financieros se han obsesionado demasiado con la cultura de las previsiones de ganancias trimestrales [...] Unas normas de contabilidad comunes son fundamentales para la transparencia corporativa [...] Un Gobierno efectivo exige un compromiso constructivo entre la empresa y sus accionistas [...] Pero esperamos que nuestro esfuerzo sea el comienzo de un diálogo continuado que beneficie a millones de estadounidenses promoviendo la confianza en las empresas públicas de nuestro país.[132]

Otro ejemplo de la unidad ideológica de la élite de la CCT es la respuesta del Foro Político y Estratégico a la defensa que hizo Trump de los supremacistas blancos y neonazis durante los disturbios de Charlottesville a mediados de agosto de 2017. Un reportaje describía la postura de Trump como sigue:

Trump respondió inmediatamente a lo ocurrido el sábado achacando las culpas de la violencia «a muchas partes». El lunes siguiente, aclaró sus comentarios, leyendo de un apuntador óptico: «El racismo es el mal y aquellos que provocan la violencia en su nombre son criminales y rufianes, entre ellos el KKK, los neonazis, los supremacistas blancos u otros grupos de odio, que son repugnantes para todo lo que nos importa como estadounidenses».

Sin embargo, durante una conferencia de prensa celebrada al día siguiente, Trump volvió a expresar cierto respaldo al movimiento extremista blanco, al referirse a las personas que se habían manifestado con banderas de organizaciones de poder blanco y nazis durante el fin de semana diciendo que: «No todos ellos son supremacistas blancos».

«Creo que hay culpa en ambos lados», continuó el presidente, equiparando a los *antifa* con los extremistas de derechas. «Miren a ambos bandos. Yo creo que hay culpa en ambos lados y no tengo ninguna duda al respecto».[133]

En una reunión telefónica entre los miembros del Foro Político y Estratégico el 16 de agosto de 2017, el grupo decidió colectivamente disolverse en protesta ante el extremo racismo de las declaraciones de Trump. Según acordaban la disolución, Trump tuiteó en un intento de anticiparse a ellos: «En vez de presionar a los empresarios del Consejo de Fabricantes y el Foro Político y Estratégico, he decidido eliminar ambos. ¡Gracias a todos!».[134]

Tanto Larry Fink como Jamie Dimon escribieron a sus empleados en relación con este incidente político:

MENSAJE DE LARRY FINK

Estimados compañeros:
A finales del año pasado, me uní al Foro Político y Estratégico del presidente Trump porque creo que necesitamos fomentar políticas capaces de estimular el crecimiento económico y mejorar la vida de todos los estadounidenses. Comprometerse de forma constructiva con los Gobiernos es fundamental para promover la misión de BlackRock, y en Estados Unidos necesitamos desespe-

radamente encontrar puntos en común en los que puedan unirse ciudadanos de distintos puntos de vista y partidos diferentes para hacer avanzar el país.

A pesar de mi desacuerdo con el presidente en varias ocasiones a lo largo de este año, seguí participando en el foro porque consideraba importante tener voz en la mesa para los inversores, incluidos nuestros clientes. Desgraciadamente, después de los últimos días, he llegado a la conclusión de que ya no podía continuar formando parte del foro con la conciencia tranquila.

Tal y como dije el lunes, los sucesos acaecidos en Charlottesville son simple y llanamente terrorismo nacional. Esa clase de racismo e intolerancia deben ser no solo condenados, sino condenados de manera tajante. La diversidad de Estados Unidos funciona porque líderes de todas las condiciones sociales han estado dispuestos a dar un paso adelante y rechazar la intolerancia sin ambigüedades.

En las últimas veinticuatro horas, he comunicado mi decisión de dimitir a nuestros clientes en el foro y a su presidente. También he dejado claro que, aunque yo no participe en el foro, BlackRock seguirá involucrada en asuntos de políticas públicas con Gobiernos a todos los niveles y en todo el mundo. Es de una importancia capital para la economía estadounidense que se apruebe de manera satisfactoria una reforma tributaria y se reconstruya nuestra infraestructura.

BlackRock seguirá contribuyendo al debate sobre este y otros temas de importancia, pero lo haremos de formas consecuentes con nuestra cultura y nuestros valores.

Sinceramente,

LARRY FINK[135]

MENSAJE DE JAMIE DIMON

Estoy completamente en desacuerdo con la reacción del presidente Trump a los acontecimientos ocurridos en Charlottesville en los últimos días. El racismo, la intolerancia y la violencia siempre son equivocados. Uno de los principios fundamentales de nuestra nación es el trato igualitario a todas las personas. En esto no hay margen para ambigüedades: el mal exhibido por estos perpetradores de odio debería ser condenado y no tiene lugar en un país que saca su fortaleza de nuestra diversidad y humanidad.[136]

Υ

Este tipo de declaraciones públicas son claros indicios de que hay una élite del poder sumamente conectada entre sí en el núcleo financiero de la CCT. El esfuerzo por promover beneficios a largo plazo para todos los ciudadanos estadounidenses con el crecimiento continuo del mercado es un mensaje ideológico central de las élites del poder financiero de la CCT. Las posturas extremistas y las alteraciones sociales no son toleradas. Sus esfuerzos en este sentido parecen auténticos, sinceros, y fundamentados en su visión del mundo.

Ahora bien, estos ciento noventa y nueve integrantes de la élite del poder no son los únicos que apoyan el sistema de inversión y crecimiento continuado. Ellos forman el núcleo central de miles de personas de la clase capitalista transnacional (CCT), colectivamente encastrado en este sistema de crecimiento obligatorio. Pero los intereses de la élite del poder global y la CCT están plenamente reconocidos por las principales instituciones de la sociedad. Gobiernos, servicios de inteligencia, organismos reguladores, universidades, fuerzas policiales, ejércitos y medios de comunicación corporativos trabajan para favorecer sus intereses vitales. El capitalismo es un sistema económico que se adapta inevitablemente por medio de contracciones, recesiones y depresiones. Sin embargo, estamos atrapados en una red de crecimiento y rentabilidad forzosos que tiene enormes consecuencias humanitarias para miles de millones de personas. Es de vital importancia analizar de forma abierta y honesta las opciones reales del ser humano, y puede que de ese modo los activistas de movimientos sociales que trabajan por acabar con la crisis de humanidad encuentren aliados en lo más alto, dispuestos a acometer cambios radicales necesarios para prevenir guerras, la pobreza extrema y la degradación medioambiental.

4

Facilitadores

CÓMO SE FORMULAN LAS POLÍTICAS DE LA ÉLITE DEL PODER CAPITALISTA TRANSNACIONAL

David Rothkopf y William I. Robinson hablan de la importancia de las instituciones transnacionales que ejercen una función unificadora en la CCT. Nuestra investigación demuestra que el Banco Mundial, el Fondo Monetario Internacional, el G20, el G7, la Organización Mundial del Comercio (OMC), el Foro Económico Mundial, la Comisión Trilateral, el Grupo Bilderberg, el Banco de Pagos Internacionales, el Grupo de los 30 (G30) y la Conferencia Monetaria Internacional ejercen como mecanismos institucionalizados para crear un consenso en la CCT, así como para formular e implementar políticas de la élite del poder. Estas instituciones internacionales sirven a los intereses de los gigantes financieros globales respaldando políticas y normativas cuyo objetivo es proteger un flujo libre y sin restricciones del capital y el cobro de deudas en todo el mundo. El Banco Mundial, el FMI, el G7, el G20, la OMC, la Junta de Estabilidad Financiera y el Banco de Pagos Internacionales son entidades controladas por representantes de Estados-nación y bancos centrales con un poder y control proporcional ejercido por adeptos financieros dominantes, fundamentalmente Estados Unidos y países de la Unión Europea.

Nuestro estudio se centra en grupos políticos transnacionales no gubernamentales. Estas organizaciones ayudan a unir como clase a los miembros de las élites de poder de la CCT. Los individuos involucrados en ellas son los facilitadores del capitalismo internacional. Actúan como integrantes de la élite política persiguiendo el crecimiento continuo del capital en el mundo.

El G30 y la Comisión Trilateral son organizaciones y foros de investigación que cuentan con empleados y financiación privada, a través de los cuales las élites del poder de la CCT pueden pronunciarse abiertamente acerca de temas relacionados con el capital y la seguridad globales, buscando un consenso de pensamiento sobre políticas necesarias y su implementación. Estas reuniones ofrecen a los miembros de la élite del poder oportunidades para interactuar cara a cara, en escenarios extraoficiales y privados que dan lugar a que surjan confidencias personales, confianza y amistades. Estas interacciones son la base de la percepción de clase de la CCT y de una conciencia social de poseer intereses comunes. La actividad primordial de la élite del poder de la CCT es la administración y la protección del capital mundial. A partir de ahí surge una amplia gama de cuestiones políticas que luego deben ser implementadas por entidades transnacionales, instituciones de seguridad (organismos militares, policiales y de inteligencia) y organizaciones ideológicas (medios de comunicación y empresas de relaciones públicas).

El Grupo de los 30 (G30) y la Comisión Trilateral, que en conjunto reúnen a ochenta y seis integrantes de la élite del poder de la CCT, son esencialmente los facilitadores clave del proceso de formulación de políticas de la élite del poder de la CCT. Ambas son corporaciones no lucrativas, respaldadas de forma independiente por regulaciones y financiación gubernamentales, que permiten una discusión abierta sobre las necesidades del capital y la seguridad globales entre personas con intereses financieros y sociales comunes. Doce de los diecisiete gigantes billonarios tienen uno o varios representantes en el Comité Ejecutivo del G30 o de la Comisión Trilateral, si no en ambos. Goldman Sachs Group, por ejemplo, cuenta con cuatro directivos en estos grupos nucleares de planificación de políticas de la CCT.

Evidentemente, hay otras organizaciones no gubernamentales poderosas, como Friends of Europe/Security & Defense Agenda, un grupo de planificación de políticas sin ánimo de lucro que apoya a la Unión Europea. Sin embargo, al igual que el Consejo de Relaciones Exteriores de Estados Unidos, Friends of Europe se posiciona políticamente para apoyar sobre todo agendas nacionales. Otra organización esencial de la élite del poder que formula políticas que seguir, centrado en temas de seguridad internacional, es el Consejo Atlántico, del que hablaremos en el capítulo 5.

Es importante recordar también que hace tiempo que los principales empresarios estadounidenses reconocieron la necesidad de crear políticas para el crecimiento. En 2005, la Business Roundtable (Mesa Redonda de Negocios) de Estados Unidos se unió con un grupo transnacional de CEO de las mayores quinientas corporaciones, en una organización conocida como «World Business Leaders for Growth», para presionar a la Organización Mundial del Comercio a adoptar políticas favorables al crecimiento. El grupo quería promover un crecimiento económico sostenido. Lo organizaron directores ejecutivos de la Business Roundtable estadounidense, el Business Council de Australia, el Canadian Council of Chief Executives, el Consejo Mexicano de Hombres de Negocios, la Mesa de Negocios Europea de Industriales y del Nippon Keidanren (Japón).[137]

La organización privada más importante de la élite del poder de la CCT que elabora políticas que seguir probablemente sea el Grupo de los Treinta (G30). El G30 dice «tener como objetivo profundizar en el conocimiento de temas económicos y financieros internacionales, y explorar las repercusiones internacionales de decisiones tomadas en los sectores públicos y privados».[138]

El G30 es una institución sumamente influyente en la arena del gobierno financiero global. Fundada en 1978, emite informes realizados por grupos de estudio formados por destacados banqueros, financieros, legisladores y académicos de la élite del poder. Esos informes son aceptados de manera generalizada y suelen implementarse en todo el planeta.[139] El G30 es una corporación no gubernamental originalmente fundada por la Rockefeller Foundation y hoy en día recibe cerca de un millón de dólares anuales en donaciones de varias fuentes privadas.[140]

Según Andrew Gavin Marshall:

> En 2012, el G30 publicó un informe elaborado por el Grupo de Trabajo sobre Finanzas a Largo Plazo, compuesto por casi dos terceras partes de los integrantes de dicha organización. El informe exponía sus preocupaciones acerca de «la provisión eficiente de un nivel de finanzas a largo plazo capaz de aguantar un crecimiento económico sostenible esperable en economías avanzadas y emergentes». El informe decía claramente que no se trataba de un «ejercicio abstracto», sino «operativo», con «recomendaciones prácticas para actores y legisladores nacionales y mundiales que podrían [...] ayudar a crear un sistema de finanzas a largo plazo». Dicho de otro modo, según el Grupo de los Treinta, no ofrecen meras «recomendaciones», sino más bien «instrucciones» que esperan sean seguidas. Cabe recordar que muchos de quienes elaboran informes como miembros del G30 también ostentan cargos oficiales que les permiten implementar diligentemente dichas instrucciones.[141]

Los informes más recientes del G30 desde 2016 son los siguientes:

Banca en la sombra y mercados de capital: riesgos y oportunidades

Temas: banca, bancos centrales, deuda, política económica, mercados emergentes, estabilidad financiera, regulación, riesgo.

Ideas sobre la política monetaria: una perspectiva europea

Temas: banca, bancos centrales, deuda, política económica, reforma económica, la Unión Europea, estabilidad financiera, globalización, política monetaria.

El petróleo y la economía global

Temas: productos básicos, política económica, reforma económica, mercados emergentes, la Unión Europea, estabilidad financiera, globalización, política monetaria.

El informe de octubre de 2016 del G30 sobre petróleo y la economía global habla del cambio que ha provocado la tecnología estadounidense de *fracking* en la industria, convirtiendo a Estados Unidos en un exportador mundial de petróleo, con la consecuente caída de precios y desestabilización de Oriente Medio y los países del norte de África (MENA). El informe insta a los países de esta región a construir economías más diversificadas y competitivas. También hace un llamamiento a un «liderazgo fuerte», ya que «la región necesita Gobiernos creativos y atrevidos que muestren el camino a la juventud y a los empresarios, estimulen la iniciativa privada sin proteger intereses particulares, y cambien la actitud de inactividad y dependencia por otra de diligencia e independencia». Dicho de otro modo, si no eres un Gobierno creativo y atrevido, no formas a tu ociosa juventud y no aceptas las oportunidades de inversión del capitalismo global, tal vez haya que sustituirte.[142]

Los treinta y dos directivos que formulan políticas en el G30 están profundamente vinculados con las instituciones transnacionales de la CCT y los bancos centrales. Doce de ellos son de Estados Unidos, uno con doble nacionalidad israelí-estadounidense. Tres de sus miembros son franceses, uno con doble ciudadanía de Costa de Marfil. Los dos integrantes británicos son miembros de la Cámara de los Lores. Hay dos directivos alemanes y dos mexicanos, incluido el expresidente de México. También hay un representante de cada uno de los siguientes países: Polonia, Canadá, España, Argentina, Italia, Brasil, Suiza, Japón, India, Singapur y China. Se trata de un grupo sumamente cualificado, dieciséis de cuyos treinta y dos miembros tienen un doctorado en universidades importantes. Nueve de ellos se licenciaron en Harvard, cuatro en el MIT, tres en Yale y dos en Chicago, Stanford, Princeton y Oxford. El resto estudió en universidades selectas de distintos lugares del mundo. Doce de los integrantes del G30 que no tienen nacionalidad estadounidense o británica, sin embargo, fueron a la universidad en Estados Unidos o el Reino Unido. En el G30 hay treinta y un hombres y una mujer, Gail Kelly, miembro de la Asociación de Banqueros Australianos y el Fondo Monetario Internacional (FMI). El Grupo de los Treinta tiene miembros directamente conectados con el FMI, el Banco de Pagos Internacionales, el Banco Mundial, el Comité de Basilea, el Consejo de Estabilidad Financiera, el G7, el G20, la OMC y la Reserva Federal de Estados Unidos.

Además, veintiuno de sus integrantes son o han sido miembros de la Comisión Trilateral. Todos ellos han acudido como oradores al Foro Económico Mundial de Davos. Y seis de los gigantes financieros están directamente representados en el G30 a través de ocho de sus actuales miembros.

El G30 reúne a treinta y dos de las personas más poderosas del planeta. Básicamente, son el comité ejecutivo de la élite del poder global para el capitalismo transnacional. Elaboran formalmente recomendaciones sobre las políticas a seguir fuera de la supervisión oficial gubernamental y organizan grupos de estudio entre bastidores con otros integrantes de la CCT para ofrecer un punto de vista internacional acerca de las políticas que hacen falta para proteger la necesidad del capitalismo global de un crecimiento y seguridad continuos.

En 2017, la página web del G30 incluía a treinta y dos asesores. Hemos elaborado una biografía resumida de cada uno de ellos. Está liderado por Paul Volcker, Jacob Frenkel, Jean Claude Trichet y Guillermo Ortiz Martínez.*

GRUPO EJECUTIVO DEL G30

JC: juntas corporativas / empleos corporativos actuales
EA: empleos corporativos/juntas corporativas anteriores
CP: consejos políticos, organizaciones filantrópicas, Gobierno
E: Educación
F: Estados Financieros Públicos.[143]

Obsérvese que prácticamente en todos los casos, los estados financieros citados constituyen solo una parte de los ingresos y patrimonio neto totales. Algunos, especialmente aquellos que trabajan en grupos de inversión privados, no ofrecen ninguna información sobre su salario y participaciones accionariales. Los datos sobre patrimonio neto que ofrecen varias páginas web parecen excesivamente reducidos. En varios casos,

---

* En 2019, hay treinta y tres miembros y en el comité de liderazgo se incluyen también a Tharman Shanmugaratnam, Geoffrey Bell, Roger W. Ferguson Jr., Arminio Fraga, Kenneth Rogoff y Axel A. Weber. *(Nota del editor)*

el valor de las participaciones accionariales que figuran en informes corporativos es demasiado elevado para el patrimonio neto declarado de un particular.

Leszek Balcerowicz, Polonia. **JC:** presidente de Narodowy Bank Polski. **EA:** gobernador del Banco Europeo para la Reconstrucción y el Desarrollo, viceprimer ministro de Polonia, ministro de Finanzas de Polonia. **CP:** Center for European Policy Analysis, Grupo de los Treinta (G30), Comisión Trilateral, Foro Económico Mundial, Grupo Bilderberg; director del Peterson Institute for International Economics; presidente del Banco Nacional de Polonia; presidente de Bruegel; miembro del Consejo de Administración de Centrum für Europäische Politik. **E:** St. St. John´s University (MBA), Central School of Planning and Statistics (BA, PhD). **F:** ganador del premio Milton Friedman 2014 del Cato Institute, dotado con 250.000 dólares.

Ben S. Bernanke, Estados Unidos. **JC:** Citadel (fondo de cobertura que gestiona 27.000 millones de dólares); consejero principal de PIMCO. **CP:** Federal Open Market Committee, Predident's Council of Economic Advisers, Comité Asesor del Banco de la Reserva de Nueva York, Grupo Bilderberg, Comisión Trilateral, Foro Económico Mundial, Grupo de los Treinta (G30); presidente del Sistema de la Reserva Federal; director de NBER Program in Monetary Economics; editor de *American Economic Review*. **E:** Harvard University (BA en Economía), Massachusetts Institute of Technology (PhD). **F:** patrimonio neto de tres millones (celebrityworth.com); salario en la Reserva Federal de 180.000 dólares.

Mark J. Carney, Canadá. **JC:** gobernador y director del Bank of England; CEO de Canada Deposit Insurance Corporation; director del Banco de Pagos Internacionales. **EA:** gobernador del Bank of Canada. **CP:** Grupo de los Treinta (G30), Foro Económico Mundial, Grupo Bilderberg, Comisión Trilateral; presidente del Consejo de Estabilidad Financiera. **E:** Harvard University (BA), University of Oxford (MA, doctorado). **F:** salario en Bank of England por encima de ochocientos mil dólares aproximadamente (2016).

Jaime Caruana, España. **EA:** Consejo de Gobierno del Banco Central Europeo; director general del Banco de Pagos Internacionales; director del Fondo Monetario Internacional; gobernador del Banco de España. **CP:** Grupo de los Treinta, Foro de Estabilidad Financiera, International Organization of Securities Commissions (IOSCO), International Association of Insurance Supervisors (IAIS), Comité de Dirección del Grupo Bilderberg, Foro Económico Mundial; presidente del Comité de Basilea sobre Supervisión Bancaria; presidente de la Comisión Trilateral Europea. **E:** Universidad Politécnica de Madrid. **F:** patrimonio neto de 1,2 millones de dólares (2017) (celebrityworth.com); salario anual en Banco de Pagos Internacionales de 750.000 dólares (hasta 2017).

Domingo Cavallo, Argentina. **JC:** socio de Global Source Partners llc; presidente y CEO de DFC Associates llc. **EA:** director de Banco de Córdoba: director ejecutivo de OERAL; presidente de Banco Central Argentino, ministro de Economía y ministro de Asuntos Exteriores de Argentina. **CP:** Grupo de los Treinta (G30), Foro Económico Mundial, Grupo Bilderberg, Comisión Trilateral. **E:** Universidad Nacional de Córdoba (UNC) (BA), Harvard University (PhD en Economía). **F:** N/D (empresas privadas).

Mario Draghi, Italia. **JC:** presidente del Banco Central Europeo; director del Banco de Pagos Internacionales; presidente de la Comisión Europea de Riesgo Sistémico. **EA:** gobernador del Banco de Italia; director general de Goldman Sachs International; director ejecutivo del Banco Mundial. **CP:** Grupo de los Treinta (G30), Foro Económico Mundial, Grupo Bilderberg, Comisión Trilateral; presidente del Consejo de Estabilidad Financiera; director general del Ministerio de Hacienda de Italia; presidente del Comité Económico y Financiero (UE); presidente del Grupo de Trabajo Nº 3 de la OECD; presidente del Comité de Privatizaciones de Italia. **E:** Universidad de Roma La Sapienza (BA), Massachusetts Institute of Technology (PhD en Economía). **F:** salario en Banco Central Europeo de 400.000 dólares; patrimonio neto de cuatro millones de dólares (getnetworth.com).

William C. Dudley, Estados Unidos. **JC:** director del Banco de Pagos Internacionales; presidente del Banco de la Reserva Federal de Nueva York; Vicepresidente del Federal Open Market Committee (FOMC). **EA:** Goldman&Sachs & Company; vicepresidente ejecutivo de NY Fed; vicepresidente de Morgan Guaranty Trust Company. **CP:** Consejo de Relaciones Exteriores, Foro Económico Mundial, Grupo de los Treinta (G30), The Partnership of New York City, Comisión Trilateral; director del Banco de Pagos Internacionales; presidente de Economic Club of New York; economista en el Federal Reserve Board. **E:** New College of Florida (BA), University of California, Berkeley (PhD). **F:** patrimonio neto 8,5 millones de dólares (*New York Times*); salario en la Reserva Federal de más de 400.000 dólares (2016).

Roger W. Ferguson Jr., Estados Unidos. **JC:** Brevan Howard Asset Management llp (fondo de cobertura que gestionaba 8.700 millones en 2017), General Mills, Alphabet Inc., International Flavors & Fragrances; presidente y CEO del TIAA (privada). **EA:** socio de McKinsey & Company; presidente del Swiss Re America Holding Corporation. **CP:** President´s Council on Jobs and Competitiveness, Grupo de los Treinta (G30), President´s Economic Recovery Advisory Board, Economic Club of New York, The Partnership for New York City, Regent Smithsonian Institution, Consejo de Relaciones Exteriores, Grupo Bilderberg, Comisión Trilateral, Foro Económico Mundial; vicepresidente del Sistema de la Reserva Federal; presidente de la Conference Board. **E:** Harvard University (BA), Harvard Law School (PhD en Jurisprudencia). **F:** salario en General Mills de 254.999 dólares (2016); acciones de General Mills: 9000 - 532.000 dólares (2017), acciones adjudicadas de Alphabet Inc. por valor de 1.004.789 dólares (2017); salario en International Flavors & Fragrances de 237.790 dólares (2016); acciones de International Flavors: 9.860 - 1,5 millones de dólares (2016).

Arminio Fraga Neto, Brasil. **JC:** Cofundador de Gávea Investimentos Ltda. (hoy propiedad de JP Morgan Chase) (fondo que gestiona 7.000 millones de dólares). **EA:** Consejo Internacional de JP Morgan Chase; presidente del comité de BM&F Boverspa; presidente del Banco Central de Brasil; director General de Soros Fund Management. **CP:** Grupo de los Treinta (G30), Comité Asesor del G7, Consejo de Relaciones Exteriores, Comisión Trilateral, Consejo Asesor Internacional de China Investment Corp., Foro Económico Mundial. **E:** Universidad Católica de Río de Janeiro (BA, MA en Economía), Princeton University (PhD en Economía). **F:** N/D (empresas privadas).

Jacob A. Frenkel, Estados Unidos e Israel. **JC:** American International Group, Corsair Capital (privada), Boston Properties (privada), Loews Corp.; presidente de JP Morgan Chase International. **EA:** profesor de Economía de la Universidad de Chicago; presidente de Merrill Lynch International; gobernador de Bank of Israel; presidente de Inter-American Development Bank; vicepresidente del Banco Europeo para la Reconstrucción y el Desarrollo; gobernador del Fondo Monetario Internacional (FMI). **CP:** Comité Económico Asesor del Banco de la Reserva Federal de Nueva York, Japan Society, Peterson Institute for International Economics, Comisión Trilateral, Foro Económico Mundial, New York Economic Club, Aspen Institute Italia, The Council for the US and Italy, Tamasek International Panel, Comité Asesor de China Development Bank, Becker Friedman Institute, National Bureau of Economic Research; presidente del Grupo de los Treinta (G30); presidente de la junta del Consejo de Relaciones Exteriores. **E:** Universidad Hebrea de Jerusalén (BA), University of Chicago (MA, PhD en Economía). **F:** salario en Loews de 240.473 dólares (2016); acciones de Loews por valor de 128.000 dólares (2017).

Timothy F. Geithner, Estados Unidos. **JC:** presidente de Warburg Oincus. **EA:** Kissinger Associates, presidente y CEO de Federal Reserve Bank of NY. **CP:** RAND Corporation, Grupo de los Treinta (G30), Foro Económico Mundial, Comisión Trilateral, Grupo Bilderberg, International Rescue Committee, Wall Street Journal CEO Council, Subsecretario de Asuntos Internacionales y Secretario de Hacienda de Estados Unidos; director del Fondo Monetario Internacional; vicepresidente del Federal Open Market Committee; director del Consejo de

Relaciones Exteriores; director del Center for Global Development. **E:** Dartmouth College (MA). **F:** patrimonio neto de seis millones de dólares (celebritynetworth.com); salario como secretario de Hacienda de 190.000 dólares (2009-2013).

Gerd Häusler, Alemania. **JC:** Munich Re Group RHJ International S. A., Liquiditäts-Konsortialbank GmbH, Deutsche Kreditbank AG, MKB Bank Zrt. (privado); presidente de Bayerische Landesbank; director de BHF Kleinwort Benson Group (privado). **EA:** Consejo Central de Deutsche Bundesbank, Comité Asesor Internacional del Banco de la Reserva Federal de Nueva York; presidente y CEO de Bayerische Landesbank; director general de Lazard Ltd.; director ejecutivo del Fondo Monetario Internacional (FMI); asesor principal del Deutsche Börse.; director del RHJ International S. A. **CP:** Grupo de los Treinta (G30), Foro Económico Mundial; director de Institute of International Finance; presidente europeo de la Comisión Trilateral; asesor de la Bolsa de Valores Alemana. **E:** Universidad de Fráncfort, Universidad de Ginebra (Derecho). **F:** salario en Bayerische Landesbank de 112.000 dólares (2017); salario en Munich Reinsurance Group de 122.300 dólares (2016).

Philipp Hildebrand, Suiza. **JC:** vicepresidente de BlackRock. **EA:** presidente de Swiss National Bank (SNB). **CP:** Consejo de Estabilidad Financiera, Comité Estratégico de la Oficina de Administración de Deuda de Francia, Grupo de los Treinta (G30), Foro Económico Mundial, Grupo Bilderberg; director del Banco de Pagos Internacionales (BIS); gobernador suizo del Fondo Monetario Internacional (FMI). **E:** Universidad de Toronto (BA), Graduate Institute of International Studies (MA), University of Oxford (PhD en Relaciones Internacionales). **F:** salario en Swiss National Bank de 900.000 dólares (2012); padre reconocido de gemelos con Margarita Louis-Dreyfus; patrimonio neto de 8.000 millones de dólares (2017).

Gail Kelly, Australia (nacida en Sudáfrica). **JC:** Woolworths Holdings Ltd., St. George Bank Ltd.; CEO de Westpac Group; directora de Australian Banker's Association. **EA:** Nedbank Group, Directora: BHP Hilton; vicepresidenta de la Conferencia Monetaria Internacional; directora de Business Council of Australia. **CP:** Wall Street Journal CEO Council, Grupo de los Treinta (G30), Consejo Asesor de McKinsey, US Council on Foreign Regions, Foro Económico Mundial, Consejo Asesor sobre Asuntos Indígenas del Primer Ministro Australiano; asesora global principal de UBS Group AG. **E:** University of Cape Town (BA), University of Witwatersrand (MA), Charles Sturt University (PhD). **F:** patrimonio neto de treinta y cinco millones de dólares (celebritynetworth.com).

Mervyn A. King, Reino Unido. **JC:** profesor de Economía y Derecho en la New York University. **EA:** gobernador de Bank of England. **CP:** Banco de Pagos Internacionales (BIS), Grupo de los Treinta (G30), Barón King of Lothbury, Cámara de los Lores, Foro Económico Mundial; profesor de la London School of Economics. **E:** King´s College, Cambridge, St. John´s College, Harvard University (Derecho). **F:** pensión de Bank of England de 306.000 dólares (2017); salario aproximado en NYU más de 200.000 dólares (2017).

Paul Krugman, Estados Unidos. **JC:** profesor de Economía de la City University of NY; columnista del *New York Times*. **EA:** profesor de la Princeton Woodrow Wilson School of Economics. **CP:** President´s Council of Economic Advisors, National Bureau of Economic Research, Grupo de los Treinta (G30), Foro Económico Mundial (aunque raramente lo admita), Banco Mundial, Fondo Monetario Internacional, Naciones Unidas, Consejo de Relaciones Exteriores; asesor del Banco de la Reserva Federal de Nueva York, miembro de la Econometric Society. **E:** Yale University (BA), Massachusetts Institute of Technology (MIT) (MA, PhD). **F:** salario en la City University of NY de más de 250.000 dólares (2017); en 2008 ganó el Premio Nobel de Ciencias Económicas, dotado con 1,2 millones de dólares; patrimonio neto de 2,5 millones de dólares (celebritynetworth.com).

Harushiko Kuroda, Japón. **JC:** gobernador del Banco de Japón; presidente del Asian Development Bank; profesor del Graduate School of Economics en la Tokyo Hitotsubashi

University, Kuroda Partners LP (fondo de cobertura que gestiona 180.000 millones de dólares). **EA:** gobernador y presidente del Comité de Políticas del Banco de Japón (ADB), Foro Económico Mundial, Consejo de Estabilidad Financiera, Comisión Trilateral; director del Banco de Pagos Internacionales; asesor del Fondo Monetario Internacional. **E:** Universidad de Tokio (BA), All Souls College University of Oxford (MA en Economía). **F:** salario en Hitotsubashi University de más de 150.000 dólares; salario en el Banco de Japón de más de 294.000 dólares (2016); patrimonio neto de cinco millones de dólares (2016) (networthpost.com).

Christian Noyer, Francia. **JC:** Banco Central Europeo; gobernador del Banque de France; presidente del Banco de Pagos Internacionales. **EA:** Power Corporation of Canada, Société Générale S. A., Le Crédit Lyonnais S. A., Le Groupe des Assurances Nationales, Dassault Aviation S. A., Pechiney S. A., Air France, Électricité de France S. A. **CP:** Monetary Policy Council, Grupo de los Treinta (G30), Foro Económico Mundial, Comisión Trilateral, Grupo Bilderberg, Suez S. A. **E:** Institut d'Études Politiques de Paris. **F:** salario en Banque de France (privado); patrimonio neto de quince millones de dólares (networthpost.com).

Guillermo Ortiz Martínez, México. **JC:** BTG Pactual S. A., Grupo Aeroportuario del Sureste (privado); asesor principal de First Reserve Corporation (privada); director de Vitro SAB de CV; director externo de Weatherford International plc. **EA:** Banco Mundial, Inter-American Development Bank; gobernador del Banco de México; presidente del Grupo Financiero Banorte, Secretario de Finanzas y Crédito Público del Gobierno Federal de México; gobernador del Fondo Monetario Internacional. **CP:** Grupo de los Treinta (G30), Foro Económico Mundial, Center for Financial Stability, SWIFT Institute, Institute of Globalization and Monetary Policy (Banco de la Reserva Federal de Dallas), China International Finance Forum, GO & Asociados, Comité Asesor de Calidad de Vida del Gobierno de la Ciudad de México, Zurich Insurance Group Ltd., Council of Bombardier Inc., presidente de Per Jacobsson Foundation. **E:** Universidad Autónoma de México (BA en Economía), Stanford University (MSc, PhD en Economía). **F:** salario en Weatherford de 420.939 dólares (2016); acciones de Weatherford: 155.732 - 544.390 dólares.

Raghuram Rajan, India. **JC:** 21st Century Council, Consejo Asesor de MCap Fund Advisors; asesor principal de Booz and Co. **EA:** gobernador del Banco de la Reserva de la India; economista jefe del Fondo Monetario Internacional. **CP:** Berggruen Institute, Grupo de los Treinta (G30), Foro Económico Mundial, FDIC Systemic Resolution Advory Committee; presidente del American Finance Association; director del Banco de Pagos Internacionales. **E:** Information Technology and Technical Education Council (BA), Indian Institute of Management (MA), Massachusetts Institute of Technology (PhD). **F:** patrimonio neto superior a un millón de dólares (HighlightsIndia.com).

Kenneth Rogoff, Estados Unidos. **JC:** Banco de la Reserva Federal de Nueva York. **EA:** profesor de la Harvard Economics. **CP:** Grupo de los Treinta (G30), Comisión Trilateral, Foro Económico Mundial, Consejo de Relaciones Exteriores, Grupo Bilderberg; economista jefe del Fondo Monetario Internacional. **E:** Yale University (BA), MIT (PhD). **F:** patrimonio neto de dieciocho millones de dólares (networthpost.com); Rogoff escribió lo siguiente el 8 de enero de 2018: «Sin embargo, aunque por ahora la política no impide el crecimiento global tanto como uno cabría esperar, los costes de la agitación política a largo plazo podrían ser mucho más graves. Para empezar, la división política surgida a partir de 2008 genera una enorme incertidumbre de larga duración en lo relativo a políticas, mientras los países oscilan entre Gobiernos de izquierdas y derechas... El desgaste de la confianza de la gente en instituciones principales en el seno de las economías avanzadas es más difícil de evaluar, y potencialmente mucho más traicionero. A pesar de que los economistas debaten incansablemente sobre si es la cultura o las instituciones lo que mueve el rendimiento económico, tenemos todos los motivos para preocuparnos de que la reciente ola de populismo sea una amenaza para ambas».[144]

Maasaki Shirakawa, Japón. **JC:** director de Mitsubishi Estate Co. Ltd (privada). **EA:** gobernador del Bank of Japan. **CP:** Foro Económico Mundial, Comisión Trilateral, Grupo Bilderberg, Grupo de los Treinta (G30); vicepresidente del Banco de Pagos Internacionales. **E:** Universidad de Tokio (BA), University of Chicago (MA en Economía). **F:** patrimonio neto de un millón de dólares (networthpost.com).

Lawrence Summers, Estados Unidos. **JC:** Lending Club, Square, D. E. Shaw & Co. Lp, Alliance Partners, Citigroup, Grupo Santander, Xapo, Genie Oil and Gas; asesor de Andreessen Horowitz; profesor y presidente (2001-2006; se jubiló en 2017): Harvard University; director de Revolution Money. **EA:** secretario de Hacienda de Clinton; director del Consejo Económico Nacional con Barack Obama; presidente del Center of Global Development; economista jefe del Banco Mundial. **CP:** Consejo Atlántico, Consejo de Relaciones Exteriores, Center for American Progress, Foro Económico Mundial, Grupo de los Treinta (G30), Grupo Bilderberg, Comisión Trilateral, Council on Competitiveness, Bergruen Institute. **E:** MIT (BA), Harvard (PhD en Economía). **F:** Patrimonio neto de cuarenta millones de dólares (celebritynetworth).

Tharman Shanmugaratnam, Singapur. **JC:** viceprimer Ministro de Singapur y ministro coordinador de Política Económica y Social; director de GIC Private Ltd. **EA:** Ministro de Educación de Singapur. **CP:** Foro Económico Mundial, Grupo de los Treinta (G30); presidente de Autoridad Monetaria de Singapur (MAS); presidente del Comité Internacional Monetario y Financiero (IMFC); vicepresidente de National Research Foundation (NRF). **E:** London School of Economics (LSE) (BA), University of Cambridge (MA en Economía), Harvard University (MA en Administración Pública). **F:** Patrimonio neto de 67 millones de dólares (2017) (toprichest.com).

Tidjane Thiam, Costa de Marfil y Francia. **JC:** 21st Century Fox; CEO de Credit Suisse Group. **EA:** director ejecutivo de Prudential plc; director general de Aviva International. **CP:**

Grupo de los Treinta (G30), Foro Económico Mundial, Grupo Bilderberg; presidente de Association of British Insurers, ministro de Desarrollo y Planificación de Costa de Marfil; Comité Asesor Global del Consejo de Relaciones Exteriores; CEO de National Bureau for Technical Studies and Development. **E:** École Polytechnique France (BA), INSEAD (MBA). **F:** salario en Prudential de 15,4 millones de dólares (2015); salario en Credit Suisse de doce millones de dólares (2016).

Jean-Claude Trichet, Francia. **JC:** Banco de Pagos Internacionales; director de Airbus Group SE. **EA:** presidente del Comité Ejecutivo del Banco Central Europeo; secretario general del Comité Interministerial para la Ordenación de Estructuras Industriales (CIASI). **CP:** presidente honorario del Grupo de los Treinta; presidente del Bruegel; comité directivo del Grupo Bilderberg; presidente europeo de la Comisión Trilateral; presidente de la Société de Gestion de Participations Aéronautiques; gobernador del Banque de France; asesor del gabinete del Ministro de Asuntos Económicos; subdirector de Asuntos Bilaterales del Ministerio de Hacienda; presidente del Grupo de Gobernadores y Directores de Supervisión Bancaria (GHOS) de Basilea, Paris Club, Foro Económico Mundial, Junta Europea de Riesgo Sistémico (SRB). **E:** École Nationale Supérieure des Mines de Nancy (BA), Universidad de París (MA). **F:** salario en Airbus de 187.200 dólares (2017); figura en el decimoquinto puesto de la lista de *Forbes* de las personas más poderosas de 2010.

Adair Turner, Reino Unido. **JC:** Cámara de los Lores. **EA:** Standard Chartered plc; director general de CBI (Confederation of British Industry); vicepresidente de Merrill Lynch Europe; director de Prudential plc. **CP:** Institute for New Economic Thinking, Autoridad de Servicios Financieros del Reino Unido, Grupo de los Treinta (G30), Foro Económico Mundial, Energy Transitions Commission, Pensions Commission, Low Pay Commission; presidente de Financial Services Authority, Consejo de Estabilidad Financiera; presidente del Comité del Cambio Climático. **E:** Gonville and Caius College (Cambridge University) (MA en Economía). **F:** N/D.

Paul A. Volcker, Estados Unidos. **JC:** Mevion Medical Systems (privada); director de Deutsche Bank Trust Corporation (privada). **EA:** presidente del Banco de la Reserva Federal de Nueva York; economista de Chase Manhattan Bank; presidente de Wolfensohn & Co.; asesor principal de Shinsei Bank Ltd. **CP:** Grupo de los 30 (G30), Grupo Bilderberg, Foro Económico Mundial, Japan Society, The Institute of International Economics, American Assembly, American Council on Germany; presidente honorario de la Comisión Trilateral; director de gobernadores del Sistema de la Reserva Federal; director del Consejo de Relaciones Exteriores (1988-1999); miembro del Consejo de Administración de International House NY, Comité de Normas Internacionales de Contabilidad (IASC); director de la Oficina de Análisis Financiero del Departamento del Tesoro; asesor principal de Pro Mujer. **E:** Princeton University (BA), Harvard University Graduate School of Public Administration (MA), London School of Economics (MA). **F:** patrimonio neto de 700.000 dólares (2017) (networthpost.com).

Kevin M. Warsh, Estados Unidos. **JC:** Hoover Institute, UPS. **EA:** Morgan Stanley & Co. NY. **CP:** Grupo de los Treinta (G30), Junta de Gobernadores del Sistema de la Reserva Federal, Open Market Committee (FOMC), White House National Economic Council, Foro Estratégico y político del presidente Trump. Foro Económico Mundial, Grupo Bilderberg. **E:** Stanford University (AB), Harvard Law School (JD). **F:** salario en UPS de 272.461 dólares (2016); acciones de UPS: 8.922 - 1,05 millones de dólares; salario en Hoover de más de 70.000 dólares (2017); casado con Jane Lauder, heredera de la compañía Estée Lauder; patrimonio neto de dos billones de dólares (*Forbes*).

Axel A. Weber, Alemania. **JC:** presidente de UBS. **EA:** University of Chicago, Consejo de Gobierno del Banco Central Europeo; presidente del Deutsche Bundesbank. **CP:** Banco de Pagos Internacionales, Grupo de los Treinta (G30), Consejo para el Futuro de Europa (CFE), Fondo Monetario Internacional, Ministros y Gobernadores del G7 y G20, Consejo de Estabilidad Financiera, Berggruen Institute, Foro Económico Mundial. **E:** Universidad de Constanza (MA), Universidad de Siegen (PhD en Economía). **F:** salario en UBS de 6,03 millones de dólares (2016).

Zhou Xiaochuan, China. **JC:** China Construction Bank; gobernador del Banco Popular de China, Comité Central del Partido Comunista de China. **CP:** Comité Nacional de Reforma Económica, Grupo de Política Económica del Comité Estatal, Grupo de los Treinta (G30), Banco de Pagos Internacionales, G20, Foro Económico Mundial, Comisión Trilateral. **E:** Instituto de Ingeniería Química de Pekín (BA), Universidad de Thisnghua (PhD). **F:** N/D; votado como la decimoquinta persona más poderosa por la revista *Forbes* en 2011.

Ernesto Zedillo, México. **JC:** Procter & Gamble, Citigroup, Consejo Asesor Internacional de Rolls Royce; profesor de economía internacional en la Yale University; director de Alcoa. **EA:** presidente de México, Credit Suisse, BP. **CP:** comité fundador del Foro Económico Mundial, Comisión Trilateral, Grupo de los Treinta (G30), Grupo Bilderberg, Comité Asesor Global del Consejo de Relaciones Exteriores, International Commission on Nuclear Non-Proliferation and Disarmament; director del Institute for International Economics; director del Inter-American Dialogue; presidente del Global Development Network; presidente del Comité de Supervisión del Natural Resources Charter; asesor de la Bill and Melinda Gates Foundation. **E:** Instituto Politécnico de México (BA), Yale University (PhD en Economía). **F:** salario en Alcoa de 84.595 dólares, acciones de Alcoa 43.813 - 1,8 millones de dólares (2016); salario en Procter & Gamble de 285.000 dólares (2016); acciones de Procter & Gamble: 38.191 - 3,4 millones (2016); salario en Citigroup de 286.322 dólares (2016); acciones de Citigroup: 27.131 - 2 millones de dólares (2016); salario en la Universidad de Yale de más de 200.000 dólares (2017).

CONSEJO DE RIESGO SISTÉMICO

El Consejo de Riesgo Sistémico o Systemic Risk Council (SRC) es un grupo de política financiera global creado más recientemente y relacionado de forma estrecha con el G30. Se formó en 2012 para evitar una crisis económica parecida a la de 2008, con financiación del Pew Charitable Trusts y el CFA Institute. Este último es la organización internacional de analistas financieros certificados (Chartered Financial Analysts), con ciento cuarenta y dos mil miembros procedentes de setenta y tres países. El CFA Institute cuenta con doscientos ochenta millones de dólares y tiene el compromiso de «liderar la profesión de la inversión mundial, promoviendo los más altos niveles éticos, educativos y de excelencia profesional por el bien último de la sociedad».[145]

El SRC está presidido por sir Paul Tucker, miembro de la junta de gobierno del Harvard Kennedy School y antiguo subgobernador del Banco de Inglaterra. La presidenta emérita es Sheila Blair, presidenta del Washington College y exdirectora de FDIC. Hay tres miembros del G30 en el Consejo de Riesgo Sistémico: Jean-Claude Trichet, Paul Volcker y Adair Turner. Los otros dieciséis integrantes son o han sido miembros del Senado de Estados Unidos, del Parlamento Europeo, de la Comisión de Bolsa y Valores, de la Cámara de los Comunes británica, del Departamento del Tesoro estadounidense, de la Junta de la Reserva Federal y del Comité de Basilea de Supervisión Bancaria, además de destacados profesores universitarios del MIT, la Wharton School of the University of Pennsylvania y el Instituto Goethe, e inversores clave de Citigroup y Bank of America.

En 2017, el Systemic Risk Council emitió un comunicado oficial dirigido al G20. Sus recomendaciones pedían:

> apoyo para mantener unos niveles internacionales mínimos en las medidas de reforma financiera global... subrayando la importancia vital de cinco pilares fundamentales del programa de reforma mundial: (1) encargando capital tangible común mucho mayor en grupos bancarios para reducir la probabilidad de fallos... (2) requiriendo intermediarios de tipo bancario para reducir significativamente su exposición al riesgo de liquidez; (3) empoderando a los reguladores para adoptar una visión de todo el sistema a través de la cual puedan asegurar la resistencia de todos los intermediarios y las actividades del mercado...; (4) simplificando la red de exposiciones entre intermediarios ordenando que, siempre que sea posible, las

transacciones de derivados sean liquidadas de forma centralizada por contrapartes centrales que deberán ser extraordinariamente resistentes; y (5) estableciendo regímenes optimizados para la resolución de intermediarios financieros de cualquier tipo, tamaño o nacionalidad, para que, aun en medio de una crisis, se puedan mantener servicios esenciales para hogares y empresas sin el apoyo de la solvencia del contribuyente.[146]

El Systemic Risk Council refleja la permanente evolución en los esfuerzos de la élite del poder de la CCT por formular políticas que se deben seguir. Y es que, desde la crisis económica de 2008, sus integrantes trabajan constantemente para reducir las posibilidades de que se repita algo así.

FORO ECONÓMICO MUNDIAL

Tal y como decíamos en el capítulo 1, el Foro Económico Mundial no es un organismo legislador oficial. Su función es formar y generar consenso entre miles de integrantes de la CCT, con debates exclusivos y reuniones abiertas. Mil corporaciones globales, con ingresos de cinco mil millones de dólares, o más, pagan cerca de veinticinco mil dólares por asistente para estar presentes. En 2017, tres mil personas acudieron al Foro Económico Mundial celebrado en Davos, Suiza, con las nieves de enero a mil quinientos metros de altura. El ochenta por ciento eran empleados de las más importantes corporaciones del mundo, y varios centenares procedían de la sociedad civil, o eran ministros de Gobierno o jefes de Estado. Cada compañía puede mandar hasta cinco representantes, uno de los cuales debe ser una mujer.[147] En esos cinco días de 2017, hubo más de doscientas sesiones dedicadas a varios temas. (Véase apéndice B para una lista de la Junta de Gobierno actual del Foro Económico Mundial.)

Según la declaración de principios del Foro Económico Mundial:

> El Foro Económico Mundial, comprometido en mejorar el estado del mundo, es la Organización Internacional para la Coopera-

ción Público-Privada. El foro atrae a los más importantes líderes políticos, empresariales y de otro tipo de la sociedad, para dar forma a agendas industriales, regionales y globales.

Se creó en 1971 como una fundación sin ánimo de lucro y tiene su sede en Ginebra, Suiza. Es independiente, imparcial y no está atada a ningún interés concreto. El foro procura por todos los medios demostrar un espíritu emprendedor en interés del público mundial al tiempo que mantiene los más altos estándares de gobernanza. La integridad intelectual y ética son fundamentales en todo lo que hace.

Nuestras actividades están moldeadas por una cultura institucional única basada en la teoría del *stakeholder* o de los grupos de interés, que afirma que una organización es responsable ante la totalidad de la sociedad. Nuestra institución mezcla y equilibra lo mejor de muchos tipos de organizaciones, de los sectores público y privado, organizaciones internacionales e instituciones académicas.

Creemos que el progreso se logra reuniendo a gente de toda condición social, con iniciativa e influencia para llevar a cabo cambios positivos.[148]

Según el informe anual de 2015-2016 del Foro Económico Mundial:

En 2015-2016, el Foro Económico Mundial ha publicado treinta y siete informes, incluidos sus índices mundialmente reconocidos: el «Informe de competitividad global de 2015-2016», el «Informe global de brecha de género de 2015 y riesgos globales de 2015». El foro publicó también dos informes nuevos: el «Informe sobre crecimiento inclusivo y desarrollo de 2015», su primera publicación importante centrada en abordar las desigualdades mundiales y fortalecer el crecimiento económico; y «El futuro de trabajos, empleo, habilidades y la estrategia laboral para la cuarta revolución industrial», que evalúa el impacto de los cambios en los niveles de ocupación, habilidades requeridas y patrones de captación en industrias y países distintos.[149]

El Foro Económico Mundial es una experiencia cultural de la CCT que facilita la socialización entre miles de personas ricas y poderosas. Sirve como una red dentro de redes. Por ejemplo, cada año el Consejo de Directores Ejecutivos del *Wall Street Journal* celebra una comida anual en Davos.

Indudablemente, para los asistentes nuevos y los repetidores, esta experiencia cultural es una práctica autoafirmante. Compartir espacio con jefes de Estado, directores ejecutivos de las principales compañías del mundo y destacados académicos genera la sensación de estar dentro de la red de poder más importante del planeta. Esta conciencia social se extiende a la vida diaria de los asistentes a Davos, lo que les confiere una sensación de importancia y prestigio. Las conexiones creadas en Davos siguen vigentes en el mundo empresarial y las redes de la CCT, y sirven como mecanismo afianzador de solidaridad y supuesta perspicacia.

Lewis Lapham habla de su visita a Davos en 1998 en el libro *The Agony of Mammon: The Imperial Global Economy Explains Itself to the Membership in Davos, Switzerland*,[150] y describe las reuniones como un cuórum de inversores cuyo tema principal es la seguridad para los mercados.

EL GRUPO BILDERBERG

Las reuniones de Bilderberg, más antiguas y reducidas, se celebran anualmente en el mes de junio en distintos *resorts* exclusivos por todo el mundo. Asisten unos ciento cincuenta invitados de la élite del poder de la CCT. Fundado en 1954, el grupo instauró las reuniones para promover el diálogo entre Europa y América del Norte tras la segunda guerra mundial. Según su página web: «Gracias al carácter privado de la reunión, sus participantes no se ven atados por las convenciones de su cargo ni por posturas acordadas previamente. De ese modo, pueden tomarse tiempo para escuchar, reflexionar y recopilar puntos de vista. No hay una agenda detallada, no se proponen resoluciones, no se vota, ni se emiten declaraciones de principios».

La reunión de Bilderberg en 2016 tuvo lugar en Dresden, Alemania. Entre los temas incluidos en la agenda se encontraba China, Europa, la inmigración, el crecimiento, las reformas, la visión, la unidad, Oriente Medio, Rusia, el panorama político de Estados Unidos, la deuda, la ciberseguridad, la geopolítica de la energía y los precios de los productos básicos, el precariado y la clase media, y la revolución tecnológica.[151]

Al igual que el Foro Económico Mundial, las reuniones del Grupo Bilderberg sirven principalmente como sesiones constructivas para generar consenso. Son más reducidas, privadas y exclusivas que las celebradas en Davos. Las cuestiones discutidas reflejan problemas sociopolíticos del mundo, pero son abordadas claramente desde el punto de vista de la élite de la CCT. La inclusión del precariado y la clase media como tema de discusión destacado en Dresden implica que existe preocupación por los votantes en democracias que podrían verse influidas por agendas populistas, algo que podría amenazar las prioridades del capital. Guy Standing, autor de *The Precariat: The New Dangerous Class*, es profesor en la University of London. Ha sido invitado a asistir a varias reuniones recientes del Grupo Bilderberg. (Véase el apéndice A para una lista de los miembros del comité de dirección actual del Grupo Bilderberg.)

CONSEJO DE RELACIONES EXTERIORES

Fundado en 1921, el Council of Foreign Relations (CFR), o Consejo de Relaciones Exteriores, es el principal grupo especializado en política exterior y asuntos internacionales de Estados Unidos. Cuenta con un presupuesto anual de sesenta millones de dólares, y acciones por valor de cuatrocientos noventa millones. Tiene más de cinco mil integrantes y ciento setenta patrocinadores corporativos. El CFR lleva mucho tiempo promoviendo el expansionismo estadounidense, con el objetivo de hacer más sólida su hegemonía global. En ocasiones descrito como comité asesor del Departamento de Estado de Estados Unidos, el CFR ha desempeñado durante casi un siglo un papel protagonista en las políticas del país y en la globalización.[152] Algunas de las compañías que pagan cien mil dólares al año por formar parte de él son Bank of America Merrill Lynch, JP Morgan Chase, Goldman Sachs Group, Citigroup, NASDAQ OMX Group, Chevron, ExxonMobil y PepsiCo.[153]

Históricamente, el CFR ha abordado los asuntos internacionales desde el punto de vista de los intereses estadounidenses. Ese posicionamiento continúa vigente en gran medida junto con un compromiso cada vez mayor con la seguridad del capital transnacional, conforme los intereses de Estados Unidos van penetrando en todo el planeta. En 1995, el CFR creó un consejo internacional de asesores revisado en 2012 para formar un grupo de veintitrés integrantes de la élite del poder de la CCT, conocido como Global Board of Advisors (Junta Global de Asesores).[154] Seis de los gigantes financieros son miembros del CFR, y también una docena de compañías de inversión de segundo nivel. Como escribe Laurence H. Shoup: «Una de las funciones fundamentales del CFR en general es intentar facilitar sin reservas y de manera continuada la expansión de oportunidades para que la clase capitalista de Estados Unidos y sus corporaciones acumulen capital».[155]

El CFR es considerablemente neoliberal y orientado al libre comercio. Como tal, el consejo presta especial atención a las políticas financieras internacionales. La agenda hegemónica de dominación global cuenta con el apoyo del Departamento de Estado de Estados Unidos y la intervención del Pentágono en todo el mundo.

LA COMISIÓN TRILATERAL

La Comisión Trilateral (Trilateral Commission o TC) se formó en 1973 para reunir de manera no oficial (esto es, sin supervisión oficial de ningún Gobierno) a las más destacadas figuras de la élite para abordar problemas internacionales importantes. En 1972, David Rockefeller y Zbigniew Brzezinski, líderes del Consejo de Relaciones Exteriores, acudieron a las reuniones del Grupo Bilderberg y, con la idea de instaurar algo parecido en Estados Unidos, decidieron poner en marcha la Comisión Trilateral con financiación de la Rockefeller Foundation.[156]

Los primeros representantes eran de Estados Unidos, Europa y Japón exclusivamente, pero en los últimos años se han ido incluyendo otras nacionalidades. En la actualidad, hay trescientos setenta y cinco miembros de cuarenta países distintos: ochenta y siete integrantes estadounidenses, veinte alemanes, y dieciocho procedentes de Francia, Italia y el Reino Unido. Asia cuenta con cien miembros. Los ciento veinticuatro restantes provienen de varios países de todo el mundo. Cada país tiene su cupo y puede nominar candidatos conforme surgen vacantes. Los miembros que adoptan un cargo oficial en el Gobierno de su país están obligados a dejar su puesto en la comisión para que otros puedan incorporarse. El objetivo es que la Comisión Trilateral siga siendo un organismo con influencia política sin intervención directa de ningún Gobierno.

Los trilateralistas celebran una reunión anual a la que acuden todos los miembros, y al menos tres reuniones regionales. Los tres comités regionales abarcan Europa, América del Norte y Asia. Jean-Claude Trichet, miembro del G30, preside el grupo europeo; mientras que Paul Volcker, también integrante del G30, es presidente honorario del grupo norteamericano, encabezado por Joseph Nye Jr., profesor de Harvard y exsecretario adjunto de Defensa. Yasuchika Hasegawa, presidente de Takeda Pharmaceutical Co. y expresidente de Japan Association of Corporate Executives, preside el comité de la región Asia/Pacífico en la comisión. El comité ejecutivo ampliado cuenta con cincuenta y cinco personas de treinta países[157] y más de la mitad de ellos trabaja directamente en finanzas, inversión y banca internacionales.

La Comisión Trilateral ha desempeñado un papel fundamental en el desarrollo de la clase capitalista transnacional. Así, varias reuniones trilateralistas contribuyeron a facilitar la inversión directa de Japón en Estados Unidos y viceversa. En 2004, Nobuyuki Idei, de Sony, y Yotaro Kobayashi, presidente del comité de Asia/Pacífico de la Comisión Trilateral, asistieron a una reunión de cuatrocientos cincuenta inversores extranjeros con la colaboración de Bill Clinton y George Shultz, exsecretario de Estado, ambos miembros de la CT desde hace mucho tiempo. En 2008, la inversión directa de Japón en Estados Unidos alcanzó los 226.000 millones de dólares, mientras que su inversión directa en Europa ascendió a 161.000 millones de dólares. Por su parte, en 2008, Estados Unidos invirtió directamente 74.000 millones de dólares en Japón, frente a los 86.000 millones de inversión europea. Los inversores estadounidenses, como JP Morgan Chase, Goldman Sachs Group y Morgan Stanley & Co., promueven cada vez más una perspectiva neoliberal transnacional entre los integrantes japoneses tradicionales de la élite. La CT ha fomentado de manera evidente la creación de una conciencia de élite del poder de la CCT en la región Asia-Pacífico.[158] En el año 2017, treinta y seis miembros de la Comisión Trilateral eran japoneses.

De los diecisiete integrantes del Comité Ejecutivo de la CT (aunque Rockefeller falleció en marzo de 2017), diez tienen intereses directos en la inversión y las finanzas internacionales y representan instituciones de la CCT como el Grupo de los 30, el Foro Económico Mundial, el Banco Mundial, el Banco de Pagos Internacionales, el Consejo Atlántico, la Organización Mundial del Comercio, y una serie de grupos con influencia política, como el Consejo de Relaciones Exteriores, The Heritage Foundation y The Aspen Institute.

A los pocos días de asumir la presidencia de Estados Unidos, Barack Obama eligió a once miembros de la Comisión Trilateral para ocupar puestos clave y al máximo nivel en su Administración. Esto reflejaba un origen muy reducido de liderazgo internacional dentro de su Gobierno. Obama fue preparado para la presidencia por integrantes destacados de la Comisión Trilateral, especialmente por Zbigniew Brzezinski, cofundador de la CT junto con David Rockefeller en 1972, que ejercería como principal asesor en política exterior de Obama.

Entre los miembros de la Comisión Trilateral designados por Obama, estaban:

- Timothy Geithner, secretario del Tesoro.
- Susan Rice, embajadora ante Naciones Unidas.
- General James L. Jones, asesor de Seguridad Nacional.
- Thomas Donilon, asesor adjunto de Seguridad Nacional.
- Paul Volcker, presidente del Consejo Asesor para la Recuperación Económica.
- Almirante Dennis C. Blair, director de Inteligencia Nacional.
- Kurt M. Campbell, secretario de Estado adjunto para Asuntos de Asia del Este y Pacífico.
- James Steinberg, vicesecretario de Estado.

- Richard Haass, enviado especial del Departamento de Estado.
- Dennis Ross, enviado especial del Departamento de Estado.
- Richard Holbrooke, enviado especial del Departamento de Estado.

Los diecisiete miembros del Comité Ejecutivo de la Comisión Trilateral forman un grupo sumamente cualificado, con cuatro doctores y ocho titulados de MBA y licenciaturas. Estudiaron en las universidades más prestigiosas del mundo, incluida Harvard (4), la University of London (3), Yale (2) y Princeton, Chicago, Stanford, la Universidad de París y Swarthmore (un miembro en cada una).

La Comisión Trilateral publica con regularidad informes minuciosos de sus grupos de trabajo. Algunos de los más recientes han sido: «Desarme y no-proliferación nuclear», «La crisis económica global», «Entablar conversaciones con Irán y fomentar la paz en la región del golfo Pérsico», y «Seguridad energética y cambio climático».

La reunión anual de 2016, celebrada del 15 al 17 de abril en Roma, incluyó presentaciones y debates sobre los siguientes temas:

- Agitación en Oriente Medio: ¿de la Primavera Árabe al invierno profundo?
- ¿Hacia dónde va Rusia? Con breve revisión del Informe Trilateral de 2014 sobre entablar conversaciones.
- La amenaza nuclear y de misiles norcoreanos.
- Las elecciones presidenciales de Estados Unidos.

Un informe del Grupo de Trabajo de la Comisión Trilateral llevaba por título: «Conectar con Rusia: ¿vuelta a la contención?». Los autores eran Paula Dobriansky, exsubsecretaria de Estado de Estados Unidos, Andrzej Olechowski, profesor de la Universidad de Vistula en Varsovia y exministro de Asuntos Exteriores polaco, Yukio Sato, exembajador de Japón ante las

Naciones Unidas, e Igor Yurgens, presidente del Instituto de Desarrollo Contemporáneo de Moscú. El documento se elaboró conjuntamente durante varias reuniones de la Comisión Trilateral celebradas a lo largo de 2013 en México DF, Manila, Cracovia, Washington D. C. y la Harvard University.

El informe reflejaba preocupación ante la «invasión» rusa de Crimea. Decía que Vladimir Putin había provocado una ruptura implacable con Occidente, abandonando la visión de Michael Gorbachev de que Rusia se uniera a su «hogar común europeo». La Comisión Trilateral considera que Rusia no está contribuyendo a la seguridad mundial, sino que aspira al estatus de superpotencia. Y los líderes empresariales estadounidenses están preocupados por el anémico crecimiento y el clima económico en ese país:

> En pocas palabras, Rusia ha sido siempre y siempre seguirá siendo diferente. La aceptación de la «otredad» debería ser una premisa para formar nuestro punto de vista sobre su futuro y nuestras relaciones con ella... Aunque Moscú busque una «normalización» con Occidente, la naturaleza del régimen de Putin permite poco más que una relación transaccional entre Estados Unidos y Rusia sobre un margen reducido de temas. Ahora bien, la salida de Putin del Gobierno podría desencadenar un momento de inercia transformador que augure un cambio sistémico real en el sistema ruso. La política rusa tendrá que reinventarse prácticamente desde cero, y eso podría abrir posibilidades para una reconciliación.[159]

Es evidente que la preocupación acerca de Putin y el tema de su salida ocupan un lugar preferente en la mente de los trilateralistas. Los líderes empresariales de la élite del poder de la CCT se frotan las manos ante las oportunidades que ofrecen los vastos recursos económicos de Rusia para la inversión de capital. Y está claro que desde 2014 se ha venido dando un mensaje cada vez más anti-Putin en los medios de comunicación corporativos.

La Comisión Trilateral envía informes anuales de sus reuniones a todos sus miembros, pero el más reciente publicado en su página web data de 2009. La 40.ª Asamblea Plenaria de la Comisión Trilateral se celebró en Tokio el 25 y 26 de abril de ese año. «Se reunieron (los ciento setenta asistentes) entre temores de que la crisis financiera mundial fuera más intensa que cualquier revés económico desde la Gran Depresión... Un tema subyacente de la reunión fue que la gobernabilidad global atraviesa un periodo de transición lejos de la dominación de Estado Unidos y Europa..., y que hace falta una respuesta conjunta a la crisis fiscal.»[160] En la reunión de la CT de 2009 en Tokio se debatió el nuevo papel de la OTAN. El informe de ese año afirmaba que «la OTAN ya no es una alianza contra nada. Es una alianza basada en intereses y valores comunes».[161]

La Comisión Trilateral publica sus informes a través de Brookings Institution Press. Algunos de los títulos recientes que se encuentran en su página web son:

- Seguridad energética y cambio climático en el contexto trilateral (2016).
- Entablar conversaciones con Rusia (2015).
- Migración irregular, tráfico y contrabando de seres humanos (2016).
- Desafíos en el proceso de urbanización de China (2017).

La Comisión Trilateral sí guarda una relación de los principales informes y documentos políticos de sus miembros. Está compuesta por integrantes de las élites del poder de la clase capitalista transnacional y trabaja constantemente para mantener la seguridad de las inversiones y oportunidades de capital en el mundo. Los directivos institucionales y políticos dentro del G7, el G20, la OMC, el Banco Mundial, el FMI, el Comité de Estabilidad Financiera, el Banco de Pagos Internacionales, la OTAN, el Ejército de Estados Unidos y varios Gobiernos del mundo se toman muy en serio los documentos políticos de la comisión. Estos sientan las bases de medidas factibles en el gobierno internacional, y ejercen una enorme influencia sobre las acciones y decisiones futuras en todo el planeta.

Los cincuenta y cinco integrantes del comité ejecutivo ampliado de la comisión forman un importante grupo de miembros de las élites del poder de la CCT dedicados a proponer recomendaciones sobre políticas que seguir mundialmente. Sugieren posicionamientos políticos ante asuntos financieros globales de un modo parecido al G30, y abordan temas sociopolíticos tan amplios como el cambio climático, los refugiados, la urbanización o los problemas con Rusia. Hay treinta y un países representados en el comité ejecutivo ampliado. Veintiséis de sus integrantes (un cuarenta y seis por ciento) ocupan un puesto en compañías globales de inversión de capital, y once son profesores de universidad, en su mayoría de economía, en importantes instituciones. El sesenta y siete por ciento estudió en universidades de Estados Unidos o en el Reino Unido. Y todos deberían considerarse miembros de la élite del poder global de la clase capitalista transnacional. Tienen estilos de vida e ingresos parecidos, se conocen entre sí, y suelen disfrutar de oportunidades para reunirse e interactuar. Su formación universitaria es similar, y comparten un fuerte interés por que haya regulaciones que protejan y amplíen las oportunidades de inversión de capital para ellos y sus socios.

Hemos elaborado una breve biografía de cada uno de los integrantes del comité ejecutivo ampliado de la Comisión Trilateral. Estas personas se encuentran entre los facilitadores fundamentales de la élite del poder global. Una vez más, recomendamos que lean estas biografías para entender el amplio y poderoso alcance de este grupo político de la CCT. Fíjense en cargos como primer ministro, director de Inteligencia, miembro del Consejo Nacional de Seguridad de Estados Unidos, embajador, parlamentario, medios de comunicación y ejecutivos de relaciones públicas, y también en personas galardonadas con la Légion d'Honeur o el Woodrow Wilson Award.

GRUPO EJECUTIVO DE LA COMISIÓN TRILATERAL

JC: juntas corporativas/empleos corporativos actuales
EA: empleos corporativos/juntas corporativas anteriores
CP: consejos políticos, organizaciones filantrópicas, Gobierno
E: educación
F: estados financieros públicos

Obsérvese que, prácticamente en todos los casos, los estados financieros citados constituyen solo una parte de los ingresos y patrimonio neto totales. Algunos, sobre todo aquellos que trabajan en grupos de inversión privados, no ofrecen ninguna información sobre su salario y sus participaciones accionariales. Los datos de patrimonio neto que ofrecen varias páginas web parecen excesivamente reducidos. En varias ocasiones, el valor de las participaciones en acciones incluidas en informes corporativos para los accionistas es demasiado elevado para el patrimonio neto declarado de un particular.

Esko Aho, Finlandia. **JC:** Aalto University; vicepresidente de Nokia. **EA:** Partido de Centro de Finlandia, Harvard University, primer ministro de Finlandia. **CP:** Grupo Ejecutivo de la Comisión Trilateral, Finnish Arctic Society of Finland, Skolkovo Foundation; presidente de SITRA; miembro del Institute of Politics de la Harvard University. **E:** Universidad de Helsinki (MA en Ciencias Sociales). **F:** N/D.

C. Fred Bergsten, Estados Unidos. **EA:** Putnam Reinsurance Co., Transatlantic Holdings. **CP:** Grupo Ejecutivo de la Comisión Trilateral; director y fundador de Peter G. Peterson Institute for International Economics; subsecretario del Departamento del Tesoro de Estados Unidos; asesor del Consejo Nacional de Seguridad de Estados Unidos; miembro visitante del Consejo de Relaciones Exteriores. **E:** Mentral Methodist College (BA), The Fletcher School of Law (MA, PhD) **F:** N/D.

Catherine Bertini, Estados Unidos. **JC:** Tupperware Brands; profesora de Administración Pública en la Syracuse University. **EA:** directora ejecutiva del Programa Mundial de Alimentos de Naciones Unidas; secretaria adjunta de Alimentos y Servicios de Consumo del Departamento de Agricultura de Estados Unidos. **CP:** Grupo Ejecutivo de la Comisión Trilateral, Board for International Food and Agricultural Development, USAID. **E:** State University of New York at Albany (BA). **F:** salario en Syracuse de 200.000 dólares (2016); salario en Tupperware de 232.391 dólares (2016); acciones de Tupperware: 25.452 - 1,6 millones de dólares (2017).

Chen Naiqing, China. **JC:** presidenta del Instituto del Pueblo

Chino para las Relaciones Exteriores; exembajadora de China en Noruega; Grupo Ejecutivo de la Comisión Trilateral. **E:** N/D. **F:** N/D, casada con Zhang Yesui, exembajador de China en Estados Unidos.

Richard Conroy, Irlanda. **JC:** presidente y fundador de Karelian Diamond Resources plc (privada); presidente de Conroy Gold and Natural Resources plc (privada). **EA:** profesor de Psicología de Royal College of Surgeons in Ireland; presidente y CEO de Arcon International Resources plc; senador en el Parlamento de la República de Irlanda. **CP:** Grupo Ejecutivo de la Comisión Trilateral, Concejo Municipal de Dublín. **E:** BlackRock College, Royal College of Surgeons **F:** N/D.

Alfonso Cortina, España. **JC:** YPF S. A., TPG Growth, Banco Hispano Americano Group, Sociedad de Crédito Hipotecario S. A. **EA:** Inmobiliaria Colonial. **CP:** Consejo Asesor Europeo de Rothschild, Mesa Redonda de Industriales Europeos, Grupo Ejecutivo de la Comisión Trilateral, Portland Valderrivas. **E:** Escuela Técnica Superior de Ingenieros Industriales (ETSII) (licenciado en Ingeniería Industrial), Universidad Complutense de Madrid (Licenciado en Economía). **F:** patrimonio neto de 1.300 millones de dólares en 2017 (*Forbes*).

Tarun Das, India. **JC:** Trans Asia Hotel Ltd. (privada), John Keels Hotels plc (privada), Junta Asesora Internacional de Coca-Cola. **EA:** Haldia Petrochemicals Ltd., Dew Delhi Television. **CP:** Confederation of Indian Industry, Indo-US Strategic Dialogue, Grupo Ejecutivo de la Comisión Trilateral, Give Foundation Ltd.; presidente de The Aspen Institute. **E:** Calcutta University, Manchester University (licenciado en Economía/Comercio), University of Warwick, Reino Unido (Doctor Honoris Causa) **F:** N/D.

Roberto de Ocampo, Filipinas. **JC:** ARGOSY Fund (privado), ABCapital Online.com (privada), Psi Technologies (privada), Universal LRT Corporation (BVI) Ltd. (privada), Alaska Milk Corp. (privada), House of Investments Inc., SPC Power Corporation, Robinsons Land Corporation, EEI Corporation,

PHINMA Corporation; director y socio fundador en Centennial Group; asesor de Planters Bank; CEO y presidente de Philippine Veterans Bank (privado). **EA:** secretario de Finanzas de la República de Filipinas, Banco Mundial. **CP:** Comité Ejecutivo de la Comisión Trilateral; presidente de Asian Institute of Management. **E:** Universidad de la Salle y Ateneo de Manila (BA), University of Michigan (MBA), The London School of Economics (licenciado en Ciencias Políticas) **F:** N/D.

Kenneth M. Duberstein, Estados Unidos. **JC:** Dell, Promontory Interfinancial Network, Duberstein Group (privado), The Boeing Company. **EA:** Fannie Mae, Conoco Phillips, jefe de Gabinete de la Casa Blanca (con Ronald Reagan), Departamento de Trabajo de Estados Unidos, Servicios Generales de Administración de Estados Unidos. **CP:** National Endowment for Democracy, Grupo Ejecutivo de la Comisión Trilateral, Brookings Institution, Consejo de Relaciones Exteriores, American Council for Capital Formation. **E:** Franklin & Marshall College (BA, doctor Honoris Causa en Derecho), American University (MA). **F:** salario en Boeing de 371.000 dólares (2016); acciones de Boeing: 54.966 - 15,9 millones de dólares (2016).

Antonio Garrigues Walker, España. **JC:** GAWA Capital Partners SL (privada). **EA:** catedrático de Derecho Global en la Universidad de Navarra. **CP:** Fundación Garrigues, Fundación Consejo España-Japón, Fundación Consejo España-Estados Unidos, Grupo Ejecutivo de la Comisión Trilateral; presidente honorario del Alto Comisionado de Naciones Unidas para los Refugiados. **E:** Universidad Autónoma de Madrid (licenciado en Derecho) **F:** N/D.

David R. Gergen, Estados Unidos. **JC:** profesor de la John F. Kennedy School of Government en la Harvard University. **EA:** CNN. **CP:** Consejo de Relaciones Exteriores, The Aspen Institute, Consejero de las Administraciones de Nixon, Reagan y Clinton; Grupo Ejecutivo de la Comisión Trilateral, Bohemian Club. **E:** Yale University (BA), Harvard Law School (JD). **F:** salario en Harvard de más de 200.000 dólares aproximadamente (2017).

John J. Hamre, Estados Unidos. **JC:** Center for Strategic and International Studies, The MITRE Corporation (privada), Science Applications International Corporation. **EA:** Exelis, Leidos, ITT Corporation, Xylem. **CP:** Departamento de Defensa de Estados Unidos, Comité Ejecutivo de la Comisión Trilateral, Consejo de Relaciones Exteriores, Congressional Budget Office, Senate Armed Services Committee, National Petroleum Council **E:** Augustana University (BA), Paul H. Nitze School of Advanced International Studies at Johns Hopkins University (PhD). **F:** salario en SAIC de 232.543 dólares (2016); acciones de SAIC: 26.537 - 2,05 millones de dólares (2016); vendió sus acciones anteriores de SAIC por 76.198 dólares en 2015.

Han Sung-Joo, Corea. **JC:** presidente de la International Policy Studies Institute of Korea (IPSIKOR). **EA:** presidente emérito de la Korea University, embajador de Corea en Estados Unidos. **CP:** Naciones Unidas, East Asia Vision Group, Comité Ejecutivo de la Comisión Trilateral. **E:** Seoul National University, UC Berkeley (PhD en Ciencias Políticas) **F:** N/D.

Jane Harman, Estados Unidos. **JC:** presidenta y CEO del Woodrow Wilson International Center for Scholars. **EA:** Cámara de Representantes de Estados Unidos; abogada en el Departamento de Defensa de Estados Unidos. **CP:** Comité Ejecutivo de la Comisión Trilateral, Defense Policy Board, Homeland Security Advisory Council, Consejo de Relaciones Exteriores, The Aspen Institute, miembro del Consejo de Administración de USC. **E:** Smith College (BA), Harvard Law School (JD). **F:** patrimonio neto de veinticuatro millones de dólares en 2017 (getnetworth.com).

Yasuchika Hasegawa, Japón. **JC:** Asahi Glass Co. Ltd. (privada); presidente de la Takeda Pharmaceutical Company Ltd. (privada). **EA:** Tokyo Electric Power Company Holdings, Takeda Chemical Industries Ltd. **CP:** Keizai Doyukai (Asociación Japonesa de Directores Ejecutivos), Comité Ejecutivo de la Comisión Trilateral, Foro Económico Mundial. **E:** Waseda University (BS) **F:** N/D.

John R. Hewson, Australia. **JC:** Gsa Ltd. (privada), Churchill Resources NL (privada), Energy Mad (privada). **EA:** Kids-Xpress Ltd., Pulse Health Ltd., Biometric Ltd., Partido Liberal Australiano, Parlamento de Australia, Macquarie Bank, Macquarie University Graduate School of Management. **CP:** Comité Ejecutivo de la Comisión Trilateral, Banco de la Reserva de Australia, Departamento del Tesoro de Australia, consejero especial del subsecretario de Naciones Unidas. **E:** University of Sydney (BA), University of Regina (MA), Johns Hopkins University (MA, PhD) **F:** N/D.

Nigel Higgins, Reino Unido. **JC:** socio y codirector de Rothschild Co. **EA:** Tetra Laval Group, Sadlers Wells, Rothschild Bank AD; director de Rothschild North America; codirector ejecutivo de Rothschild Group en Rothschild Europe B.V.; director ejecutivo de N. M. Rothschild & Sons Ltd.; director de Rothschild Bank AG (treinta y cinco años en Rothschild). **CP:** Comité Ejecutivo de la Comisión Trilateral. **E:** Oxford University (BA). **F:** patrimonio neto de 1.070 millones de dólares (Company Check Ltd.).

Carla A. Hills, Estados Unidos. **JC:** presidenta de Hills & Company. **EA:** JP Morgan Chase & Co., The TCW Group, Coca-Cola, Chevron, AIG, Time Warner, American International Group, Alcatel-Lucent USA, Chevron Corp.; fiscal general adjunta del Departamento de Justicia de Estados Unidos; secretaria del Departamento de Vivienda y Desarrollo Urbanístico de Estados Unidos; socia de Latham &Watkins llp. **CP:** Comité Ejecutivo de la Comisión Trilateral, Inter-American Dialogue, Center for Strategic and International Studies, Urban Institute, Peterson Institute for International Economics, Americans for Generational Equality, Council of the Americas; representante de la Oficina de la Representación Comercial de Estados Unidos; miembro del Consejo de Administración del Institute for International Economics y Center for Strategic and International Studies; copresidenta del Consejo de Relaciones Exteriores; presidenta del National Committee on United States-China Relations; miembro del Consejo de Administración de US-China Business Council. **E:** Oxford University, Stanford University (BA), Yale (JD). **F:** acciones de Chevron: 5.500 -

275.000 dólares (2004); acciones de Gilead: 157.393- 5,9 millones de dólares (2010); salario en Gilead Science de 389.937 dólares (2010); salario en Alcatel-Lucent USA de 135.000 dólares (2006); acciones de Alcatel-Lucent USA: 179.133 - 492.615 dólares (2006); propietaria de 96.500 acciones - 2,4 millones de dólares de Time Warner en 2006; cada año, dona 25.000 dólares al Consejo de Relaciones Exteriores.

Akinari Horii, Japón. **JC:** Promontory Financial Group llc (IBM), Tokio Marine Holdings (privado). **EA:** The Canon Institute for Global Studies, Comité Supervisor del ABF Pan Asia Bond Index Fund; director del Departamento Internacional del Banco de Japón; director ejecutivo del banco de Japón. **CP:** Banco de Pagos Internacionales en Basilea (Suiza), The Canon Institute for Global Studies, Junta de Estabilidad Financiera del Banco de Pagos Internacionales, Comité Ejecutivo de la Comisión Trilateral, Institute for International Policy Studies en Tokio, Ministerio de Economía de Japón; presidente del Asian-Pacific Central Banks. **E:** Universidad de Tokio (BA en Economía), Wharton School (MBA) **F:** N/D.

Karen Elliott House, Estados Unidos. **JC:** Dow Jones of CNBC Europe y CNBC Asia Pacific (asociación de negocios televisivos entre Dow Jones y NBC Universal). **EA:** vicepresidenta y editora del *The Wall Street Journal* (Dow Jones & Company). **CP:** Comité Ejecutivo de la Comisión Trilateral, WTA Tour, Asia Society; directora del Consejo de Relaciones Exteriores; presidenta de The RAND Corporation; miembro del Consejo de Administración de la Boston University. **E:** University of Texas at Austin (BA en Periodismo). **F:** patrimonio neto de seis millones de dólares en 2017 (networthpost.com); galardonada con el Premio Pulitzer de Periodismo Internacional.

Mugur Isarescu, Rumanía. **JC:** gobernador del Banco Nacional de Rumanía, Bucarest (quince años). **EA:** primer ministro de Rumanía. **CP:** Comité Ejecutivo de la Comisión Trilateral. **E:** Bucharest Academy of Economic Studies (licenciado en Comercio Internacional). **F:** salario en el Banco Nacional de Rumanía de 259.448 dólares (2017).

Lord Kerr of Kinlochard, Reino Unido. **JC:** Scottish-American Investment Trust, Cámara de los Lores; vicepresidente de Scottish Power Ltd. **EA:** Scottish Power, Royal Dutch Shell, Rio Tinto, Ministerio de Hacienda Británico, Cuerpo Diplomático del Reino Unido; canciller de la Hacienda del Reino Unido; embajador de la Comisión Europea; embajador de Estados Unidos; secretario del Cuerpo Diplomático; secretario de la Oficina de Asuntos Exteriores y la Commonwealth. **CP:** barón de Kinlochard, UK/Korea Forum for the Future, Centre for European Reform, Fulbright Commission, National Gallery, Rhodes Trust, Comité de Dirección del Grupo Bilderberg, Comité Ejecutivo de la Comisión Trilateral; miembro del Consejo de Administración del Carnegie Trust for the Universities of Scotland; presidente de St. Andrew´s Clinics for Children; vicepresidente de European Policy Centre; presidente del Imperial College London. **E:** Oxford (BA, doctor *honoris causa* en Derecho). **F:** salario en Shell de 389.000 dólares (2011); salario en Río Tinto de 231.000 dólares (2014); acciones de Rio Tinto: 15.000 - 53,4 millones de dólares (2014).

Jovan Kovačić, Serbia. **JC:** East-West Bridge; CEO de GCA Global Communications Associates Ltd.; socio mayoritario de Kovačić & Spaić; socio de Hill & Knowlton. **EA:** excorresponsal internacional y de guerra en la CNN, ABC, NPR y BBC; **CP:** Comité Ejecutivo de la Comisión Trilateral, Grupo Nacional Serbio de la Comisión Trilateral, GCA y CEO en Global; asesor político en Strategic Partnerships Group; asesor de Republika Srpska y del presidente Milorad Dodik en Bosnia. **E:** colegios británicos, serbios y estadounidenses; MA estadounidense en Comunicaciones y Gestión de Medios de Comunicación. **F:** patrimonio neto de once millones de dólares (networthpost. Com).

Jean Lamierre, Francia. **JC:** TEB Holding AS (Turquía); presidente de BNP Paribas SA; director de TOTAL SA. **EA:** presidente del Banco Europeo para la Reconstrucción y el Desarrollo. **CP:** Consejo Asesor Internacional de China International Corporation, Comité Ejecutivo de la Comisión Trilateral. **E:** École Nationale d'Administration (licenciado en Ciencias). **F:** salario en BNP Paribas de 1,17 millones de dólares (2016).

Kurt Lauk, Alemania. **JC:** Magna International, copresidente y socio fundador de Globe Capital Partners (privada). **EA:** BCG Inc., Charles Bernd AG, I-D Media AG, TomTom Licensing, Gehring Maschinenbau, Gehring GmbH & Co. KG y Charles Bernd SA, Solera Holdings, TowerBrook Capital Partners lp. CIBER Inc., Veritas Software Corporation, Corus Group Ltd., Innovation Group plc, Diligence London, Silver Lake; vicepresidente de DaimlerChrysler AG; vicepresidente de Audi AG; CEO de Zinser Textile Machinery. **CP:** Franco-German Institute in Ludwigsburg, Comité Ejecutivo de la Comisión Trilateral, Grupo Bilderberg, miembro del Consejo de Administración del International Institute for Strategic Studies en Londres. **E:** Stanford University (MBA), Universidad de Múnich (MA en Historia y Teología), Universidad de Tübingen, Universidad de Kiel (PhD en Relaciones Internacionales). **F:** salario en Magna de 238.000 dólares (2016); acciones de Magna valoradas en 1,1 millones de dólares en 2016.

Eli Leenaars, Holanda. **JC:** vicepresidente de UBS. **EA:** ING Group, ING Poland e ING Latinoamérica. **CP:** Comité Ejecutivo de la Comisión Trilateral, ABN Amor Bank. **E:** Universidad Católica de Nijmegen (licenciado en Derecho Civil), Harvard Business School, European University Institute, Florencia (LLM) **F:** N/D.

Monique Leroux, Canadá. **JC:** presidenta de la Alianza Internacional de Cooperativas. **EA:** BCE Inc., S&P Global; presidenta y CEO de Alimentation Couche-Tard. **CP:** Conference Board of Canada, Consejo de Agenda Global del Foro Económico Mundial, Comité Ejecutivo de la Comisión Trilateral, Consejo de Gobernadores de HEC Montréal, Investissement Québec, Orden de Canadá, L'Ordre National du Québec, Chevalier de la Légion d'Honneur; ganadora del Woodrow Wilson Award (Estados Unidos); presidenta de la Cumbre Internacional de Cooperativas; presidenta de la Junta de Gobernadores de la Sociedad para las Celebraciones del 375.º Aniversario de

Montreal. **E:** Ocho doctorados *honoris causa* en Canadá. **F:** acciones de S&F Global por valor de 85.000 dólares (2017); salario en S&P de 100.000 dólares aproximadamente (2017).

Thomas Leysen, Bélgica. **JC:** KBC Bank NV, KBC Insurance, Corelio NV, Corelio Media, Eurométaux, Rubenianum Fund, Heritage und of the Fondation Roi Baudouin, Aurubis Belgium nv/sa, Toyota Motor Corporation in Japan, Norddeutsche Affinerie AG, Metzler Bank, UCB S. A.; presidente de la Federación de Empresas Belgas; presidente de Umicore S.A. **EA:** Umicore NV, Sydes NV, Atlas Copco, Aurubis AG; CEO de Transcor Group. **CP:** Comité Ejecutivo de Federación de Empresarios Belgas (FEB/VBO), Comité Ejecutivo de la Comisión Trilateral, Mesa Redonda Europea de Industriales, Amis Européens de Versailles; vicepresidente de «Vrienden van het Rubernshuis»; presidente de BJA. **E:** Universidad de Leuven, Bélgica (licenciado y máster en Derecho). **F:** patrimonio neto de 1,7 millones de dólares en 2017 (celebritybio.org).

Bo Lidegaard, Dinamarca. **JC:** editor de Politiken. **CP:** secretariado para el Cambio Climático del Ministerio del Estado danés; Comité Ejecutivo de la Comisión Trilateral. **E:** Universidad de Copenhague (PhD en Historia). **F:** patrimonio neto de 1,7 millones de dólares en 2017 (celebritybio.org).

Fanjo Luković, Croacia. **JC:** UniCredit Bank; presidente del Consejo de Administración de Zagrebačka Banka. **EA:** Coning (Varaždin); vicepresidente de Jugobanka (Zagreb). **CP:** Comité Ejecutivo de la Comisión Trilateral. **E:** Universidad de Zagreb (título de Economía). **F:** acciones de Zagrebačka Banka valoradas en 3,5 millones de dólares en 2016.

Minoru *Ben* Makihara, Japón. **JC:** Consejo Asesor Internacional de Allianz SE. **EA:** Consejo Internacional de JP Morgan Chase & Co., Coca-Cola; director de IBM; asesor corporativo principal de Mitsubishi Corporation; asesor de Holdingham Group; **CP:** Comité Ejecutivo de la Comisión Trilateral, Shinsei Bank. **E:** Harvard University (BA, MPA). **F:** salario en IBM de 627.701; acciones valoradas en 1,03 millones de dólares aproximadamente en 2010; nombrado caballero de la Excelentísima Orden del Imperio Británico en 2013.

Mario Monti, Italia. **JC:** asesor internacional: Goldman Sachs. **EA:** primer ministro de Italia; Comisión Europea; presidente del Consejo de Ministros de Italia; presidente de la Universidad Bocconi. **CP:** American European Community Association, Consejo para el Futuro de Europa (CFE), Comisión Attali sobre Crecimiento Económico, Comité Ejecutivo de la Comisión Trilateral; miembro de la European Advisory (inmobiliaria); director del Peterson Institute for International Economics; creador del International Competition Network. **E:** Universidad Bocconi (BA), Yale (MA en Administración). **F:** Patrimonio neto de cincuenta millones de dólares (celebritynetworth.com).

Joseph S. Nye Jr., Estados Unidos. **JC:** The Chertoff Group. **EA:** Defense Policy Board; secretario adjunto de Defensa de Estados Unidos; profesor de la John F. Kennedy School of Government en la Harvard University. **CP:** Defense Policy Board, Belter Center for Science and International Affairs, Comité Ejecutivo de la Comisión Trilateral; director del Consejo de Relaciones Exteriores (2004-2013); miembro del Consejo de Administración de Wells College and Center for Strategic and International Studies; presidente del Trilateral North American Group; **E:** Princeton University (BA), Exeter College (MA), Harvard University (PhD). **F:** patrimonio bruto de 1,5 millones de dólares en 2017 (networthpost.com).

Akio Okawara, Japón. **JC:** presidente y CEO de Japan Center for International Exchange. **EA:** Sumitomo Corporation Global Research, Mazda Motors America. **CP:** Conferencia Japonesa sobre el Intercambio Cultural y Educativo (Culcon), Comité Ejecutivo de la Comisión Trilateral **E:** Keio University (BA) **F:** N/D.

Andrzej Marian Olechowski, Polonia. **JC:** Central Europe Trust; presidente del Bank Handlowy W Warszawie S. A. **EA:** ministro de Finanzas de Polonia, ministro de Asuntos

Exteriores de Polonia, Banco Mundial, ICENTIS Capital Sp., Layetana Developments Polska, Euronet Worldwide, Polski Koncern Naftowy Orlen S.A., VCP Capital Partners; gobernador del Banco Nacional de Polonia. **CP:** Comité Ejecutivo de la Comisión Trilateral. **E:** Szkola Glówna Handlowa w Warszawie (PhD), Graduate Institute of International and Development Studies, Ginebra **F:** N/D.

Meghan L. O'Sullivan, Estados Unidos. **JC:** profesora Jeane Kirpatrick de Práctica de Asuntos Internacionales de la John F. Kennedy School of Governance at Harvard University. **EA:** Consejo Nacional de Inteligencia de Estados Unidos; directora de Inteligencia y directora principal de Planificación Estratégica del Consejo Nacional de Seguridad de Estados Unidos. **CP:** Comité Ejecutivo de la Comisión Trilateral, Aspen Strategy Group, Consejo de Relaciones Exteriores; miembro del Consejo Administrativo de German Marshall Fund of the United States; miembro de la Brookings Institution. **E:** Georgetown University (BA), Oxford University (MA, PhD). **F:** salario en Harvard de más de 300.000 dólares (2017).

Ursula Plassnik, Austria. **JC:** embajadora en Suiza. **EA:** ministra de Asuntos Exteriores de Austria; embajadora en Francia. **CP:** Consejo Europeo de Relaciones Exteriores (ECFR), Foreign Policy and United Nations Association of Austria (UNA-Austria), Comité Ejecutivo de la Comisión Trilateral. **E:** Universidad de Viena (JD), College of Europe (Certificado de Estudios Europeos Avanzados). **F:** N/D.

Adam Simon Posen, Estados Unidos. **JC:** Congressional Budget Office Panel of Economic Advisers; presidente de la Peterson Institute for International Economics. **CP:** Okun Memorial Fellow, Brookings Institution, Consejo de Relaciones Exteriores, Comité Ejecutivo de la Comisión Trilateral, Foro Económico Mundial; miembro principal del Institute for International Economics. **E:** Harvard University (BA, PhD) **F:** N/D.

Luis Rubio, México. **JC:** presidente del Consejo Mexicano de Asuntos Internacionales (Comexi). **EA:** director de Planificación del Citibank México. **CP:** Mexico Institute, Centro de Investigación para el Desarrollo (Cidac), Comisión Ejecutiva de la Comisión Trilateral. **E:** Brandeis University (MA, PhD) **F:** N/D.

Jin Roy Ryu, Corea. **JC:** PMX Industries, BIAC; presidente y CEO de la Poongsan Corporation (metales y munición). **CP:** The Federation of Korean Industries, International Wrought Copper Council (IWCC), Korea Defense Industry Association, Federation of Korean Industries, Korea International Trade Association; vicepresidente del Korea-US Economic Council; director del Comité Ejecutivo de la Comisión Trilateral. **E:** Universidad Nacional de Seúl (BA). **F:** acciones de Poongsan valoradas en 123 millones de dólares en 2017.

Ferdinando Salleo, Italia. **JC:** vicepresidente de la Banca del Mezzogiorno-Medio Credito Centrale SpA (privada). **EA:** Safei S.A., embajador de Italia en Estados Unidos (1995-2003). **CP:** Comité Ejecutivo de la Comisión Trilateral. **E:** Universidad de Roma (JD) **F:** N/D.

Carlo Secchi, Italia. **JC:** Mediaset, Allianz RAS, A2A SpA (privada); rector y profesor de política económica de la Universidad Bocconi; director de Pirelli SpA, Italcementi SpA. **EA:** Parmalat; vicepresidente de CEMS; presidente de la Asociación Europea de Institutos de Investigación y de Formación (EADI); profesor de Economía de la Universidad de Milán, Sassari y Trento. **CP:** Foundation NovaResPublica, ISLA en la Universidad Bocconi, Asociación Universitaria de Estudios Europeos (AUSE), Comité Científico de la IReR, I-CSR (Fundación Italiana para la Divulgación de Responsabilidad Social Corporativa), Senado de Italia, Parlamento Europeo en la IV Legislatura; vicepresidente de la Comisión Industrial, de Asuntos Monetarios y Económica; presidente del Grupo italiano de la Comisión Trilateral. **E:** Universidad Bocconi (BA), Universidad Erasmus (graduado). **F:** salario en Mediaset de 100.620 dólares (2017); salario en Italcementi de 46.800 dólares (2016).

Kristin Skogen Lund, Noruega. **JC:** Umoe AS, Schibsted Group, Trivano-Ericsson LM-B. **EA:** Unilever, Nordic Semiconductor ASA, Coca-Cola, Suecia, Aftonbladet AB; directora de Servicios & Retransmisión Digitales de Telenor ASA; directora general de Aftenposten AS; CEO de Aftenosten en Media Norge ASA; directora general y CEO de Scanpix Scandinavia AB; editora de Scandinavia Online AS (SOL); directora de Orkla ASA, Confederación de Empresas de Noruega (NHO), Consejo de Stiftelsen Det Norske Veritas, Comité Ejecutivo de la Comisión Trilateral, Grupo Bilderberg; vicepresidenta de la Confederación de Empresas de Noruega. **E:** University of Oregon (BA en Empresariales), INSEAD (MBA). **F:** salario en Trivana de 116.721 dólares (2017); en 2012, la CNN la describió como la mujer más poderosa de Noruega.

James B. Steinberg, Estados Unidos. **JC:** profesor de Asuntos Internacionales de la Syracuse University. **EA:** Brookings Institution, RAND Corporation, Center for a New American Security; asesor de Seguridad Nacional de Clinton; subsecretario del Departamento de Estado (Estados Unidos); Comité de Servicios Armados del Senado (Estados Unidos); decano de la LBJ School of Public Affairs, University of Texas. **CP:** Comité Ejecutivo de la Comisión Trilateral, Consejo Atlántico, Consejo de Relaciones Exteriores, Markle Task Force on National Security in the Information Age, America Abroad Media. **E:** Harvard University (BA), Yale University (JD). **F:** salario en Syracuse de más de 200.000 dólares (2017).

Shigemitsu Sugisaki, Japón. **JC:** Goldman Sachs Japan Co. (privada). **EA:** Ministerio de Hacienda; subdirector general de la Oficina de Finanzas Internacionales; comisionado de la Oficina Regional de Impuestos de Tokio; subdirector gerente del Fondo Monetario Internacional (FMI). **CP:** Comité Ejecutivo de la Comisión Trilateral. **E:** Universidad de Tokio (BA), Columbia University (MA en Asuntos Internacionales) **F:** N/D.

György Surányi, Hungría. **JC:** presidente de la Banca Intesa Beograd; profesor de Central European University. **EA:** presidente de la Junta Supervisora de Vub AS; CEO de CIB Bank; presidente del Banco Nacional de Hungría; director regional

Intesa Sanpaolo Group. **CP:** Comité Ejecutivo de la Comisión Trilateral, Foro Económico Mundial. **E:** Universidad Corvinus de Budapest (BA). **F:** salario en la Central European University de 100.000 dólares aproximadamente.

Peter Sutherland, Irlanda. **JC:** presidente de Goldman Sachs International. **EA:** Eli Lilly & Co., BP Amoco plc, ABB Ltd., BP Solar International, BW Group Ltd.; presidente de British Petroleum; director de OMT; presidente de Allied Irish Bank; presidente de BP plc. **CP:** The Royal Irish Academy, Comité Fundador del Foro Económico Mundial, Junta Asesora Global del Consejo de Relaciones Exteriores, Consejo para el Futuro de Europa (CFE), Grupo Bilderberg; presidente del Consejo Asesor del European Policy Center (EPC); presidente de la Corte de Gobernadores de la London School of Economics and Political Science; secretario general de la Representación Especial de Naciones Unidas para la Migración y el Desarrollo; vicepresidente de la Mesa Redonda Europea de Industriales; presidente honorario del Consejo Trilateral. **E:** University College Dublin (BA). **F:** acciones de BP: 30.079 - 17 millones de dólares (2006); salario en BP de 585.000 dólares (2006); patrimonio neto de 45 millones de dólares (1999).[162]

Jean-Claude Trichet, Francia. **JC:** Banco de Pagos Internacionales; director de Airbus Group SE. **EA:** presidente de la Junta Ejecutiva del Banco Central Europeo; secretario general del Comité Interministerial para la Ordenación de Estructuras Industriales (CIASI). **CP:** Foro Económico Mundial, Comité Directivo del Grupo Bilderberg, Junta Europea de Riesgo Sistémico (JERS), París Club; presidente honorario del Grupo de los Treinta; presidente de la Junta de Directores de Bruegel; presidente europeo de la Comisión Trilateral; presidente de SOGEPA; gobernador del Banco de Francia; asesor del gabinete del Ministro de Asuntos Económicos; subdirector de Asuntos Bilaterales del Departamento de Hacienda; presidente del Grupo de Gobernadores y Directores de Supervisión (GHOS) de Basilea. **E:** École Nationale Supérieure des Mines de Nancy (BA), Universidad de París (MA). **F:** salario en Airbus SE de 187.200 dólares (2017).

Raivo Vare, Estonia. **JC:** Sthenos Group, & OÜ RVVE Group (privado), SmartCap Ltd. (privado); CEO de Pakterminal Ltd. (privada). **EA:** AS Eesti Raudtee; director de Tallinna Pank Ltd. **CP:** Junta Académica de Asesores del presidente; ministro del Estado y ministro de Transporte y Comunicaciones en Tallín; Consejo de Desarrollo Estonio, Comité Ejecutivo de la Comisión Trilateral; presidente del Consejo del Fondo de Desarrollo del Parlamento; vicepresidente del Consejo de Cooperación Estonia. **E:** Estonian Business School (MBA), Universidad de Tartu (Derecho). **F:** Más de un millón de dólares aproximadamente (2017). «Raivo Vare, director ejecutivo de la compañía de tránsito de petróleo Pakterminal, una de las más grandes empresas de Estonia, explicó al diario *Postimees* que no considera adecuado revelar el sueldo de empleados del sector privado: "La sociedad estonia no está preparada para ello —dijo—. Las diferencias a distintos niveles de la vida en Estonia siguen siendo enormes, y divulgar noticias sobre sueldos elevados solo generaría ira."»[163]

Geroge Vassiliou, Chipre. **EA:** presidente de Chipre, miembro del Parlamento y líder de los Demócratas Unidos. **CP:** Consejo Europeo sobre la Tolerancia y la Reconciliación, Comité Ejecutivo de la Comisión Trilateral. **E:** Universidad de Budapest, University of London (PhD). **F:** N/D.

Paul A. Volcker, Estados Unidos. **JC:** Mevion Medical Systems, asesor principal de ProMujer; director de Deutsche Bank Trust Corporation. **EA:** presidente del Banco de la Reserva Federal (FRB) de Nueva York; economista del Chase Manhattan Bank; presidente de Wolfensohn & Co.; asesor principal de Shinsei Bank Ltd. **CP:** Grupo de los Treinta (G30), Grupo Bilderberg, Foro Económico Mundial, Japan Society, The Institute of International Economics, American Assembly, American Council on Germany; presidente honorario de la Comisión Trilateral; director del Consejo de Relaciones Exteriores (1988-1999); presidente de gobernadores en el Sistema de la Reserva Federal; miembro del Consejo de Administración en la International House New York y en el Comité de Normas Internacionales de Contabilidad (IASC); director de la Oficina de Análisis Financiero del Departamento del Tesoro. **E:** Princeton University (BA), Harvard University Graduate School of Public Administration (MA), London School of Economics (MA). **F:** patrimonio neto de más de 700.000 dólares en 2017 (networthpost.com).[164]

Marko Voljč, Eslovenia. **JC:** director general de Cambio y Apoyo Corporativo en KBC Group; presidente en Bruselas de la Junta Supervisora de DZI plc. **EA:** director ejecutivo de Nova Ljubljanska Banka; CEO de Kereskedelmi és Hitelbank Zártöruen Muködo Részvénytársaság; CEO de la Unidad Empresarial de Europa Central y del Este y Rusia de KBC Group. **CP:** Banco Nacional de Eslovenia, Banco Mundial, Junta de Supervisión de CIBANK EAD, Comisión Trilateral; presidente de la Junta de Supervisión de CIBANK EAD. **E:** Univerzitet u Beogradu, Universidad de Liubliana. **F:** N/D.

Panagis Vourloumis, Grecia. **JC:** asesor principal: en N. M. Rothschild. **EA:** director de la división del Sudeste Asiático de la Corporación de Finanzas Internacionales (IFC); presidente y director ejecutivo de Hellenic Telecommunications Organization (O.T.E.); presidente y director ejecutivo de Alpha Financie, Alpha Mutual Funds y Alpha Bank Romania. **CP:** Consejo de la Federación de Industrias Griegas, Comisión Trilateral. **E:** The London School of Economics and Political Science, Economic Development Institute. **F:** un millón de acciones de Cosmote Mobile Telecommunications OTE valoradas en 28,9 millones de dólares en 2007.

Jusuf Wanandi, Indonesia. **JC:** miembro distinguido y cofundador del Centro de Estudios Estratégicos e Internacionales, Yakarta; vicepresidente del Consejo de Administración de la CSIS Foundation. **EA:** Gobernador: East West Centre in Hawaii. **CP:** Junta Asesora Internacional del Consejo de Relaciones Exteriores, Comisión Trilateral; codirector del Comité Nacional Indonesio para la Cooperación en Seguridad en la Región Asia-Pacífico (CSCAP); miembro del Consejo de Administración y miembro distinguido del Centro de Estudios Estratégicos e Internacionales, Yakarta. **E:** Universidad de Indonesia. **F:** patrimonio bruto de 304 millones de dólares (2017).[165]

Tarisa Watanagase, Tailandia. **JC:** directora externa de Siam Cement Public Company Ltd. **EA:** gobernadora de Banco de Tailandia; subgobernadora de Estabilidad de Instituciones Financieras del Banco de Tailandia (BOT); presidenta de Política de Instituciones Financieras; presidenta del Banco de Tailandia; directora de la Comisión de Valores y Bolsa de Estados Unidos. **CP:** Comisión Trilateral. **E:** Keio University (BA, MA en Economía), PhD en Washington University, St. Louis (PhD en Economía). **F:** salario en Washington Cement de 100.000 dólares (2015); acciones de Siam Cement: 40.100 - 1,3 millones de dólares (2015).

Los facilitadores de la élite del poder global mencionados en este capítulo comparten el interés por asegurarse de que el crecimiento del capital y las oportunidades abiertas para la inversión en todo el mundo continúen impulsando el capitalismo. Y, en este sentido, la formulación de políticas globales ejerce una importante función transnacional. Los grupos políticos de la élite del poder dentro de la clase capitalista transnacional están compuestos por personas con experiencias educativas comunes, estilos de vida similares e ideologías compartidas. Y se están convirtiendo rápidamente en un componente esencial del capitalismo global.

Las instituciones de los países capitalistas, como ministerios gubernamentales, fuerzas de defensa, agencias de inteligencia, judicaturas, universidades y organismos representativos reconocen a distintos niveles que las principales exigencias del capital transnacional van más allá de los límites de los Estados-nación. La idea de unos límites legales de cada Estado-nación ha sido sagrada durante mucho tiempo en las economías capitalistas liberales tradicionales. Sin embargo, la globalización ha impuesto al capitalismo una nueva serie de exigencias que requiere mecanismos transnacionales para promover el crecimiento continuado del capital en todo el mundo, y ese imperativo traspasa cada vez más los límites de los Estados individuales.

La CCT vio la crisis financiera de 2008 como una confirmación de que el sistema de capital global está amenazado. En nuestra opinión, las exigencias de que haya inversión global por parte la CCT permiten que se produzca un completo abandono de los derechos de los Estados-nación a través de ocupaciones, guerras, acuerdos comerciales y normas económicas forzosas. Los Estados fallidos, las guerras civiles orquestadas, los cambios de régimen y las invasiones directas son manifestaciones de los nuevos requisitos del orden mundial para proteger el capital transnacional.

Las élites del poder global conocen perfectamente la necesidad de acuerdos transnacionales y mecanismos institucionales que apoyen la expansión y el crecimiento del capital. Han creado muy rápidamente organizaciones para respaldar a la clase capitalista transnacional y unir a miembros de las élites del poder capitalista de todas las regiones del mundo. Es importante conocer quiénes son exactamente los jugadores clave en el nuevo orden mundial de las cosas para saber qué se necesita hacer. Puede que no sea demasiado tarde para que los movimientos democráticos cambien el rumbo de esta arremetida de la riqueza y el poder globales concentrados, pero habrá que implementar cambios rápidos, y muy pronto, si queremos mantener nuestros derechos humanos y nuestras libertades.

APÉNDICE A

Comité Directivo del Grupo Bilderberg

Fuente: Reuniones Bilderberg, sin fecha,
http://www.bilderbergmeetings.org/steering.committee.html.

PRESIDENTE:
Henri de Castries (Francia): presidente y CEO de AXA Group.

Paul M. Achleitners (Austria): presidente de la Junta Supervisora del Deutsche Bank AG.

Marcus Agius (Reino Unido): presidente no ejecutivo de PA Consulting Group.

Roger C. Altman (Estados Unidos): presidente ejecutivo de Evercore.
Matti Apunen (Finlandia): director de Finnish Business and Policy Forum EVA.
José M. Durão Barroso (Portugal): expresidente de la Comisión Europea.
Nicolas Baverez (Francia): socio de Gibson Dunn.
Svein Richard Brandtzaeg (Noruega): presidente y CEO de Norsk Hydro ASA.
Juan Luis Cebrián (España): presidente honorario de PRISA y *El País*.
John Elkann (Italia): presidente y CEO de EXOR; presidente de Fiat Chrysler Automóbiles.
Thomas Enders (Alemania): CEO de Airbus Group.
Ulrik Federspiel (Dinamarca): secretario permanente del Ministerio de Asuntos Exteriores de Dinamarca.
Lilli Gruber (Italia): editora jefe y presentadora: *Otto e mezzo*, La7 TV.
Victor Halberstadt (Holanda): presidente de Reuniones Bilderberg, profesor de Economía de la Universidad de Leiden.
Kenneth M. Jacobs (Estados Unidos): presidente y CEO de Lazard.
James A. Johnson (Estados Unidos): presidente de Johnson Capital Partners.
Alex Karp (Estados Unidos): CEO de Palantir Technologies.
Klaus Kleinfeld (Alemania): presidente y CEO de Alcoa.
Ömer M. Koç (Turquía): presidente de Koç Holding AS.
Marie-Josée Kravis (Canadá): presidenta de American Friends of Bilderberg; miembro distinguido de Hudson Institute.
André Kudelski (Suiza): presidente y CEO de Kudelski Group.
Thomas Leysen (Bélgica): presidente de KBC Group.
Craig J. Mundie (Estados Unidos): presidente de Mundie & Associates.
Michael O'Leary (Irlanda): CEO de Ryanair plc.
Dimitri Papalexopoulos (Grecia): CEO de Titan Cement Co.
Heather M. Reisman (Canadá): presidenta y CEO de Indigo Books & Music.
John Sawers (Reino Unido): presidente y socio de Macro Advisory Partners.

Eric E. Schmidt (Estados Unidos): presidente ejecutivo de Alphabet Inc.
Rudolph Scholten (Austria): CEO de Oesterreichische Knotrollbank AG.
Peter A. Thiel (Estados Unidos): presidente de Thiel Capital.
Jacob Wallenberg (Suecia): presidente de Investor AB.
Robert B. Zoellick (Estados Unidos): presidente de la Junta de Asesores Internacionales de Goldman Sachs Group.

APÉNDICE A

Miembros del consejo de administración del Foro Económico Mundial (a 24 de agosto de 2017)

Klaus Schwab: presidente del Consejo de Administración del Foro Económico Mundial.
Peter Brabeck-Lamathe: vicepresidente del Consejo de Administración del Foro Económico Mundial.
S. M. Reina Rania Al Abdullah del Reino Hachemita de Jordania.
Mukesh Ambani: presidente y director gerente de Reliance Industries, India.
Marc R. Beinhoff: presidente y director ejecutivo de Salesforce, Estados Unidos.
Mark Carney: presidente de la Junta de Estabilidad Financiera; gobernador del Banco de Inglaterra.
Orit Gadiesh: presidente del Bain & Company, Estados Unidos.
Al Gore: vicepresidente de Estados Unidos (1993-2001); presidente y cofundador de Generation Investment Management llp, Estados Unidos.
Herman Gref: presidente de la Junta y director ejecutivo de Sberbank, Rusia.
Ángel Gurría: secretario general de la organización para la Cooperación Económica y el Desarrollo.
André S. Hoffman: vicepresidente no-ejecutivo de Roche Holding Ltd., Suiza.
Jim Yong Kim: presidente del Banco Mundial, Washington D. C.
Christine Lagarde: directora gerente del Fondo Monetario in-

ternacional (FMI), Washington D. C.
Yo-Yo Ma: violoncelista, Estados Unidos.
Peter Maurer: presidente del Comité Internacional de la Cruz Roja (ICRC), Ginebra.
Luis Alberto Moreno: presidente de Inter-American Development Bank, Washington D.C.
Indra Nooyi: presidenta y directora ejecutiva de PepsiCo, Estados Unidos.
L. Rafael Reif: presidente de Massachusetts Institute of Technology (MIT), Estados Unidos.
Jim Hagemann Snabe: presidente de A. P. Møller-Maresk, Dinamarca.
Heizo Takenaka: ministro de Política Económica y Fiscal de Japón (2002-2006).
Ursula von der Leyen: ministra federal de Defensa de Alemania.
Min Zhu: presidente del Instituto Nacional de Investigación Financiera de la República Popular de China; subirector gerente del Fondo Monetario Internacional.

5

Protectores

LA ÉLITE DE PODER Y EL IMPERIO MILITAR DE ESTADOS UNIDOS, LA OTAN, LAS AGENCIAS DE INTELIGENCIA Y LOS EJÉRCITOS PRIVADOS [166]

*L*a élite del poder dentro de la clase capitalista transnacional está constantemente preocupada ante la posibilidad de que las masas explotadas y rebeldes se levanten. Como consecuencia de estas inseguridades de clase, sus integrantes se han esforzado por proteger la estructura de riqueza concentrada. El imperio militar estadounidense lleva mucho tiempo ejerciendo como protector del capitalismo mundial. Estados Unidos posee más de ochocientas bases militares en setenta países y territorios, mientras que el Reino Unido, Francia y Rusia cuentan con cerca de treinta bases en el extranjero.[167] En la actualidad, las fuerzas armadas de Estados Unidos están desplegadas en el setenta por ciento de los países del mundo. El Mando de Operaciones Especiales de Estados Unidos (Socom) tiene tropas en ciento cuarenta y siete países, un ochenta por ciento más que en 2010. La mayoría de las misiones son ejercicios de prácticas, pero regularmente hay ataques directos de lucha contra el terrorismo, incluidos asesinatos con drones y redadas para matar o capturar prisioneros.[168]

Las fuerzas especiales de Estados Unidos participan actualmente en cien misiones en África. Un artículo periodístico reciente escrito por cargos destacados de las Socom habla de la crítica situación actual en el continente africano y predice una generación de conflicto constante:

Para los hombres y las mujeres de SocaAfrica, el continente africano tiene todas las condiciones psicológicas, políticas y físicas que podría encontrarse un mando de operaciones. Este terreno genera oportunidades para que grupos de amenaza se escondan entre la población, crucen fronteras sin obstáculo y muevan información y materiales por el área de operaciones de SocaAfrica. Este tipo de entorno ha sido definido como «la Zona Gris...». La amenaza de la Organización Extremista Violenta (VEO) funciona en un constructo operativo transnacional, transregional, no-estatal, descentralizado y disperso, que explota y exacerba la inestabilidad en África. La amenaza sigue presente en refugios y santuarios no gobernados o infragobernados creados por un Gobierno ineficaz consecuencia de una población que ha perdido la esperanza.[169]

El artículo no explica por qué muchos pueblos africanos han perdido la esperanza, ni tampoco la lógica por la que se resisten los grupos VEO. ¿Qué esperanza pueden tener esas generaciones de familias que viven con un puñado de dólares al día y sin ninguna posibilidad de mejorar su situación? Evidentemente, habrá quienes acepten entre los suyos a personas que desafían al imperio y a veces incluso les brinden ayuda. El imperio militar estadounidense se yergue sobre siglos de explotación colonial y sigue apoyando a Gobiernos represivos y explotadores que cooperan con la agenda imperialista del capital global. Los gobiernos que aceptan inversión de capital externo, de la que se beneficia un segmento reducido de la élite de un país, lo hacen a sabiendas de que el capital requiere necesariamente un rendimiento de la inversión que implica explotar los recursos y a la gente para obtener ganancias económicas. Todo este sistema da continuidad a la concentración de riqueza en manos de las élites y a la enorme y penosa desigualdad para las masas. La violencia diaria en las «zonas grises», de hecho, se manifiesta por el propio imperio, que genera miles de muertes por la miseria y la pobreza. En realidad, muchas VEO de resistencia (conocidas como «terroristas») actúan de un modo racional, empleando los únicos medios disponibles para desafiar al imperio de la explotadora concentración de capital.

En este punto, queremos declarar nuestra repulsa hacia cualquier acto de terrorismo y violencia. Apoyamos plenamente la Declaración Universal de Derechos Humanos (reproducida en el capítulo 7). No obstante, nos sigue resultando evidente que el terror estructural de la pobreza y el desvalimiento es un factor que contribuye a los movimientos de resistencia VEO. Es demasiado simplista que aquellos que justifican el imperio afirmen que la resistencia está compuesta meramente por gente mala que no respeta en absoluto el valor de la vida humana. Después del 11-S, George W. Bush declaró: «Acabaremos con los criminales en el mundo»;[170] y «Ellos nos odian por nuestras libertades: nuestra libertad de religión, nuestra libertad de expresión, nuestra libertad de votar y congregarnos y de estar en desacuerdo entre nosotros».[171] Ambos comentarios no son más que una demonización sin sentido de los demás como justificación política para la guerra permanente. Los presidentes estadounidenses que han venido después de Bush apenas han mejorado las cosas en esa justificación para continuar con la guerra en todo el mundo. Comprender la guerra permanente como válvula de escape económica para el excedente de capital es fundamental para entender el capitalismo en el mundo actual. La guerra ofrece oportunidades de inversión y un rendimiento garantizado del capital para los gigantes y las élites de la CCT. Y también ejerce una función represiva manteniendo a las masas que sufren atemorizadas y sumisas.

La protección del capital global es la razón principal por la cual los países de la OTAN representan actualmente el ochenta y cinco por ciento del gasto mundial en defensa, mientras Estados Unidos invierte más en ejército que el resto del mundo junto.[172] Miedos a desigualdades, rebeliones y otros disturbios civiles motivan la agenda de la OTAN en la guerra contra el terror.[173] La Declaración de la Cumbre de la OTAN celebrada en 2012 dice:

> Como líderes de la Alianza, estamos resueltos a garantizar que la OTAN mantenga y desarrolle las capacidades necesarias para realizar sus labores fundamentales (defensa colectiva, gestión de crisis y seguridad cooperativa) y de ese modo desempeñe un papel esencial promoviendo la seguridad en el mundo. Debemos cumplir con esa responsabilidad al tiempo que lidiamos con una grave crisis financiera y respondemos a actuales desafíos geoestratégicos. La OTAN

nos permite conseguir una mayor seguridad que cualquier aliado podría darnos actuando en solitario. Confirmamos la perenne importancia de que haya un fuerte vínculo transatlántico y una solidaridad en la Alianza, así como la trascendencia de compartir responsabilidades, papeles y riesgos para cumplir los retos que afrontan juntos los aliados norteamericanos y europeos [...] Nos hemos propuesto resueltamente el objetivo de las fuerzas de la OTAN para el año 2020: unas fuerzas modernas y estrechamente conectadas, equipadas, adiestradas, ejercitadas y comandadas para poder operar juntas y con aliados en *cualquier* [enfatizado] circunstancia.[174]

La OTAN se está convirtiendo rápidamente en una fuerza policial complementaria del imperio militar estadounidense para la élite del poder global y la clase capitalista transnacional. A medida que la CCT surgió más plenamente en la década de 1980, coincidiendo con el derrumbe de la URSS, la OTAN empezó a ampliar sus operaciones. Las resoluciones del Consejo de Seguridad de Naciones Unidas le confirieron autoridad para llevar a cabo operaciones en Afganistán, más allá de su zona tradicional del Atlántico Norte, así como un marco para la misión de adiestramiento de la OTAN en Irak.[175] La estructura militar de la OTAN está dividida en dos mandos estratégicos: el Cuartel General Supremo de las Potencias Aliadas en Europa, situado en Mons, Bélgica; y el Mando Aliado de Transformación, ubicado en Norfolk, Estados Unidos El comandante aliado supremo en Europa supervisa todas las operaciones de la OTAN y es siempre un general estadounidense. El Consejo del Atlántico Norte es el principal organismo político de la organización, y está compuesto por delegados de alto rango de cada uno de los Estados miembros.[176] El Consejo Atlántico, formado mayoritariamente por civiles de la élite del poder, es el principal grupo no lucrativo que asesora en cuestiones de planificación, estableciendo los parámetros de las expectativas operativas y prioridades de seguridad de Estados Unidos/OTAN.

Alemania y otras potencias europeas han mostrado un fuerte interés por modernizar la infraestructura de defensa de poder de la OTAN. En una reunión de los ministros de defensa de la OTAN celebrada en Bruselas a finales de junio de 2017, se informó de que los países miembros estaban cumpliendo su acuerdo al gastar un 2% de su PIB en defensa. El presupuesto de la OTAN europea para 2018 se fijó en 38.500 millones de euros (45.000 millones de dólares), y para 2021 habrá ascendido a 42.400 millones de euros (50.000 millones de dólares).[177] Además, en marzo de 2017, los ministros de defensa de la UE acordaron montar un centro de mando conjunto para planificación y operaciones militares independiente de la OTAN y de Estados Unidos.[178]

La primera empresa militar de la OTAN tuvo lugar en los Balcanes, donde sigue presente, y posteriormente activó operaciones directas en Afganistán, Libia e Irak. La OTAN lleva a cabo operaciones en todo el mundo, incluida una fuerza contra la piratería en el golfo de Adén y misiones en Somalia, Sudán, Mali, Etiopía, Nigeria, Kenia, Lituania, Estonia, Letonia, Georgia, Hungría, Eslovaquia, Bulgaria, Polonia, Turquía, Pakistán (ayuda a zonas devastadas) y Rumanía.[179] La OTAN coopera también con sus países asociados en Asia Central: Kazajistán, Kirguistán, Tayikistán, Turkmenistán y Uzbekistán.[180] Los líderes rusos consideran que la expansión de la OTAN en países que integraban la Unión Soviética es una traición a los acuerdos de 1990, adoptados por el entonces secretario de Estado estadounidense, James Baker, que prometió que no habría una expansión de la OTAN en el este durante las negociaciones para la reunificación de Alemania.[181]

A pesar de que las intrusiones de la OTAN fuera de Europa se justifican como misiones humanitarias para salvaguardar la paz, se ha hecho evidente que la élite del poder global utiliza a la organización y al imperio militar estadounidense en beneficio de su seguridad en todo el mundo. Forma parte de una estrategia en expansión de dominación militar de Estados Unidos en todo el mundo, por la cual el imperio militar de Estados Unidos/OTAN, asesorado por el Consejo Atlántico de la élite del poder, opera al servicio de la clase corporativa transnacional para la protección del capital internacional en todo el planeta.[182]

Los sociólogos William I. Robinson y Jerry Harris previeron esta situación en 2000, al señalar «un cambio del Estado de bienestar social al Estado de control (policial) social, con una expansión dramática de fuerzas de seguridad públicas y privadas, encarcelamientos masivos de poblaciones excluidas (en una mayoría desproporcionada, minorías), nuevas formas de *apartheid* social... y legislación antiinmigrantes».[183] La teoría de Robinson y Harris predecía con gran acierto la agenda actual de la élite del poder global, como, por ejemplo:

- La continuidad que ha dado Donald Trump a las agendas de Estado policial de sus predecesores en el Ejecutivo estadounidense: Barack Obama, George W. Bush, Bill Clinton y George H. W. Bush.
- La agenda de dominación de largo alcance de la élite del poder global, que utiliza a las fuerzas militares de Estados Unidos/OTAN para disuadir a Estados resistentes y mantener la represión policial interna, al servicio del mantenimiento del orden del sistema capitalista.
- La consolidación constante del capital en todo el mundo sin la interferencia de Gobiernos o movimientos sociales igualitarios.[184]

Es más, esta agenda implica un empobrecimiento aún mayor de la mitad más desfavorecida de la población mundial y una imparable espiral descendente de salarios para el 80% de las personas en el planeta.[185] El mundo se enfrenta a la crisis económica, y la solución neoliberal es gastar menos en necesidades humanas y más en seguridad.[186] Es un mundo de instituciones financieras desbocadas, en el que la respuesta al derrumbe económico es imprimir más dinero a través de la expansión cuantitativa, inundando a la población con billones de nuevos dólares que generarán inflación. Un mundo en guerra permanente, donde gastar en destrucción exige más inversión para reconstruir, un ciclo que beneficia a los gigantes y a las redes mundiales de poder económico. Un mundo de ejecuciones con drones, asesinatos extrajudiciales, muerte y destrucción, en casa y en el extranjero.

Tal y como señala Andrew Kolin en *State Power and Democracy*: «El planteamiento de la Administración [de Bush, Obama y ahora Trump] tiene una dimensión *orwelliana*. Optó por no respetar la ley, creando en su lugar decretos para legitimar acciones ilegales, otorgándose permiso para actuar sin intención alguna de compartir el poder tal y como exigen la Constitución o el derecho internacional».[187]

«En resumidas cuentas, nuestra sociedad se divide fundamentalmente —escribe Dennis Loo— en aquellos cuyos intereses residen en el dominio y el impulso por monopolizar la sociedad y los recursos del planeta por una parte, y por la otra, aquellos cuyos intereses están en maridar esos recursos en pos del bien de todos en lugar del de una parte.»[188]

El movimiento *Occupy* utilizaba el mantra «Somos el 99%» como lema principal en sus manifestaciones, interferencias y desafíos a las prácticas de la clase corporativa transnacional. Occupy era exactamente lo que más temen las élites del poder global; a saber, un movimiento democrático global que pretende revelar la agenda del capitalismo y el constante teatro de elecciones gubernamentales, donde los actores pueden variar de una representación a otra, pero la cabeza del cartel es siempre la misma.

El imperio militar dominado por Estados Unidos y la Organización del Tratado del Atlántico Norte (OTAN) funciona para proteger las inversiones de capital de la élite del poder en todo el mundo. Las guerras, cambios de régimen y ocupaciones protagonizadas por ejércitos y agencias de inteligencia siguen estando al servicio del acceso de los inversores a recursos naturales, el flujo libre del capital, la recaudación de deudas y las ventajas especulativas en el mercado mundial.

GIGANTES Y LA INVERSIÓN DE LA ÉLITE DEL PODER GLOBAL EN LA GUERRA

Los siguientes son los tres mayores productores de armamento en el mundo y los Gigantes que invierten en él durante 2017:

Lockheed Martin Corporation: State Street (15.200 millones de dólares), Capital Group (12.700 millones), Vanguard Group (6.500 millones), BlackRock (6.100 millones), Bank of America (3.100 millones), UBS (902 millones), Bank of NY

Mellon (733 millones), Fidelity Investments (FMR) (721 millones), Morgan Stanley & Co. (703 millones), Goldman Sachs Group (474 millones), Prudential Financial (449 millones), Credit Suisse (149 millones), Allianz SE (PIMCO) (82 millones), JP Morgan Chase (55 millones), Amundi/Crédit Agricole (54 millones), Barclays plc (50 millones).

Northrop Grumman Corporation: State Street (5.900 millones de dólares), Vanguard Group (4.000 millones), BlackRock (4.000 millones), Fidelity Investments (FMR) (2.400 millones), Capital Group (1.800 millones), JP Morgan Chase (1.500 millones), Bank of America (666 millones), Goldman Sachs Group (488 millones), Bank of NY Mellon (410 millones), UBS (248 millones), Morgan Stanley & Co. (211 millones), Prudential Financial (200 millones), Allianz SE (PIMCO) (176 millones), Credit Suisse (67 millones), AXA Group (55 millones), Amundi/Crédit Agricole (51 millones), Barclays plc (44 millones).

Boeing Company: Capital Group (12.800 millones de dólares), Vanguard Group (11.900 millones), BlackRock (10.300 millones), State Street (8.000 millones), Fidelity Investments (FMR) (1.900 millones), Bank of NY Mellon (1.600 millones), Morgan Stanley & Co. (1.500 millones), Goldman Sachs Group (1.200 millones), Bank of America (1.010 millones), UBS (729 millones), JP Morgan Chase (711 millones), Prudential Financial (440 millones), Allianz SE (PIMCO) (337 millones), Credit Suisse (273 millones), Barclays plc (245 millones), Amundi/Crédit Agricole (195 millones), AXA Group (119 millones).

AGENCIAS DE INTELIGENCIA AL SERVICIO DE LOS INTERESES VITALES DE LA ÉLITE DEL PODER GLOBAL TRANSNACIONAL

Las agencias de inteligencia operan en todos los países del mundo. La CIA está activa también en todos ellos. Muchas de estas agencias trabajan estrechamente conectadas para proteger la libertad de los gigantes globales a la hora de invertir en cualquier lugar del mundo sin interferencias de Gobiernos y movimientos nacionalistas de resistencia. Concretamente, la CIA mantiene una estrecha relación de trabajo con agencias de inteligencia en el Reino Unido, Australia, Canadá, Alemania, Polonia, Francia, Jordania y Arabia Saudí.[189] Estas agencias gubernamentales comparten preocupaciones por proteger los intereses vitales comunes del crecimiento económico.

Robert Blackwill, miembro distinguido «Henri Kissinger» del Consejo de Relaciones Exteriores y asesor de seguridad nacional de George W. Bush, dijo claramente en un artículo publicado el 25 enero de 2017 que defender los intereses vitales de Estados Unidos debería ser primordial para el presidente Trump. Además de proteger a Estados Unidos de amenazas nucleares, Blackwill hacía un llamamiento para garantizar «la viabilidad y estabilidad de los principales sistemas globales: el comercio, los mercados financieros, el abastecimiento de energía y el medio ambiente». Según Blackwill: «Debemos mantener un equilibrio de poder regional y global que promueva la paz y la estabilidad a través de la robustez nacional y la primacía internacional de Estados Unidos, y fortaleciendo y defendiendo los sistemas de alianzas estadounidenses, incluida su alianza con Israel».[190]

En su Índice de Fuerza Militar Estadounidense, la Fundación Heritage describe los intereses vitales de Estados Unidos como sigue:

- Defender el territorio nacional.
- Concluir de forma satisfactoria una guerra importante, contando con el potencial para desestabilizar una región de interés crítico para Estados Unidos.
- Preservar la libertad de movimiento dentro de los terrenos globales: mar, aire y dominios espaciales a través de los cuales el mundo lleva a cabo negocios.[191]

En su obra *The America Deep State*, Peter Dale Scott describe la importancia de Wall Street a la hora de ofrecer empleados y políticas esenciales a las agencias de inteligencia. Allen

Dulles, abogado de Wall Street y director de la CIA, es un claro ejemplo de la estrecha relación entre Wall Street y la inteligencia estadounidense. Scott cree que la proliferación de agencias de inteligencia desde los atentados del 11 de septiembre de 2001 ha permitido también que surjan redes de inteligencia del «Estado profundo» que poseen capacidades independientes, sin dejar de apoyar la agenda de Wall Street.[192]

Dana Priest y William Arkin describían en 2011 a Estados Unidos como dos Gobiernos, «uno que conocen los ciudadanos, que opera más o menos de manera abierta, y otro Gobierno paralelo y confidencial cuyas partes han crecido vertiginosamente en menos de una década hasta convertirse en un universo propio gigante y en expansión, solo visible para cuadros cuidadosamente seleccionados, y únicamente visible en su totalidad por el mismo Dios».[193]

Scott comenta que las agencias de inteligencia trabajan juntas como redes de un Estado profundo. Refiere cómo los países que luchaban contra el comunismo se organizaron a mediados de los años setenta, cuando la CIA operaba limitada por las restricciones impuestas por el Congreso y ejecutadas por el presidente Carter. Representantes de los servicios de inteligencia franceses, egipcios y saudíes e iraníes se reunieron en Kenia en el Safari Club con operativos de la CIA, entre ellos el exdirector de la agencia, George H. W. Bush, para salvar los obstáculos impuestos por Washington. Esto desencadenó la aparición del Banco de Crédito y Comercio Internacional (BCCI), como depósito de capital para operaciones encubiertas en negro y la formación de lo que Scott denomina un Estado profundo supranacional.[194]

A medida que la élite del poder va concentrando cada vez más riqueza, la necesidad de los gobernantes supremos de que haya seguridad y protección se magnificará. Y como respuesta a ese llamamiento, las agencias de inteligencia de los Estados-nación con capitales consolidados cooperarán entre sí, y coordinarán los cambios de régimen, guerras, ocupaciones, asesinatos y acciones encubiertas que se consideren necesarias. El Consejo Atlántico refleja estas preocupaciones de la élite del poder global y ofrece recomendaciones sobre los parámetros de las acciones necesarias.

EL CONSEJO ATLÁNTICO

El Consejo Atlántico (Atlantic Council) es una organización sin ánimo de lucro creada en 1961 como alianza voluntaria entre países miembros de la Organización del Tratado del Atlántico Norte (OTAN).[195] Su objetivo declarado es crear políticas e instituciones que promuevan la seguridad y la paz colectivas. Con un presupuesto anual de veinte millones de dólares, y con el 74% de esos fondos reunidos entre contribuciones de miembros y subvenciones, el Consejo Atlántico genera numerosos informes, libros y documentos de tipo político.[196] La protección del capital mundial y los temas relativos a las fuerzas armadas / seguridad de Estados Unidos / OTAN son una gran prioridad en su agenda.

El Consejo Atlántico cuenta con ciento cuarenta y seis integrantes de la élite del poder global de veintiocho países distintos en su junta directiva. Entre ellos están cuatro excomandantes de la OTAN y trece representantes de importantes empresas de defensa, incluidas Boeing, Raytheon, Bechtel, Lockheed Martin, BAE Systems, SAIC, Carlyle Group y Booz Allen Hamilton. Once de sus directivos son o han sido generales y almirantes. Cuarenta y uno ejercen de manera activa en organizaciones de seguridad gubernamentales o privadas como el Consejo de Seguridad de Naciones Unidas, así como varios grupos privados y públicos de políticas de seguridad centrados en ciberseguridad. G4S, empresa de seguridad internacional y segunda compañía privada del mundo que emplea más personal, también cuenta con representación dentro del Consejo Atlántico.

Entre los más destacados donantes al Consejo Atlántico se encuentran Airbus, Chevron, Google, Lockheed Martin, Raytheon, Southern Company, Thomson Reuters, BP, ExxonMobil, General Electric, Northrop Grumman, Panasonic, SAIC, United Technologies, Barclays Capital, Coca-Cola, Conoco Phillips, Eni, FedEx, McAfee, Microsoft, Target, Boeing, Bloomberg, Caterpillar, Daimler, Gallup, HSBC, Dow Chemical, Comcast, Rolls-Royce, y Bank of Tokyo-Mitsubishi UFJ.[197] También forman parte de la lista de donantes las Fuerzas Aéreas y la Marina de Estados Unidos, el Departamento de Estado y el Ejército estadounidense, la Fundación Clinton, Emiratos Árabes Unidos y Baréin.

La gestión de capital global y la protección de las prácticas de inversión de capital concentrado son una de las principales prioridades del Consejo Atlántico. En su lista de gobernadores, encontramos cuarenta nombres conectados con la gestión de inversión de capital. Hay directivos del Consejo entre las personas que forman parte de las juntas directivas de las corporaciones de los gigantes financieros. Muchas otras empresas de gestión e inversión financiera tienen también miembros dentro del Consejo Atlántico.

La mayoría de los medios de comunicación corporativos están representados dentro del Consejo Atlántico, entre ellos Time Warner, CBS, NBC y Reuters. También encontramos cuatro representantes de las más grandes compañías de relaciones públicas mundiales. Estos lazos vinculan de manera directa a los medios corporativos, la industria de las relaciones públicas y las compañías propagandísticas con la gestión de capital y las políticas militares y de seguridad.

Asimismo, descubrimos que el Consejo Atlántico cuenta con representantes de la élite del poder presentes en el Foro Económico Mundial (6 miembros), la Comisión Trilateral (5 miembros), el Instituto Aspen (7 miembros), y uno o dos miembros del Banco Mundial, el FMI, el Grupo Bilderberg y el Bohemian Club.

A diferencia del Foro Económico Mundial y el Grupo Bilderberg, el Consejo Atlántico publica de forma regular informes semanales y revisiones de sus recomendaciones sobre políticas a seguir, como parte fundamental de su actividad. Estos informes se generan sin participación directa de ningún Gobierno, y como tales son una interpretación de los asuntos mundiales por parte de la élite del poder de la CCT, más que informes gubernamentales sujetos a revisiones del senado o del congreso.

El Consejo Atlántico ofrece a la élite del poder global recomendaciones acerca de políticas a seguir y propone orientación a funcionarios gubernamentales y agencias de inteligencia a la hora de implementar acuerdos de seguridad y para proteger el capital global. Algunos de los informes del Consejo Atlántico de los primeros meses de 2017 eran «Estrategia de *Contención*» (sobre Rusia), «Crecimiento económico europeo y su importancia para la prosperidad estadounidense», y «Evaluación de las sanciones occidentales a Rusia».

En 2016, el Consejo Atlántico emitió un informe titulado «El futuro del ejército». El documento pretendía garantizar que el ejército de Estados Unidos siguiera siendo «la principal fuerza de combate en el mundo durante el resto de este siglo».[198] Entre las recomendaciones políticas fundamentales para el periodo 2016-2020 estaban aumentar las Fuerzas de Operaciones Especiales, las Brigadas de Asistencia a las Fuerzas de Seguridad y la Defensa Nacional. Pensando en 2020-2025, el informe hace un llamamiento a que haya más fuerzas en el extranjero, unidades entrenadas en operaciones urbanas, áreas de montaje en el extranjero y sistemas antidrones. Para 2040 y más adelante, el informe sugiere que harán falta compañías de combate independientes, pequeñas y móviles tanto dentro del ejército como privadas. «El futuro del ejército» requiere también que se entrene con realidad virtual, usando robótica e inteligencia artificial en el campo de batalla.

En noviembre de 2016 se publicó un informe del Consejo Atlántico sobre la Fuerza Operativa de Estrategia de Oriente Medio presidida por Madeleine Albright y Stephen Hadley. El documento reconocía que seguía habiendo una crisis mundial que procedía de Oriente Medio, con la persistencia de la violencia y el terrorismo, y hacía un llamamiento a un nuevo enfoque estratégico centrado en la asociación con líderes regionales capaces de hacerse plenamente responsables de trazar una visión nueva y positiva para sus sociedades.[199] El informe declaraba que los asuntos de seguridad verticales que exigieran la intervención de fuerzas externas deberían adoptar «un planteamiento total de la región». El documento afirmaba que el éxito de Daesh (ISIS) radicaba en los abusos humanitarios del régimen del Al-Assad en Siria y que probablemente fuera necesaria una acción militar contra ese régimen. Concluía diciendo que en Irak era necesario el apoyo militar continuado del ejército nacional para derrotar al Daesh. En Libia, Estados Unidos debía seguir asumiendo el liderazgo en apoyo de un Gobierno de consenso nacional. En Yemen, debía buscarse una solución política, mientras se mantenía en vigor la lucha antiterrorista contra Al-Qaeda. El informe exigía también una solución sostenible de los dos Estados para el conflicto entre Israel y Palestina, y seguir tratando de evitar la influencia de Irán en la región.

Es evidente que el Consejo Atlántico está a favor de la continuidad de las políticas de Estados Unidos/OTAN en Oriente Medio, al tiempo que hace un llamamiento al diálogo regional y la cooperación. Curiosamente, el informe pide que se cree un nuevo contrato social en la región, por el cual los Gobiernos ofrezcan seguridad a cambio del derecho a gobernar. Este nuevo contrato necesario se basaría en relaciones Gobierno-ciudadano inclusivas, eficaces y responsables, pasando a una reforma reguladora *big bang* que apoye a los empresarios y estimule la inversión extranjera ineludible.[200] Aparentemente, la política militar de Estados Unidos/OTAN, según recomienda el Consejo Atlántico, está a favor de crear Estados-nación obedientes en Oriente Medio que ofrezcan oportunidades de inversión seguras para el capital de inversión de la élite del poder de la CCT.

Una vez más, instamos al lector a leer detenidamente la biografía detallada de los miembros del Comité Ejecutivo del Consejo Atlántico. Con ello obtendrá una visión cualitativa de la magnitud de poder que representan estos treinta y cinco integrantes del Comité, unidos por currículo, intereses de capital y compromisos políticos similares. Concretamente, busquen un comandante del Ejército británico, subsecretarios de Estado (2), un subsecretario de Comercio, un subsecretario del Tesoro, embajadores ante Naciones Unidas y otros países, (3), miembros del Consejo de Relaciones Exteriores (10), del Consejo de Seguridad Nacional de Estados Unidos (6), del Project for the New American Century (2), Cato Institute, Aspen Institute (5), de la Comisión Trilateral (2), de la OTAN (2), del Foro Económico Mundial (6), de la inteligencia militar, importantes contratistas de defensa (4) y antiguos congresistas estadounidenses.

COMITÉ EJECUTIVO DEL CONSEJO ATLÁNTICO
(35 MIEMBROS)[201]

JC: juntas corporativas/empleos corporativos actuales
EA: empleos corporativos/juntas corporativas anteriores

CP: consejos políticos, organizaciones filantrópicas, Gobierno
E: educación
F: estados financieros públicos[202]

Obsérvese que, prácticamente en todos los casos, los estados financieros citados constituyen solo una parte de los ingresos y patrimonio neto total.

Robert J. Abernethy, Estados Unidos. **JC:** presidente de American Standard Development Company y Self-Storage Management Company (privadas); director de Metropolitan Investments (privado). **EA:** Hughes Aircraft-s Phoenix Missile Program; director de Public Storage. **CP:** Comité Asesor Sobre Política Económica Internacional del Departamento de Estado de Estados Unidos, Consejo de Relaciones Exteriores, Peabody Institute, Junta de Educación del Estado de California, Brookings Institution, Comité Ejecutivo del Consejo Atlántico, William H. Parker Los Angeles Police Foundation, California Arts Council, Truman National Security Project, RAND Center for Global Risk and Security, Aspen Institute; miembro emérito del Consejo de Administración de la Johns Hopkins University; miembro del Consejo de Administración de la Loyola Marymount University. **E:** Johns Hopkins University (BA en Matemáticas e Ingeniería Eléctrica), Harvard (MBA), UCLA (título de Gestión de Construcción/Inmobiliaria). **F:** acciones de Public Storage: 89.606 - 3,8 millones de dólares.

Peter Ackerman, Estados Unidos. **JC:** Rockport Capital (privada); director de FreshDirect (privada); fundador del Crown Capital Group (privada). **EA:** director de Drexel Burnham Lambert (compañía de Michael Milken). **CP:** America Abroad Media, Unity08, Cato Institute; director del consejo de Relaciones Exteriores; director del Consejo Atlántico. **E:** Colgate University (BA en Ciencias Políticas), Tufts University, The Fletcher School (PhD). **F:** salario en Drexel de 5 millones de dólares (1989); salario en Drexel de 165 millones de dólares (1990).[203] (Tuvo que devolver setenta y tres millones en un acuerdo extrajudicial); en 2010, donó 1,5 millones a American Elect.

Adrienne Arsht, Estados Unidos. **JC:** presidenta de Adrienne Arsht Center Foundation. **EA:** Trans World Airlines, Morris, Nichols, Arsht & Tunner; presidenta de TotalBank. **CP:** Comité Ejecutivo del Consejo Atlántico, CFR, Aspen Institute, Center for National Policy, Center for the Study of the Presidency and Congress; miembro del Consejo de Administración de la John F. Kennedy Center for the Performing Arts; directora de la University of Miami. **E:** Mount Holyoke College (BA en Economía y Ciencias Políticas), Villanova University (JD). **F:** donó treinta millones de dólares al City of Miami´s Performing Arts Center; entre 1997 y 2007 fue presidente del banco propiedad de su familia, TotalBank, vendido en 2007 por trescientos millones de dólares.

Rafic Bizri, Líbano. **JC:** Scapetel Debtor (privada), Hariri Foundation USA; presidente del Hariri Holding. **EA:** Holiday Inn, Pointe Communications Corporation; controlador y representante de inversores en el Mediterranean Investors Group; director financiero de Saudi Oger Ltd. **CP:** director del Comité Ejecutivo del Consejo Atlántico. **E:** Virginia Commonwealth University (BA en Contabilidad y Finanzas) **F:** N/D.

Thomas L. Blair, Estados Unidos. **JC:** Americas Health Plan Inc.; fundador de United Payors & United Providers. **EA:** Catalyst Health Solutions, United Medical Bank, FSB; presidente y director ejecutivo de Americas Health Plan Inc.; director de Jurgovan & Blair; presidente de FedMed. **CP:** director del Consejo Atlántico. **E:** University of Nevada School of Medicine. **F:** acciones de United Payors 71,8 millones - 193,8 millones de dólares.

R. Nicholas Burns, Estados Unidos. **JC:** Vangent Holding Corporation (privada), Veracity Worldwide (privada), Cohen Group (privada), Entegris; profesor de la Harvard University. **EA:** subsecretario de Estado de Asuntos Políticos; embajador ante la OTAN; embajador en Grecia; Consejo de Seguridad Nacional; director principal de Asuntos de Rusia, Ucrania y Eurasia; asesor especial del presidente Clinton, Center for a New America Security. **CP:** Comité Ejecutivo del Consejo Atlántico, Comisión Trilateral, America Abroad Media, Aspen Strategy Group; embajador en el Consejo del Atlántico Norte; director del Consejo de Relaciones Exteriores; director del Future of Diplomacy Project, con el presidente George H. W. Bush. **E:** Boston College (BA en Historia), H Nitze School of Advanced International Studies at Johns Hopkins University (MA en Relaciones Internacionales). **F:** salario en Harvard de más de 200.000 dólares (2017); salario en Entegris de 207.497 dólares (2016); acciones de Entegris: 46.139 - 1,4 millones de dólares (2016).

Richard R. Burt, Estados Unidos. **JC:** New Germany Trust, Central & European Fund, Euroepan Equity Fund; director gerente de McLarty Associates (privada); socio de McKinsey & Company (compañía privada, 8.000 millones de dólares). **EA:** Deutsche Bank, Kissinger McLarty Associates, UBS, embajador en Alemania, secretario adjunto de Estado de Asuntos Europeos y Canadienses, Center for Strategic and International Studies; negociador principal por Estados Unidos en Conversaciones sobre Reducción de Armas Estratégicas; director de Asuntos Político-Militares; director adjunto del International Institute for Strategic Studies (IISS); director de la International Game Technology. **CP:** America Abroad Media, Comité Ejecutivo del Consejo Atlántico, Consejo de Relaciones Exteriores, Center for the National Interest. **E:** Cornell University (BA en Gobierno), US Naval War College, Fletcher School of Law and Diplomacy (MA en Relaciones Internacionales). **F:** acciones de New Germany Fund por valor de 59.484 dólares (2017), acciones de Central & European Fund por valor de 20.886 dólares (2017), acciones de European Equity Fund por valor de 13.311 dólares (2017), salario en Fund (los 3) de 38.629 dólares (2017); salario en Weirton Steel de 120.000 dólares (2002); salario en UBS de 108.000 dólares (2001)

Ralph D. Crosby Jr., Estados Unidos. **JC:** American Electric Power Company, EADS North America (privada), Airbus Se, Serco Group plc (privada). **EA:** Northrop Grumman Corporation; presidente y CEO de Ducommun. **CP:** Comité Ejecutivo del Consejo Atlántico. **E:** US Military Academy at West Point

(BA en Ingeniería), Harvard University (licenciado en Administración Pública); graduado en la Institute of International and Development Studies (MA en Relaciones Internacionales). **F:** salario en American Power de 293.803 dólares (2017); acciones de American Power: 41.094 - 3,14 millones de dólares (2017); salario en Airbus de 152.100 dólares (2017); acciones de Northrop Grumman: 47.825 - 2,67 millones de dólares (1998); salario en Northrop Grumman de 498.000 dólares (2002).

Paula J. Dobriansky, Estados Unidos. **JC:** miembro distinguido de la Harvard University. **EA:** subsecretaria de Estado para la Democracia y Asuntos Mundiales; Albright Stonebridge Group; jefa de la Delegación Estadounidense para la Política sobre Cambio Climático, United States Information Agency; vicesecretaria adjunta de Estado para los Derechos Humanos y Asuntos Humanitarios; Duoyan Printing; jefa mundial de Gobierno y Asuntos Reguladores de Thomson Reuters. **CP:** Partnership for a Secure America, Center for a New American Security, Comisión Trilateral, Leadership Council, Foundation for Defense of Democracies, Comité Ejecutivo del Consejo Atlántico, Asuntos Europeos y Soviéticos en el Consejo Nacional de Seguridad, Consejo Asesor Internacional de APCO Worldwide, Smith- Richardson Foundation, Consejo Asesor Internacional de IRI, Freedom House, Project for a New American Century, US Water Partnership; exvicepresidenta del Consejo de Relaciones Exteriores; directora de la Georgetown University's School of Foreign Service; presidenta de Seguridad Nacional de la US Naval Academy; miembro del Consejo de Administración de American University of Afghanistan; presidenta del Bush Center's Women's Initiative Policy Advisory Council. **E:** Georgetown University School of Foreign Service (BSFS en Política Internacional), Harvard University (MA, PhD en Asuntos Político/Militares Soviéticos). **F:** salario en Harvard 200.000 dólares aproximadamente (2017).

Richard Edelman, Estados Unidos. **JC:** presidente y CEO de Edelman (compañía privada de *marketing* y relaciones públicas). **CP:** Ad Council, Comité Ejecutivo del Consejo Atlántico, Consejo de Relaciones Exteriores, Foro Económico Mundial,

Children´s Aid Society, National September 11 Memorial & Museum, International Business Leaders Forum, Jerusalem Foundation, The Aspen Institute, National Committee on US China Relations, Committee Encouraging Corporate Philanthropy, Junta de la Conferencia del Chicago Climate Exchange. **E:** Phillips Exeter Academy, Harvard (BA, MBA). **F:** Edelman Co., fundada por el padre de Edelman en 1952, vale actualmente cientos de millones de dólares.[204]

Stuart E. Eizenstat, Estados Unidos. **JC:** Junta Asesora Internacional de Coca-Cola, BT Americas (privada), GML Ltd. (privada); miembro del Consejo de Administración de BlackRock Funds. **EA:** secretario adjunto del Tesoro; subsecretario de Estado de Economía, Negocios y Agricultura; embajador ante la Unión Europea, Covington & Burling llp; asesor principal en Política Nacional del presidente Carter. **CP:** Brookings Institution, Consejo de Relaciones Exteriores, Zeta Beta Tau, Comité Ejecutivo del Consejo Atlántico, European American Business Council. **E:** University of North Carolina, Chapel Hill (BA), Harvard Law School (JD). **F:** salario en el BlackRock de 340.000 dólares (2016); acciones de BlackRock por valor de 100.000 dólares como mínimo (2017); galardonado con el Premio a la Conciencia y el Valor del Gobierno de Israel, la Cruz de Caballero de la Orden del Mérito de Alemania, y la Legión de Honor de Francia.

Alan H. Fleischmann, Estados Unidos. **JC:** Albright Stonebridge Group (privado), LATCORP, Latin American Trade Corporation; director de ImagineNations Group (privada); vicepresidente de la Private Trade Finance Company. **EA:** asesor político del canciller alemán Willy Brandt; JP Morgan Chase; jefe de gabinete de la teniente-gobernadora Kathleen Kennedy Townsend; Empleado del Comité de Asuntos Exteriores. **CP:** Export-Import Bank of the United States, Consejo de Relaciones Exteriores, Comité Ejecutivo del Consejo Atlántico, Foro Económico Mundial, Jane Goodall Institute; miembro del Consejo de Administración de la Carnegie Hall. **E:** American University (BA, BS), Johns Hopkins University (MA en Estudios Internacionales Avanzados). **F:** N/D.

Ronald M. Freeman, Estados Unidos. **JC:** asesor principal de la Doughty Hanson & Co. European Real Estate Fund II (privada); director de CJSC Sberbank CIB (Rusia). **EA:** Salomon Brothers, Banco Europeo para la Reconstrucción y el Desarrollo, McKinsey & Company, Baker & McKenzie llp, Volga Gas plc, Imagine Group Holdings, PLIVA Pharmaceuticals, CoTec Ventures Ltd., MMC Norilsk Nickel and Troika Dialog, Sberbank of Russia OJSC, Frontiers Capital Partners llp, Orange Polska Spolka Akcyjna; CEO de Citigroup Global Markets Ltd. (Reino Unido); CEO de Lipper &Company lp, **CP:** Comité Ejecutivo del Consejo Atlántico, Foro Económico Mundial, Columbia University Law School International Institute, Comité de Desarrollo del Mansfield College. **E:** Université de Grenoble Alpes (Certificat d'Études), Lehigh University (BA), Columbia University School of Law (LLB) **F:** N/D.

Robert S. Gelbard, Estados Unidos. **JC:** Kreab Gavin Anderson, SNR Denton. **EA:** Pt Capital llc, PT Toba Bara Sejahtra Tbk, Institute for Defense Analyses, Valeant Pharmaceuticals International, Pacific Architects and Engineers Incorporated; embajador de Estados Unidos en Indonesia y Timor Oriental; representante especial del presidente y el secretario de Estado en los Balcanes; miembro del Equipo de Transición Presidencial en Seguridad Nacional de Obama-Biden; secretario adjunto de Estado de Estados Unidos para Asuntos Narcóticos Internacionales y Aplicación de la Ley; Washington Global Partners llc, Junta de Asesores de PAE, Atlas International Investments, Imaging Automation. **CP:** President's Council of Economic Advisors, Comité Ejecutivo del Consejo Atlántico, International Institute for Security and Cooperation, University of Notre Dame's Centre for Civil and Human Rights, Senior Defense Advisory Board, American Academy of Diplomacy, US-Serbia Business Council; miembro del Consejo de Administración de Colby College. **E:** Colby College (BA en Historia), Harvard University (MPA en Economía) **F:** N/D.

Sherri W. Goodman, Estados Unidos. **JC:** Woodrow Wilson International Center. **EA:** subsecretaria adjunta de Defensa (Seguridad Medioambiental), Goodwin Procter, RAND,

SAIC; CEO de Consortium for Ocean Leadership; vicepresidenta de CNA Analysis & Solutions, Comité de Servicios Armados del Senado de Estados Unidos. **CP:** Junta Asesora Militar del proyecto del CNA sobre Seguridad Nacional y la Amenaza del Cambio Climático, Comité Ejecutivo del Consejo Atlántico, Junta de Sistemas de Energía y Medioambientales de la National Academy of Sciences, Woods Hole Oceanographic Institution, Consejo de Relaciones Exteriores. **E:** Amherst College (BA), John F. Kennedy School of Government at Harvard University (MA en Políticas Públicas), Harvard Law School (JD). **F:** N/D.

C. Boyden Gray, Estados Unidos. **JC:** C. Boyden Gray & Associates, Washington, D. C. (privada). **EA:** Wilmer, Cutler & Pickering, Consejo Asesor del vicepresidente (Bush, en la administración Reagan), consejero de la Casa Blanca del presidente George H. W. Bush; embajador ante la Unión Europea; consejero del Grupo de Trabajo Presidencial sobre Subsidios Estatales; Reserva del Cuerpo de Marines; secretario de Earl Warren, Tribunal Supremo de Estados Unidos; profesor adjunto de la Antonin Scalia Law School y de la NYU Law. **CP:** Comité Ejecutivo del Consejo Atlántico, Federalist Society, Consejo de Relaciones Exteriores, Reason Foundation, Trust for the National Mall, European Institute, Freedom Works (grupo de apoyo libertario), America Abroad Media. **E:** Harvard University (BA), University of North Carolina at Chapel Hill (JD). **F:** heredero de la fortuna de RJ. Reynolds Tobacco Company[205] más de 200 millones de dólares (2007).[206]

Stephen Hadley, Estados Unidos. **JC:** RiceHadleyGates llc (privada), Raytheon Co. **EA:** asesor del presidente en Asuntos de Seguridad Nacional; consejero de la Casa Blanca en Política Exterior para el presidente George W. Bush; secretario adjunto de Defensa en Política de Seguridad Internacional para el secretario de Defensa Dick Cheney; Shea and Gardner Law; director del Consejo de Seguridad Nacional. **CP:** US Institute of Peace, RAND's Center for the Middle East, Comité Asesor sobre los Documentos de Kissinger en Yale University, Comité Ejecutivo del Consejo Atlántico, Laboratorio de Física

Aplicada de Johns Hopkins University, Consejo sobre Política Exterior del Departamento de Estado, Comité de Política del Departamento de Defensa, Panel Asesor en Seguridad Nacional del Director de Inteligencia Central; director del Consejo de Relaciones Exteriores; oficial en el Cuerpo de la Marina de Estados Unidos. **E:** Cornell University (BA), Yale Law School (JD). **F:** salario de Raydeon de 289.542 dólares (2016); acciones de Raytheon: 10.838 - 2,03 millones de dólares.

Karl V. Hopkins, Estados Unidos. **JC:** socio y director de Seguridad Global en Dentons (el bufete de abogados más grande del mundo). **CP:** Junta de Gobernadores del Middle East Institute, National Association of Corporate Directors, Business Executives for National Security, International Security Managers Association, ASIS International, InfraGard, Association of International Petroleum Negotiators, Tribunal de Arbitraje Internacional de Londres, Junta de Rectores de Texas A&M University, Comité Ejecutivo del Consejo Atlántico; presidente del Comité de Seguridad del Consejo Atlántico. **E:** Texas A&M University (MA, MA); Southwestern University School of Law (JD). **F:** N/D; ASIS International (ASIS International es la principal organización para profesionales de la seguridad en todo el mundo).[207]

Mary L. Howell, Estados Unidos. **JC:** Esterline Technologies Corp., Vectrus; CEO en el Howell Strategy Group. **EA:** vicepresidenta ejecutiva en Textron. **CP:** FM Global, Comité Ejecutivo del Consejo Atlántico. **E:** University of Massachusetts at Amherst (BA). **F:** salario en Textron de 682.500 dólares (2017); acciones de Textron: 132.378 - 3,1 millones de dólares (2007); salario en Textron de 150.009 dólares (2016); acciones de Esterline aproximadamente: 7.800 - 571.740 dólares (2016).

Jon M. Huntsman Jr., Estados Unidos. **JC:** CEO de Huntsman Corporation (químicas). **EA:** gobernador de Utah; embajador de Estados Unidos en China; embajador de Estados Unidos en Singapur; ayudante del presidente Ronald Reagan; vicedelegado de Comercio Exterior (con George E. Bush); ayudante adjunto del secretario de Comercio; misionero mormón en China. **CP:** Huntsman Cancer Institute; presidente del Comité Ejecutivo del Consejo Atlántico. **E:** University of Pennsylvania (BA en Política Internacional). **F:** patrimonio neto de mil millones de dólares; nombrado embajador en Rusia por el presidente Trump el 18 de julio de 2017.

Wolfgang Friedrich Ischinger, Alemania. **JC:** Investcorp Bank BSC (privada) **EA:** equipo del secretario general de Naciones Unidas; embajador alemán en el Reino Unido; embajador alemán en Estados Unidos; Supreme Group B.V., Relations & Public Policy, Allianz SE; presidente de Euro-Atlantic Security Initiative; profesor de Política de Seguridad y Ejercicio Diplomático de la Hertie School of Governance. **CP:** Stockholm International Peace Research Institute, Consejo de Asuntos Exteriores de la Unión Europea, Global Zero Commission, European Leadership Network, Foro Económico Mundial; presidente de la Conferencia de Seguridad de Múnich; miembro del Consejo de Administración de International Crisis Group. **E:** Universidad de Bonn (Derecho), Universidad de Ginebra (Derecho), Tufts University, Fletcher School of Law and Diplomacy (MA) **F:** N/D.

James L. Jones Jr., Estados Unidos. **JC:** Critical Signal Technologies (privada); presidente de Jones Group International. **EA:** Ivacare Corp., Chevron, The Boeing Company, General Dynamics Corporation; comandante de la Marina de Estados Unidos. **CP:** asesor de Seguridad Nacional de Barack Obama, East-West Communication Institute; presidente del Instituto para la Energía del siglo XXI de la Cámara de Comercio de Estados Unidos; miembro del Consejo de Administración del Center for Strategic and International Studies; socio principal de Bipartisan Policy Center; presidente del Comité Ejecutivo del Centro Scowcroft del Consejo Atlántico. **E:** Georgetown University School of Foreign Service (BA). **F:** pensión de la Marina de Estados Unidos más de 200.000 dólares aproximadamente (2017); salario en Ivacare Corp. de 140.443 dólares (2015); acciones de Ivacare Corp. de 28.292 - 4,5 millones de dólares (2015); salario en Boeing de 108.116 dólares (2008); acciones de Boeing: 1.250 - 97.500 dólares (2008).

Frederick Kempe, Estados Unidos. **JC:** CEO del Consejo Atlántico (desde 2006); columnista en Bloomberg News y Reuters. **EA:** periodista y editor del *Wall Street Journal* (durante treinta años). **CP:** Consejo de Relaciones Exteriores. **E:** University of Utah (Periodismo), Columbia University School of Journalism (MA). **F:** patrimonio neto de 13 millones de dólares en 2017 (networthpost.com).

Zalmay M. Khalilzad, Afganistán y Estados Unidos. **JC:** Gryphon Capital Partners; presidente de Khalilhad Associates llc. **EA:** embajador ante Naciones Unidas durante la Administración G. W. Bush; embajador en Afganistán; embajador en Irak; Rand Center for Middle Eastern Studies; analista de IHS Cambridge Energy Research Associates; profesor de la Columbia University. **CP:** Consejo de Relaciones Exteriores, America Abroad Media, National Endowment for Democracy, Project for a New American Century, American University of Iraq, American University of Afghanistan; director del Comité Ejecutivo del Consejo Atlántico. **E:** American University Beirut (BA, MA), University of Chicago (PhD), George Washington University (MPA). **F:** patrimonio neto de 990.000 dólares en 2017 (net-worth.com).

Richard L. Lawson, Estados Unidos. **JC:** presidente de Energy, Environment and Security Group Ltd. **EA:** subcomandante general del Mando Europeo de Estados Unidos; asesor militar del presidente Reagan; jefe del Estado Mayor de la OTAN; CEO de la National Mining Association. **CP:** US Energy Association, Washington Institute of Foreign Affairs, World Energy Council, International Committee on Coal Research, vicepresidente del Comité Ejecutivo del Consejo Atlántico. **E:** University of Iowa (BS en Ingeniería Química), George Washington University (MPA) National War College at Fort Lesley J. McNair, Washington, D. C. **F:** pensión del ejército de Estados Unidos de 200.000 dólares aproximadamente (2017).

Jan M. Lodal, Estados Unidos. **JC:** presidente de la Lodal & Company. **EA:** American Management Systems; asesor adjunto de Henry Kissinger; director de la División de Análisis sobre la OTAN y Fuerzas para Fines Generales de la Secretaría de Defensa (bajo la administración Johnson); CEO en Intelus, Consejo de Seguridad Nacional. **CP:** Aspen Strategy Group, Curtis Institute of Music, American Boychoir School, Consejo de Relaciones Exteriores, International Institute of Strategic Studies, Comité Ejecutivo del Consejo Atlántico, Federation of American Scientists; presidente de Group Health Association. **E:** Rice University (BA). **F:** salario en Lodal de 250.000 dólares (2017); patrimonio neto de más de 500.000 dólares (mylife.com).

George Lund, Estados Unidos. **JC:** One America Bank (privado), Blue Hackle Ltd. (compañía de seguridad privada británica); presidente de Equilar Atlas (privada). **EA:** Ebcore Capital; CEO de Bank First. **CP:** Comité Ejecutivo del Consejo Atlántico. **E:** Southern Methodist University (BA) **F:** N/D.

Brian C. McK. Henderson, Estados Unidos (nativo americano). **JC:** Henderson International Advisors llc, BMC Bank of Africa; presidente de Espírito Santo Financial Group. **EA:** Merrill Lynch, Chase Manhattan Bank. **CP:** Harvard Project on American Indian Economic Development, National Museum of the American Indian (Smithsonian), Fort Apache Heritage Foundation, Manhattan School of Music; vicepresidente del Comité Ejecutivo del Consejo Atlántico; asesor del John F. Kennedy School of Government en la Georgetown University. **E:** Georgetown University School of Foreign Service (BA), Universidad de Barcelona, University of Edinburgh **F:** N/D.

Judith A. Miller, Estados Unidos. **JC:** consejera general de Bechtel National; socia de Williams & Connolly llp en Washington, DC. **EA:** consejera general del Departamento de Defensa de Estados Unidos; secretaria del juez Potter Stewart del Tribunal Supremo de Estados Unidos. **CP:** Comité Ejecutivo del Consejo Atlántico, Defense Science Committee (Departamento de Defensa de Estados Unidos), Consejo de Relaciones Exteriores, Markle Task Force on National Security in the Information Age; miembro del Consejo de Administración de Beloit College. **E:** Beloit College (BA), Yale Law School (JD) **F:** N/D.

Alexander V. Mirtchev, Estados Unidos. **JC:** presidente de Krull Corp.; académico superior del Woodrow Wilson International Center. **EA:** Oficinas Legales of Stewart & Stewart, Sovereign Wealth Fund Samruk-Kazyna. **CP:** miembro distinguido de la Academia de las Ciencias Rusas y Búlgaras de Ucrania, Academia de Ciencias Naturales de Rusia, Washington & Jefferson College's Center for Energy Policy and Management, Comité Ejecutivo del Consejo Atlántico; presidente del Royal United Services Institute for Defense and Security Studies International. **E:** George Washington University (Derecho Internacional), London School of Economics, Boston University, Harvard Business School, St. Kliment Ohridski University (PhD) **F:** N/D.

Virginia A. Mulberger, Estados Unidos. **JC:** directora del The Scowcroft Group. **EA:** consejera especial del presidente en la Casa Blanca (Administración de George W. Bush); Consejo de Seguridad Nacional, DGA International, Asuntos Legislativos e Inteligencia de las Fuerzas Aéreas de Estados Unidos; directora adjunta de la Oficina de Enlace Fuerzas Aéreas-Senado. **CP:** consejo de Relaciones Exteriores, International Institute for Strategic Studies; vicepresidenta del Comité Ejecutivo del Consejo Atlántico; asesora de la Bush School of Texas A&M University. **E:** Georgetown University (MA en Estudios de Seguridad Nacional) **F:** N/D.

Ana Palacio, España. **CJ:** Consejo de Estado del Reino de España, Palacio y Asociados, Albright Stonebridge Group, PharmaMar, Investcorp; profesora adjunta en la Georgetown University. **EA:** Parlamento Europeo, ministra de Asuntos Exteriores, Parlamento de España, Areva; vicepresidenta del Banco Mundial. **CP:** Consejo Europeo de Relaciones Exteriores (ECFR), Institute for Strategic Dialogue, Cámara de Comercio de Madrid, European Leadership Network, Foro Económico Mundial, Comité Ejecutivo del Consejo Atlántico, Carnegie Corporation of NT, The Aspen Institute, Hague Institute for Internationalization of Law. **E:** licenciada en Derecho, Sociología, Ciencias Políticas por la Universidad Complutense de Madrid. **F:** acciones de PharmaMar: 18.900 – 59.724 dólares (2016).

W. DeVier Pierson, Estados Unidos. **JC:** Hunton&Williams llp. **EA:** consejero de la Casa Blanca durante la Administración Johnson. **CP:** Comité Ejecutivo del Consejo Atlántico; miembro emérito del Consejo de Administración de la University of Oklahoma Foundation. **E:** University of Oklahoma (BA, JD) **F:** N/D.

Walter B. Slocombe, Estados Unidos. **JC:** consejero principal en Caplin&Drysdale. **EA:** subsecretario de Defensa de Estados Unidos (Administración George W. Bush), asesor principal para Defensa Nacional en la Autoridad Provisional de la Coalición en Irak, Consejo de Seguridad Nacional, secretario del honorable Abe Fortas del Tribunal Supremo de Estados Unidos. **CP:** Comisión sobre las Capacidades de Inteligencia de Estados Unidos respecto a Armas de Destrucción Masiva, Consejo de Relaciones Exteriores, Comité Ejecutivo del Consejo Atlántico. **E:** Princeton University (BA), Oxford (Beca Rhodes), Harvard Law (LLB), **F:** N/D.

Paula Stern, Estados Unidos. **JC:** Avon Products; presidenta de Stern Group. **EA:** Hasbro, Avaya; presidenta de la Comisión de Comercio Internacional de Estados Unidos; académica de Brookings Institution. **CP:** Committee for Economic Development, Consejo de Relaciones Exteriores, Inter-American Dialogue, Carnegie Endowment for International Peace, Bretton Woods Committee, Global Subsidies Initiative of the International Institute for Sustainable Development; asesora del US Export-Import Bank. **E:** Goucher College (BA), Harvard University (MA en Estudios Regionales), Tufts University (MA, PhD en Relaciones Internacionales). **F:** salario en Avon de 30.000 dólares (2016, primer año); acciones de Avon, pendientes (2017).

John Studzinski, Estados Unidos y el Reino Unido. **JC:** The Blackstone Group (privada). **EA:** Morgan Stanley, HSBC, AIG. **CP:** Genesis Foundation, Foro Económico Mundial; presidente de Talitha Kum, Royal College of Art, Consejo de Relaciones Exteriores, Institute for Public Policy Research, Peter G. Peterson Institute for International Economics; presidente del Human Rights Watch; presidente de la Arise Foundation; vicepresidente del Comité Ejecutivo del Consejo Atlántico; miembro del Consejo de Administración de la Taje Foundation; miembro del Consejo de Administración de J. Paul Getty Trust; miembro del Consejo de Administración de Bowdoin College. **E:** Bowdoin College (BA en Sociología y Biología), University of Chicago (MBA). **F:** N/D. Studzinski es comendador de la Orden del Imperio Británico, además de caballero de la Orden de San Gregorio y caballero comendador de la de San Silvestre, nombramiento que recibió de manos del papa Juan Pablo II.

Ellen O. Tauscher, Estados Unidos. **JC:** BAE Systems (privada), SeaWorld Entertainment, Southern California Edison, eHealth, Caldwell & Berkowitz PC, asesora de Baker Donelson Bearman. **EA:** Invacare, congresista por California, subsecretaria de Estado para Control de Armas y Asuntos de Seguridad Internacional (Administración Obama), Bache Halsey Stuart Shields, Bear Stearns & Co., Drexel Burnham Lambert, Aurora Flight Sciences Corporation, Tauscher Foundation. **CP:** Nuclear Threat Initiative, Consejo de Relaciones Exteriores, Comité Ejecutivo del Consejo Atlántico, National Endowment for Democracy, National Comprehensive Cancer Network Foundation, Gobernadora: Lawrence Livermore National Security llc, Los Alamos National Security llc. **E:** Seton Hall University (BA). **F:** salario en SeaWorld de 189.987 dólares (2015); acciones de SeaWorld: 28-072 - 368.585 dólares (2015); salario en Southern California Edison de 253.133 dólares (2016); acciones de Southern California Edison: 4.798 - 120.093 dólares (2016); salario en Invacare de 121.859 dólares (2013); acciones de Invacare: 7.135 - 121.295 dólares (2013); salario en eHealth de 329.256 dólares (2016); acciones de eHealth: 31.838 - 573.720 dólares (2016).

Los treinta y cinco integrantes del Comité Ejecutivo del Consejo Atlántico forman una élite no-gubernamental de poder clave que combina capitalistas financieros con expertos de alto nivel en seguridad y personas con información privilegiada sobre la clase dirigente. Diecinueve de los miembros del comité están especializados en temas de seguridad mundial, muchos de ellos con décadas de experiencia. Catorce han dirigido o han trabajado en importantes compañías de inversión. Y diecinueve ocuparon puestos destacados en el Gobierno estadounidense, varios de ellos en distintas Administraciones y con ambos partidos. En conjunto, supervisan la creación de parámetros políticos y recomendaciones para el cambio, que miembros de Gobiernos, Ejércitos y gente de la política consideran directrices aceptables para actuar. La estructura de mando de la OTAN-Estados Unidos y los administradores en Gobiernos y sus agencias de inteligencia prestan gran atención a los informes del Consejo Atlántico. Proteger el capitalismo mundial y la capacidad de la CCT para invertir en todo el planeta de forma segura y sin riesgo es su principal prioridad.

COMPAÑÍAS MILITARES PRIVADAS AL SERVICIO DE LA ÉLITE DE PODER MUNDIAL Y DE LA CCT

Cuando al imperio le cuesta funcionar o se encuentra con resistencia política, la CCT y la élite del poder mundial cuentan cada vez más con empresas de seguridad y compañías militares privadas para proteger sus bienes. Sus servicios incluyen seguridad personal para ejecutivos de la CCT y sus familias, protección en zonas residenciales y de trabajo, asesoría táctica militar y adiestramiento de policía, fuerzas armadas nacionales, recopilación de inteligencia sobre movimientos democráticos y grupos de oposición, adquisición de armas o gestión de sistemas armamentísticos, y fuerzas de choque para actuaciones militares y asesinatos.[208] La creciente crisis de masas desesperadas, mano de obra desafecta y agotamiento medioambiental ofrece una oportunidad sin límites para que esas compañías militares privadas (o PMC, del inglés *private military company*) lleven a cabo servicios de protección para la élite del poder global y la CCT. [209]

Las PMC, conocidas informalmente como mercenarias, han sido parte importante de los conflictos armados desde, por lo menos, el Imperio romano. Sin embargo, en las últimas décadas ha ido surgiendo una nueva forma de PMC, con la inversión de capital privado en el negocio de proteger los intereses de la CCT y el capitalismo global. Se calcula que hay un gasto anual de al menos doscientos mil millones de dólares en seguridad privada, con previsión de que esta cifra siga aumentando. En la actualidad, la industria da trabajo a unos quince millones de personas en todo el mundo. Muchas de estas compañías ofrecen toda una gama de servicios, desde vigilancia de bancos y edificios privados a seguridad armada o directamente armamento.[210]

La guerra de Irak abrió la puerta para el rápido crecimiento de las PMC. Estados Unidos gastaba miles de millones de dólares anuales en seguridad, con cerca de ciento cincuenta PMC en las zonas de guerra de Irak y Afganistán.[211] En 2008, había más contratistas PMC que tropas del Gobierno estadounidense en Irak.[212] En 2010-11, el Departamento de Defensa estadounidense (DoD) tenía 90.339 empleados desplegados por contratistas en Afganistán y 64.250 en Irak. Entre 2005 y 2010, el DoD gastó 146.000 millones de dólares en PMC en el teatro de operaciones afgano-iraquí. La mayoría de las contrataciones privadas eran para apoyo y logística de base; sin embargo, el 18% de los contratistas privados en Irak (aproximadamente diez mil personas) figuraban como empleados de seguridad. Un tercio de esos contratos de seguridad contaban con ciudadanos estadounidenses, 15% eran lugareños, y el resto eran oriundos de terceros países.[213] Muchas de las PMC involucradas en guerras en Oriente Medio eran organizaciones oportunistas que se retiraron conforme se redujo la escala del conflicto. Ahora bien, en la actualidad, las principales PMC no solo mantienen su presencia en Oriente Medio, sino que han expandido sus servicios a otros países y corporaciones privadas en todo el mundo.

El gasto actual del Gobierno estadounidense en PMC sigue siendo elevado, a medida que el país reduce la presencia de sus tropas en Oriente Medio.[214] Algunas de las compañías más importantes y conocidas se han fusionado y/o se han reconfigurado para ocultar reputaciones negativas. Cada vez están más integradas, de manera que aumentan su capacidad de ofrecer seguridad y protección a la CCT al tiempo que generan beneficios. Según el politólogo estadounidense

P. W. Singer: «La última oleada de agentes militares privados está formada principalmente por compañías comerciales. Son negocios registrados y organizados de manera jerárquica que comercian y compiten abiertamente (en su mayoría), y verticalmente integrados en el mercado mundial en su conjunto».[215]

Blackwater (parte de Constellis Holdings)

Probablemente, Blackwater es la compañía de seguridad privada más famosa del mundo. Fundada en 1997 por Erik Prince, ex-SEAL de la Marina (cuerpo de Aire, Mar y Tierra) estadounidense, la empresa nació para ofrecer adiestramiento al máximo nivel para el Ejército y los cuerpos de seguridad de Estados Unidos. Su centro de entrenamiento contaba con veinticinco kilómetros cuadrados de terrenos pantanosos en la frontera de Carolina del Norte y Virginia. Blackwater consiguió su primer contrato gubernamental después del atentado contra el USS Cole en octubre de 2000. Abrió un segundo centro de adiestramiento en 2001, con galerías de tiro interiores y exteriores, recorridos urbanos, un lago artificial y varios circuitos de conducción.

A comienzos de 2002, Blackwater USA creó una rama dedicada específicamente a llevar a cabo contratos de seguridad. Uno de sus primeros contratos importantes consistió en destinar veinte hombres con acreditación de seguridad de alto secreto para proteger la sede de la Agencia Central de Inteligencia (CIA) en Kabul, Afganistán, encargada de capturar a Osama bin Laden. [216]

Al poco tiempo, la compañía ya estaba instalada en los negocios de Estados Unidos en el extranjero, especialmente en Irak y Afganistán. Además de asuntos gubernamentales, Blackwater también ha logrado numerosos contratos privados, muchos de los cuales se han mantenido en secreto. Tras el paso del huracán Katrina, se enviaron doscientos empleados de Blackwater a las zonas devastadas. Los informes sobre su actuación en esas zonas son contradictorios: mientras Blackwater insiste en que estaban allí para ofrecer ayuda humanitaria, otros afirman que muchos de sus empleados iban contratados para proteger edificios gubernamentales. Sea como sea, Blackwater tuvo una presencia indiscutible después de la catástrofe del huracán Katrina.[217]

En mayo de 2006, el Gobierno estadounidense adjudicó a Blackwater, DynCorp y Triple Canopy sendos contratos para proteger a su personal diplomático en Irak, sentando con ello un nuevo precedente al contratar para este propósito a un número récord de armas alquiladas en el extranjero.[218]

Probablemente, el acontecimiento más tristemente célebre relacionado con Blackwater se produjo en la plaza Nisour de Bagdad el 16 de septiembre de 2007, cuando varios empleados de Blackwater mataron a diecisiete civiles iraquíes. En octubre de 2014, un tribunal de distrito estadounidense falló que las muertes no habían sido una tragedia en el campo de batalla, sino consecuencia de actos criminales. Condenó a cuatro de los guardias de Blackwater por asesinato, homicidio y delitos con armas de fuego. Todos ellos se enfrentaban a pasar décadas en la cárcel e incluso a cadena perpetua.[219] Sin embargo, en agosto de 2017, un tribunal de apelación federal decidió que debía dictarse sentencia nuevamente para tres de ellos y celebrar un nuevo juicio para el cuarto, desechando sus largas condenas a prisión. Los tres jueces que integraban el tribunal declararon que las sentencias de los contratistas eran «enormemente desproporcionadas por utilizar armas que el Gobierno les obligaba a llevar en una zona de guerra».[220]

A raíz del incidente de la plaza de Nisour, Blackwater empezó a reestructurar su imagen pública. En octubre de 2007, Blackwater USA cambió su nombre a Blackwater Worldwide, adquirió un nuevo logo y empezó a desviar sus recursos a otros contratos ajenos a la seguridad. En 2009, Blackwater Worldwide volvió a cambiar de nombre a Xe Services llc, y emprendió una nueva reestructuración. Erik Price, fundador y director ejecutivo, dimitió como CEO y Joseph Yorio se puso al frente del funcionamiento diario; Prince quedó como presidente de la junta directiva. En 2010, un grupo de inversores privado compró Xe y la rebautizó con el nombre de Academi. La nueva compañía instauró un nuevo sistema de administración, creó un nuevo programa de gobierno y cumplimiento, y reunió a un nuevo equipo de dirección caracterizado por una «profunda experiencia en la gestión de crisis» y con experiencia anterior en cargos gubernamentales destacados.[221]

Constellis Holdings surgió en junio de 2014 tras la fusión de Academi (Blackwater) y Triple Canopy. En ese momento, el conglomerado adquirió otras compañías destacadas que formaban parte del antiguo grupo Constellis, entre ellas Strategic Social, Tidewater Global Services y National Strategic Protective Services.[222]

A pesar de que todas las empresas de Constellis Group, entre ellas Academi y Triple Canopy, siguen siendo oficialmente independientes, están bajo el control y el abrigo de Constellis Holdings. Todos los integrantes de la junta directiva de Academi forman parte de la junta corporativa de Constellis. Con esta fusión, esas compañías pueden utilizar los recursos de las demás, especialmente las instalaciones de entrenamiento de primera categoría de Academi. La junta directiva de Constellis está integrada exclusivamente por hombres, entre ellos el multimillonario Red McCombs, John Ashcroft, exfiscal general de Estados Unidos, el almirante jubilado Bobby Ray Inman, o Jack Quinn, destacado asesor demócrata que ejerció como jefe de gabinete del vicepresidente Al Gore y consejero del presidente Clinton.

En 2016, dos compañías de capital privado de la ciudad de Nueva York, Forté Capital Advisors (de la cual Jason De-Yonker es socio gerente) y Manhattan Partners (donde Dean C. Bosacki y Patrick McBride son socios gerentes), eran las principales inversoras en Constellis.

Recientemente, Erik Prince ha aparecido en las noticias como asesor de Donald Trump. Su hermana, Betsy DeVos, es secretaria de Educación de la Administración Trump.[223] La más reciente división de Constellis es EP Aviation, una fuerza aérea de helicópteros que ofrece servicios en África. Los recursos y la mano de obra ya consolidadas como Constellis la convierten probablemente en una de las compañías PMC más poderosas del mundo. Hoy en día, Erik Prince aboga por un «planteamiento al estilo Compañía de las Indias Orientales para Afganistán, por el cual Estados Unidos subcontrataría a sus empresas para gestionar y controlar militarmente el país».[224]

G4S

Con cerca de 625.000 empleados en más de ciento veinte países distribuidos por los cinco continentes, G4S es el segundo empleador más grande del sector privado del mundo. Entre sus contratistas más importantes se encuentran Gobiernos como los del Reino Unido, Estados Unidos, Israel y Australia: en el sector privado, ha trabajado con corporaciones como Chrysler, Apple o el Banco de América.[225]

CEO de G4S: **Ashley Martin Almanza**, Sudáfrica. JC: CEO de G4S, G4S Solution Israel, G4S Solutions Singapore, Noble Corporation plc. E: London Business School (MBA). F: acciones de G4S: 466.777 - 1,7 millones de dólares; acciones de Noble: 59.916 - 249.251 dólares (2017).

G4S ofrece vigilantes de seguridad, alarmas, manejo y transporte de dinero en efectivo y artículos de valor, gestión de prisiones y monitorización electrónica de delincuentes en ciento veinte países del mundo.[226] Los ingresos anuales de G4S en 2014 ascendieron a casi 10.500 millones de dólares.[227] La empresa opera cada vez más en «contextos complicados» y acepta trabajos que los ejércitos nacionales no están preparados para realizar.[228]

En Nigeria, Chevron tiene contratada a G4S para operaciones de contrainsurgencia que incluyen mercenarios de respuesta rápida. G4S realiza operaciones similares en Sudán del Sur y ha ofrecido equipos de vigilancia para puestos de control y cárceles de Israel, así como seguridad para asentamientos judíos en Palestina.[229] Asimismo, es una de las compañías de seguridad privadas que protegen la construcción del oleoducto Dakota Access.[230]

En julio de 2012, la élite del poder mundial dependía mucho de G4S.[231] Nueve de los gigantes tienen inversiones directas en ella.[232]

En *Global Capitalism and the Crisis of Humanity*, William I. Robinson dedica un capítulo a la regulación del capitalismo mundial en el siglo XXI. Describe las respuestas de los miembros de la élite de la clase capitalista transnacional a los movimientos democráticos, incluida su dependencia del militarismo, la masculinización, el racismo y la búsqueda de chivos expiatorios, como justificaciones para la represión de un estado policial.[233]

Según la hipótesis que plantea Robinson, de continuar habiendo una concentración de capital y una pobreza masiva, los Estados-nación se enfrentarán a crisis de legitimación que les obligarán a emplear una enorme cantidad de mecanismos de control coercitivos, como encarcelaciones multitudinarias, aplicación de la ley marcial a varios niveles, y una creciente separación de clases en áreas geográficas restrictivas.[234]

Los contratistas militares privados probablemente desempeñarían un papel esencial en la imposición de este mundo capitalista neofascista que prevé Robinson para el futuro. El capital sería libre de circular al instante a dondequiera que fuera posible sacar beneficios, mientras que los Estados-nación se convertirían en poco más que zonas de contención de población con controles de mano de obra cada vez más represivos. Por tales motivos, muchos académicos consideran las PMC como un componente del imperialismo neoliberal que actualmente complementa los poderes policiales de los Estados-nación y que en última instancia podrían sustituirlos.[235]

Las compañías que hemos analizado ofrecen todo un conjunto de servicios de las PMC. Estas grandes empresas están cada vez más integradas en el mundo del capital transnacional. Las juntas directivas y de asesores de las PMC (casi exclusivamente compuestas por hombres) representan a algunas de las personas mejor conectadas del mundo, con numerosos vínculos políticos con Gobiernos, Ejércitos, finanzas y grupos que elaboran políticas que cabe implementar.[236]

La tendencia a la privatización de la guerra es una seria amenaza a los derechos humanos, al juicio justo y la transparencia y la responsabilidad democráticas.[237] El imperio militar de Estados Unidos/OTAN sienta los valores morales para negar los derechos humanos utilizando drones sin piloto para matar civiles, sin respeto alguno por el derecho internacional. Al etiquetar a civiles muertos como insurgentes o terroristas después de los hechos, el imperio militar demuestra la absoluta ausencia del «debido proceso» y el respeto a los derechos humanos, lo que contradice cualquier norma de legitimidad moral gubernamental. A su vez, esta falta de legitimidad moral establece criterios para que las compañías militares privadas operen con la misma maldad a la sombra del imperio.

La globalización de las operaciones de las PMC en paralelo a la inversión de capital transnacional, los acuerdos para tratados internacionales y la creciente concentración de riqueza en la CCT implica que las prácticas represivas de las compañías de seguridad privadas en el extranjero llegarán inevitablemente a Estados Unidos y a la Unión Europea, así como a otros países desarrollados.

El noventa y nueve por ciento de los que no somos ricos ni tenemos poder policial privado, estamos abocados a la acechante amenaza de una represión manifiesta y a la pérdida total de derechos humanos y de protección legal. Vemos señales de ello cada día en los asesinatos de la policía (que ya se acercan al centenar de víctimas mensuales en Estados Unidos), en el espionaje electrónico sin orden judicial, en la encarcelación masiva, en los puntos de control de tráfico aleatorios, en las *no-fly lists* (listas elaboradas y seguidas por el Gobierno federal de Estados Unidos de personas que tienen prohibido volar a/o desde el país) y en las recopilaciones de bases de datos por parte del Departamento de Seguridad Nacional sobre posibles integrantes de la resistencia. Comprender que estas medidas represivas solo consiguen que nuestras familias y nosotros estemos menos seguros, y que se crean principalmente para proteger a la élite mundial de la CCT, es vital para reconocer cómo funciona el poder en el mundo actual.

6

Ideólogos

MEDIOS CORPORATIVOS Y COMPAÑÍAS DE PROPAGANDA
Y RELACIONES PÚBLICAS: CÓMO SE VENDE
EL IMPERIO, LA GUERRA Y EL CAPITALISMO[238]

Los medios de comunicación corporativos mundiales pertenecen y están controlados por ideólogos de la élite del poder global. En la actualidad, están muy concentrados y completamente internacionalizados. Su principal objetivo es promover la venta de productos y difundir propaganda favorable al capitalismo a través del control psicológico de deseos, emociones, creencias, miedos y valores. Lo hacen manipulando los sentimientos y los conocimientos de los seres humanos en todo el mundo, y fomentando que veamos entretenimiento para distraernos de la desigualdad mundial. Los medios corporativos reciben entre dos tercios y el ochenta por ciento del contenido de sus emisiones y noticias de compañías de relaciones públicas y propaganda (también conocidas como PRP), lo cual significa que, en la actualidad, todos los contenidos dentro del sistema de medios de comunicación mundial son noticias, opiniones y entretenimientos prefabricados.

La rápida consolidación de los medios globales ha reducido el número de fuentes de información a un puñado de corporaciones para gran parte del mundo. Si bien siguen existiendo cientos de organizaciones de comunicación regionales, las principales entidades mediáticas corporativas dominan los contenidos de noticias y entretenimiento en todo el mundo. La previsión de ingresos anuales de estos medios de comunicación para

2017 ascendió a 2,1 billones de dólares, y los medios estadounidenses ganarán 632.000 millones de dólares.[239]

Desde que fuera aprobada la Ley de Telecomunicaciones de 1996, en Estados Unidos ha habido una especie de fiebre de fusiones y absorciones mediáticas. Si a comienzos de los años ochenta las noticias y los sistemas de comunicación del país estaban dominados por cincuenta corporaciones mediáticas, hoy en día han quedado en manos de seis únicamente. Empresas gigantes, como iHeartMedia, poseen más de mil doscientas emisoras de radio. El noventa por ciento de todas las ciudades tiene solamente un diario, y esos periódicos están cada vez más controlados por cadenas gigantes.[240]

Los informativos «veinticuatro horas» emitidos en MSNBC, Fox y la CNN están estrechamente relacionados con varias fuentes de noticias gubernamentales y corporativas. Mantener un emisión constante de noticias exige una alimentación incesante y una provisión de sucesos estimulantes y breves de última hora para no dejar de entretener. La publicidad para consumo masivo impulsa el sistema, y las fuentes de noticias prefabricadas son fundamentales dentro de este proceso informativo global. Los índices de audiencia exigen una cooperación continuada entre distintas fuentes para que haya previsión meteorológica, noticias de guerra, resultados deportivos, información empresarial y titulares regionales constantemente.

Preparar y ofrecer información sobre guerras y actividades terroristas que se están produciendo encaja perfectamente en el caleidoscopio ideológico de las noticias prefabricadas. Los especialistas en relaciones públicas del Gobierno y del sector privado proporcionan noticias de forma constante a los sistemas de distribución mediática transnacionales. Como resultado de ello, hay una creciente relación macrosimbiótica entre los que distribuyen y los que suministran las noticias. Un ejemplo perfecto de esta relación se observa en los llamados *pools* de prensa (acuerdos cooperativos entre varios medios para compartir recursos o acceso a una fuente) organizados por el Pentágono en Oriente Medio y Washington D. C., y que ofrecen crónicas preprogramadas sobre guerras y terrorismo a grupos selectos de «recolectores» de noticias (periodistas) para que las distribuyan a través de sus organizaciones mediáticas concretas.

Los periodistas integrados en el sistema que trabajan directamente con cuerpos militares en el campo de batalla tienen que mantener una relación laboral cooperativa con los comandantes de las unidades para ir ofreciendo últimas noticias a sus distribuidores mediáticos transnacionales. El periodismo cooperativo es fundamental para que haya un acceso constante a las fuentes de información gubernamentales. Por tal motivo, las oficinas de los medios están llenas de comentaristas dedicados a reescribir, suavizar y sacar punta a noticias del campo de batalla que amenacen la simbiótica de la gestión informativa global y los parámetros ideológicos de una cobertura aceptable.

Aquellos periodistas que no asumen su papel como «recolectores» de noticias cooperativos se ven castigados en el campo o se les prohíbe seguir informando, como ocurrió en el famoso caso de Geraldo Rivera y Peter Arnett durante la invasión de Irak en 2003.

La distribución simbiótica de noticias mundiales es un esfuerzo consciente y deliberado de la élite del poder para controlar las noticias y la información que hay en la sociedad y promover una ideología procapitalista. La Ley de Seguridad Nacional, título II, sección 201 (d5), exige específicamente que la Administración «desarrolle un plan nacional exhaustivo para proteger los recursos fundamentales y la infraestructura crucial de Estados Unidos. Entre ellos […] los sistemas de tecnología informática y telecomunicaciones (satélites inclusive)… [y] sistemas de comunicación de preparación para emergencias».

Probablemente, en la actualidad, los medios corporativos mundiales son demasiado grandes como para imponer un control absoluto sobre todo el contenido, veinticuatro horas al día. No obstante, los Gobiernos de la OTAN y las élites del poder intentan mantener un control total sobre la información y eliminar cualquier obstáculo mediático que se presente al crecimiento de la libertad del capital. Como dice Lee Artz en su libro *Global Entertainment Media*: «Los medios transnacionales son instrumentos de y para la clase capitalista transnacional».[241] Las sustanciales inversiones de los Gigantes mundiales en los medios de comunicación son, en el mejor de los casos, un reflejo de su influencia; en el peor, de su dominación.

A continuación figuran las principales corporaciones transnacionales de noticias y entretenimiento, y sus ejecutivos dentro de la élite del poder de la CCT.

Comcast Corporation

Comcast Corporation es un conglomerado mediático que proporciona servicios de información y retransmisión televisiva. La compañía ofrece *streaming* de vídeo, programas de televisión, Internet de alta velocidad, televisión por cable y servicios de comunicación. Tiene clientes en todo el planeta. En 2016, sus ingresos brutos ascendían a 80.400 millones de dólares. Entre sus subsidiarias más importantes se encuentran NBC, Telemundo y Universal Pictures. Comcast es esencialmente un negocio familiar, ya que el treinta y tres por ciento del control está en manos de la familia de Ralph Roberts.

Los gigantes mundiales tienen sustanciales inversiones en Comcast: BlackRock (14.400 millones de dólares), Vanguard Group (2.300 millones), State Street (7.300 millones), Bank of America (2.300 millones), Bank of NY Mellon (2.160 millones), JP Morgan Chase (2.100 millones), Capital Group (2.100 millones), UBS (1.400 millones), Goldman Sachs Group (1.190 millones), Prudential Financial (737 millones), Morgan Stanley & Co. (663 millones), Allianz SE (PIMCO) (568 millones), Credit Suisse (333 millones), Barclays plc (228 millones) y Amundi/Crédit Agricole (195 millones).

CEO de Comcast: **Brian L. Roberts**, Estados Unidos. **JC:** CEO de la Comcast Corporation (lleva desde 1981 trabajando en Comcast). **EA:** Bank of NY Mellon. **CP:** Business Roundtable, National Cable and Telecommunications Association, Simon Wiesenthak Center, Walter Kaitz Fountation; director emérito de CableLabs. **E:** University of Pennsylvania, Wharton School; selección norteamericana de squash: compitió cinco veces en los Juegos Macabeos de Israel. **F:** salario en Comcast de 28,6 millones de dólares (2016); patrimonio neto 1,8 millones de dólares.

Disney

The Walt Disney Company es un conglomerado de entretenimiento con 195.000 empleados. Sus ingresos ascendieron en

2016 a 55.600 millones de dólares. La compañía opera en cuatro segmentos empresariales: redes de comunicación, parques temáticos y *resorts*, estudios de entretenimiento, y productos de consumo y medios interactivos. El segmento de redes de comunicación incluye cadenas de radiodifusión y televisión por cable, producción y distribución televisiva, canales de televisión nacionales y emisoras de radio. La ABC (American Broadacsting Company), propiedad de Disney, tiene doscientas cuarenta y tres cadenas de televisión en propiedad o afiliadas que llegan al noventa y seis por ciento de los hogares estadounidenses. ABC Radio tiene licencia para más de quinientas emisoras de radio. Disney es propietaria de ABC, ESPN, los canales Disney, A&E Networks, Lucasfilm (productora de la saga de *Star Wars*) y Freeform. ABC emite en todo el continente americano, así como en Asia, Europa y Oriente Medio, y tiene catorce parques temáticos en todo el mundo.

Entre los gigantes mundiales con inversiones en Disney se encuentran: Vanguard Group (10.700 millones de dólares), BlackRock (9.300 millones), State Street (7.100 millones), Morgan Stanley & Co. (2.700 millones), Bank of NY Mellon (2.500 millones), Bank of America (1.800 millones), JP Morgan Chase (1.800 millones de dólares), UBS (927 millones), Goldman Sachs Group (921 millones), Capital Group (847 millones [dos grupos]), Allianz SE (PIMCO) (329 millones), Credit Suisse (322 millones), Prudential Financial (310 millones), Barclays plc (221 millones), Amundi/Crédit Agricole (158 millones) y AXA Group (78 millones).

CEO de Disney: **Robert Iger**, Estados Unidos. **JC:** Apple; CEO y presidente de Disney. **EAL** Presidente de ABC. **CP:** September 11 Memorial & Museum, Bloomberg Family Foundation, Foro Económico Mundial, Lincoln Center, Outward Bound Program, National Campaign Against Youth Violence; copresidente del Hillary Clinton for President 2016, Foro Estratégico y Político de Trump (dimitió el 1 de junio de 2017 por la postura de Trump ante el Acuerdo de París); miembro del Consejo de Administración del Ithaca College. **E:** Ithaca College (BS en Comunicación/Radio y TV). **F:** salario en Disney 43,8 millones de dólares (2016); acciones de Disney: 1,47 millones - 159 millones de dólares (2017).

Time Warner

Time Warner es un conglomerado estadounidense multinacional de medios de comunicación de masas y entretenimiento con sede en la ciudad de Nueva York. Es propietario de HBO, Warner Bros., Turner Broadcasting y Cinemax, y opera en ciento cincuenta países. Sus ingresos en 2015 ascendieron a 28.100 millones de dólares y cuenta con unos veinticinco mil empleados.

Entre los gigantes con participaciones accionariales en Time Warner se encuentran: Vanguard Group (4.500 millones de dólares), BlackRock (4.000 millones), State Street (2.700 millones), Goldman Sachs Group (908 millones), Capital Group (907 millones), Fidelity Investments (FMR) (820 millones), Credit Suisse (783 millones), Bank of NY Mellon (707 millones), JP Morgan Chase (636 millones), Morgan Stanley & Co. (624 millones), Bank of America (517 millones), UBS (395 millones), Amundi/Crédit Agricole (308 millones), Barclays plc (140 millones) y Prudential Financial (105 millones).

(A raíz de una denuncia del Departamento de Justicia en diciembre de 2017, un juez federal aprobó la adquisición de Time Warner por AT&T a cambio de 85.400 millones de dólares en junio de 2018.)

CEO de Time Warner: **Jeff Bewkes**, Estados Unidos. **JC:** presidente y CEO de Time Warner. **EA:** Citibank; CEO de HBO. **CP:** miembro del Consejo de Administración de Yale University, The Creative Coalition, Business Council, Foro Económico Mundial, Consejo de Relaciones Exteriores, Media. NYC.2020. **E:** Yale University (BS), Stanford (MBA). **F:** patrimonio neto 12,7 millones de dólares.

21st Century Fox

21st Century Fox es una corporación multinacional de medios de comunicación de masas con unos ingresos de explotación de 27.200 millones de dólares en 2016. Cuarto conglomerado mediático más grande después de Comcast, Disney y Time Warner, la 21st Century Fox es dueña de 20th Century Fox Films, Fox Broadcasting Company y Start TV (compañía asiática de televisión por cable radicada en Hong Kong). También detenta el setenta y tres por ciento de acciones de la revista y el canal televisivo de *National Geographic*. Rupert Murdoch posee una participación mayoritaria sobre Fox y es propietario de ochocientas compañías de noticias en cincuenta países.

Entre los gigantes con participación en Fox se encuentran: Vanguard Group (997 millones de dólares), BlackRock (852 millones), State Street (588 millones), Morgan Stanley & Co. (569 millones), Goldman Sachs Group (207 millones), JP Morgan Chase (162 millones), Bank of NY Mellon (135 millones), Fidelity Investments (FMR) (96 millones), UBS (83 millones), Prudential Financial (70 millones), Bank of America (64 millones), Credit Suisse (17,9 millones) y Barclays plc (13,6 millones).

CEO de 21St Century Fox: **Rupert Murdoch**, Estados Unidos (anteriormente ciudadano australiano). **JC:** *Times News* (Londres), *Wall Street Journal, NY Post, HarperCollins, Sky UK, The Sun* (Londres); CEO y presidente del 21St Century Fox. **EA:** editor de *The Australian, Daily Telegraph*. **CP:** Consejo de Relaciones Exteriores, Cato Institute, Partido Laborista Australiano. **E:** Oxford (BA, MA). **F:** patrimonio neto de 13.100 millones de dólares (2017).

James Rupert Murdoch, Estados Unidos y Reino Unido. **JC:** CEO de 21St Century Fox, Sky plc, Telsa, Yankee Global Enterprises LLC. **EA:** GlaxoSmith-Kline; CEO de News Corp., Sky Italia, Sky Deutschland, Star TV, British Sky Publishing, News Datacom, BskyB. **CP:** Leadership Council Climate Group, *Harvard Lampoon*, Dia Center for the Arts, Ghetto Film School, Center for a New American Security. **E:** Harvard. **F:** Salario en Fox de 26 millones de dólares (2016); patrimonio neto de 160 millones de dólares.

Bertelsmann

Bertelsmann es una empresa privada de medios de comunicación, servicios y educación que funciona en casi cincuenta países. Incluye al grupo de radio y televisión RTL, el grupo editorial Penguin Random House, Bertelsmann Printing Group, Bertelsmann Education Group y Bertelsmann Investments. La empresa cuenta con 116.000 empleados; en el ejercicio financiero de 2016, generó ingresos por valor de 20.200 millones de dólares. RTL Group es líder de entretenimiento en Europa, con participación en sesenta canales de televisión y treinta y una emisoras de radio, así como en productoras de todo el mundo. La cartera televisiva del mayor operador de Europa incluye RTL Television en Alemania, M6 en Francia, los canales RTL en Holanda, Bélgica, Luxemburgo, Croacia y Hungría, y varios canales en el Sureste Asiático. Además, con su filial Fremantle Media, RTL representa una de las mayores compañías fuera de Estados Unidos en el campo de la producción, licencias y la distribución de contenidos televisivos.[242]

CEO de Bertelsmann: **Thomas Rabe**, Luxemburgo. **JC:** Allianz SE, Symrise, Archivio Ricordi Spa; CEO de Bertelsmann. **EA:** Forrester, Norall & Sutton Law, Agencia Treuhaund (Berlín) (privatización de activos de la antigua GDR), agencia de inversión Neue Länder de la Asociación de Bancos Alemanes, Cedel International; CFO de RTL Group. **CP:** Edmond Israel Foundation. **E:** Universidad de Colonia (BA en Negocios, MBA, PhD en Economía). **F-** N/D.

Presidente de Bertelsmann: **Christoph Mohn**, Alemania. **JC:** presidente de Bertelsmann. **E:** Universidad de Munster (BA en Márketing). **F:** Christoph Mohn es hijo de la matriarca de Bertelsmann, **Liz Mohn**, y de su difunto marido, **Reinhard**. **Liz** (patrimonio neto de 4.800 millones de dólares); **Christopher** y su hermana **Brigitte Mohn** forman parte de la junta directiva de Bertelsmann, que controla el voto en el grupo de comunicación. Las participaciones en Bertelsmann no se han publicado.

Viacom y CBS

Viacom y CBS pertenecen a National Amusements Inc., corporación de propiedad privada controlada por Sumner y Shari Redstone. Tiene ciento setenta canales con setecientos millones de suscriptores en más de ciento sesenta países. Sus ingresos anuales en 2016 ascendieron a 12.400 millones de dólares. Viacom es propietaria de Paramut Pictures, MTV, BBC America y Nickelodeon.

Columbia Broadcasting System (CBS) tuvo unos ingresos anuales de 13.800 millones de dólares en 2015. Tiene doscientos cuarenta canales de televisión en propiedad o afiliados en Estados Unidos, y ciento dieciséis emisoras de radio, incluidas prácticamente todas las emisoras de noticias en San Francisco, Los Ángeles, Nueva York, Boston, Dallas, St. Louis y Detroit. Sus programaciones se emiten también en buena parte de Europa y Asia.

Entre los gigantes mundiales que han invertido en CBS están Capital Group (1.740 millones de dólares), Vanguard Group (1.390 millones), BlackRock (1.280 millones), State Street (861 millones), JP Morgan Chase (476 millones), Bank of NY Mellon (252 millones), Morgan Stanley & Co. (215 millones), UBS (168 millones), Bank of America (154 millones), Goldman Sachs Group (109 millones), Allianz SE (PIMCO) (102 millones), Credit Suisse (70,9 millones) y Prudential Financial (68,7 millones).

Propietario de National Amusements Inc.: **Sumner Redstone**, Estados Unidos. **JC:** Viacom, Paramount Pictures; propietario del National Amusements Inc. **EA:** Departamento de Justicia, Servicio de Inteligencia Militar de Estados Unidos durante la Segunda Guerra Mundial. **CP:** Foro Económico Mundial. **E:** Harvard (BA, JD). **F:** patrimonio neto de 6.400 millones de dólares.

CEO de Viacom: **Robert Bakish**, Estados Unidos. **JC:** AVID Technologies; CEO de Viacom. **EA:** Booz Allen Hamilton. **CP:** Foro Económico Mundial, Junta de Supervisores de Columbia University. **E:** Columbia (BA, MBA). **F:** patrimonio neto de 1,2 millones de dólares.

CEO de CBS: **Leslie Roy Moonves**, Estados Unidos. **JC:** ZeniMax Media; CEO de CBS Corporation. **EA:** CEO de Warner Brothers. **E:** Bucknell University (BA). **F:** patrimonio neto 300 millones de dólares.

Estas tres compañías de medios de comunicación controlan la mayor parte de las noticias del mundo. Son los portavoces no oficiales de la élite del poder global y protectoras ideológicas de la concentración de capital mundial. Pertenecen y están controladas por multimillonarios, y cuentan con grandes inversiones de los gigantes mundiales, por lo que representan los cimientos de la hegemonía ideológica capitalista.

MODELO PROPAGANDÍSTICO DE LOS MEDIOS CORPORATIVOS Y LAS COMPAÑÍAS DE RELACIONES PÚBLICAS Y PROPAGANDA

Edward Bernays, uno de los padres de las relaciones públicas en Estados Unidos, definía esta disciplina como la información que se da al público para modificar su actitud y sus acciones ante varias instituciones. En su obra de 1952, *Public Relations*, Bernays afirmaba que las relaciones públicas pretenden crear opiniones favorables sobre ideas, productos y personas. Esto puede incluir la buena disposición de las personas y el aumento de ventas de productos. En el capítulo titulado «La ingeniería del consentimiento», Bernays sostiene que «no se puede sobrevalorar la importancia del consentimiento diseñado, pues afecta prácticamente hasta al último aspecto de nuestra vida diaria. Cuando se usa con propósitos sociales, es una de nuestras mayores aportaciones al funcionamiento eficiente de la sociedad. Sin embargo, estas técnicas pueden verse subvertidas: los demagogos pueden emplearlas con propósitos antidemocráticos con tanto éxito como aquellos que las utilizan para fines socialmente deseables».[244] Es evidente que Bernays, influido por la Segunda Guerra Mundial, ya veía el potencial del lado oscuro de las relaciones públicas.[245]

El ejercicio de las relaciones públicas suele describirse como «ayudar a una organización y a su público a adaptarse mutuamente».[246] Por otro lado, la propaganda se define como «la divulgación de ideas e información con el fin de inducir o intensificar actitudes y acciones concretas».[247] La propaganda fue ampliamente utilizada por la CIA y otras agencias gubernamentales durante la Segunda Guerra Mundial y la Guerra Fría[248] para promover las políticas y los intereses bélicos de Estados Unidos.[249]

Los Boinas Verdes es una película protagonizada por John Wayne que se estrenó en 1968, en el punto álgido de la guerra de Vietnam; demuestra la implacable producción de películas de propaganda en Hollywood para apoyar las políticas militares estadounidenses. De hecho, al Departamento de Defensa le pareció un ejercicio de propaganda tan evidente que solicitó a los productores que eliminaran de los créditos los agradecimientos al Ejército y a su departamento por la generosa ayuda que les habían prestado.[250] Hoy en día, el Pentágono y el Gobierno de Estados Unidos siguen involucrados en Hollywood. *Argo*, estrenada hace pocos años, es otro ejemplo de la constante y deliberada propaganda que el Gobierno estadounidense divulga a través de Hollywood.[251] Estudios recientes han demostrado que las agencias de inteligencia militar han influido en más de mil ochocientas películas y series de televisión desde 2005. Eso convierte a Hollywood en una máquina de propaganda para la seguridad nacional estadounidense.[252]

La guerra contra el terrorismo exige una constante justificación ideológica para la gran mayoría de gente que, instintivamente, prefiere la paz. Las compañías de relaciones públicas y propaganda (PRP) ofrecen una lógica permanente para la guerra proporcionando servicios de actividades de propaganda gubernamental, contratistas militares y películas de Hollywood a favor de la guerra, así como comercializando juguetes, dibujos animados y otros artículos relacionados con esta. Las empresas PRP dan apoyo a la propaganda militar con la creación de anuncios visualmente estimulantes y emotivos en los que aparecen familias con niños pequeños y cariñosos en situaciones peligrosas ante terroristas, y protegidos por las autoridades oficiales, la policía o el ejército. Un buen ejemplo de esa publicidad emitida en televisión y en YouTube es *America's Navy - The Shield*, que se estrenó durante el clásico de fútbol americano Navy-Army de 2014.

La creciente magnitud de la propaganda mediática coordinada por las compañías de relaciones públicas está especialmente bien documentada durante la guerra de Irak.[253] Rendon Group ha sido citado como una de las principales empresas de PRP que respaldaron los esfuerzos propagandísticos estadounidenses en Irak. Ya durante los años ochenta, el grupo elaboró propaganda de relaciones públicas para derrocar al presidente Manuel Noriega en Panamá. También dio forma al apoyo internacional en la primera guerra del Golfo, y en los años noventa contribuyó a formar el Congreso Nacional Iraquí. Rendon proporcionó las imágenes que ayudaron a generar respaldo para una guerra permanente contra el terrorismo, como el derribo de la estatua de Saddam Hussein, el heroico rescate de la soldado Jessica Lynch y dramáticos relatos sobre armas de destrucción masiva. Según documentos del Pentágono, entre 2000 y 2004 se firmaron treinta y cinco contratos con Rendon, por un valor total de entre cincuenta y cien millones de dólares.[254]

Antes de la primera guerra del Golfo, ya pudimos presenciar un espectáculo de propaganda por cortesía de Hill & Knowlton Strategies, de WPP. Los contrataron Citizens for a Free Kuwait, un grupo fachada creado por Hill & Knowlton con dinero kuwaití para promover la primera guerra contra Irak. En una de las campañas más extensas y eficaces de la historia, por la que acabaría percibiendo 10,8 millones de dólares, Hill & Knowlton encendió la indignación estadounidense contra Irak relatando en público crímenes atroces presuntamente cometidos por soldados iraquíes después de la invasión de Kuwait. Una joven llamada Nayirah afirmó, ante el Congreso y los telespectadores de todo el país, que había visto a «soldados iraquíes entrando en el hospital [kuwaití] con armas. Sacaban a los bebés de las incubadoras y les dejaban morir en el suelo».[255] Lo que no se dijo a la audiencia es que Nayirah era hija del embajador de Kuwait en Estados Unidos. Tampoco se explicó que su actuación había sido coordinada por la Casa Blanca y coreografiada por la compañía PRP estadounidense Hill & Knowlton en nombre del Gobierno kuwaití.[256]

David Altheide y Jennifer Grimes recogieron la historia de un grupo de estrategas neoconservadores reunidos en el Proyecto para el Nuevo Siglo Estadounidense que ayudó a planear la campaña propagandística para la segunda guerra de Irak.[257] Un reciente artículo periodístico de David Guth relata la historia del debate sobre propaganda y diplomacia, y se centra en las historias de omisiones y mentiras abiertas que empleó la Administración de George W. Bush para reunir apoyos para la guerra de Irak.[258]

Por definición, tanto la propaganda como las relaciones públicas pretenden cambiar el punto de vista del público, sus creencias y sentimientos acerca de temas, ideas y productos distintos. Ambos buscan alterar comportamientos e ideas entre las masas a favor de las prioridades de las instituciones que emprenden las acciones.

Varios expertos sostienen que las dos disciplinas son prácticamente idénticas.²⁵⁹ Según Corporate Watch:

> Compañías de relaciones públicas poderosas y persuasivas se aseguran de que las versiones y perspectivas procorporativas dominen la producción periodística. Empresas de PRP y otras agencias de *lobbying* corporativo consiguen que los mensajes favorables al mundo corporativo disfruten de un trato preferencial en los pasillos del poder. El resultado es un clima en el cual la prevalencia del mercado sobre cada vez más aspectos de nuestras vidas suele aceptarse como puro sentido común, en lugar de ser cuestionado por generar sufrimiento y desigualdad.²⁶⁰

Por su parte, Ryszard Lawniczak considera que esta perspectiva procorporativa se está extendiendo internacionalmente, otorgando a la industria de las relaciones públicas un papel global en la economía política del *marketing*.²⁶¹ Las compañías de PRP y los Gobiernos han empezado a solaparse cada vez más, especialmente desde los atentados del 11-S. Por ese motivo, cobra mucho sentido estudiar los efectos transnacionales de la propaganda y las relaciones públicas combinando ambas expresiones como una sola: «propaganda y relaciones públicas» (PRP).

Los Guardianes de la libertad, de Edward S. Herman y Noam Chomsky, publicado por primera vez en 1988, afirma que los medios de comunicación reflejan los valores y las preocupaciones de clase de sus propietarios y anunciantes porque están muy integrados en el sistema de mercado.²⁶² Según estos autores, los medios muestran un sesgo de clase corporativa a través de cinco filtros sistémicos: propiedad privada concentrada; una estricta orientación basada en los beneficios; una dependencia exagerada de las fuentes informativas gubernamentales y corporativas; una fuerte tendencia a no ofender a los poderosos; y una veneración casi religiosa de la economía de mercado, rotundamente opuesta a creencias e ideologías alternativas. Estos filtros limitan qué se convierte en noticia en la sociedad moderna y definen lo que es una cobertura aceptable de los acontecimientos diarios.

En una revisión de 2017 del modelo de propaganda, Edward Herman escribió, pocos meses antes de morir, que «los medios de comunicación *mainstream*» encuentran su comportamiento y actuación habituales en las estructuras y las relaciones corporativas dominadas por las élites, no en la recopilación de noticias de los periodistas ni ejerciendo el papel de vigilantes independientes al servicio del interés del público general.[263] Herman continúa señalando que el principal avance en los medios de comunicación dominantes en los últimos treinta años ha sido la aparición de Internet, que dinamitó la prensa impresa y provocó una reducción del sesenta por ciento del total de trabajadores en periódicos entre 1990 y 2016, además del descenso en los ingresos por publicidad de unos sesenta y cinco mil millones en el año 2000 a dieciocho mil millones de dólares en 2015. Alphabet (Google) ha sido el mayor beneficiado por los ingresos publicitarios de Internet: obtuvo más de setenta y cinco mil millones anuales según cálculos de 2016. Herman afirma que «estos gigantes de Internet (Google y Facebook) están metidos en el negocio de la vigilancia y el *marketing* (espionaje y venta)… Utilizan microtecnología para identificar y vender a los anunciantes dosieres enteros sobre hábitos, relaciones y gustos de una enorme cantidad de personas». Cabe señalar que los Gobiernos, las campañas políticas y las agencias de inteligencia persiguen también estos tesoros de información personal en el mercado.

La consolidación de los medios de comunicación y la expansión de las compañías de relaciones públicas y propaganda (PRP) dentro de los sistemas informativos del mundo actual han traído como consecuencia una forma deliberada de manejar ideológicamente las noticias. Los medios corporativos están estrechamente conectados con el sistema militar-industrial y las élites políticas de la clase corporativa transnacional estadounidense/europea/asiática, y dependen cada vez más de varias fuentes de noticias gubernamentales y de compañías PRP. Así, los informativos de veinticuatro horas de MSNBC, Fox y la CNN mantienen un contacto permanente con la Casa Blanca, el Pentágono y las compañías PRP, que representan tanto a Gobiernos como a corporaciones privadas.

Las tres grandes compañías PRP mundiales, WPP, Omnicom Group e Interpublic Group contribuyen de manera activa a la hegemonía total del capitalismo en el mundo actual. Las empresas PRP y sus socios mediáticos corporativos trabajan para Gobiernos, corporaciones y organizaciones no gubernamentales (ONG), en un incesante abuso ideológico de las mentes de las masas en todo el planeta. Sus mensajes incitan a comprar y consumir productos materiales constantemente, a desear cada vez más una vida de lujos, a tener miedo del otro (terroristas, criminales y cualquier persona percibida como amenaza), a apoyar los Estados policiales, a aceptar una guerra permanente contra el terrorismo y la noción de que las corporaciones privadas son un elemento esencial de la democracia. A esto se refiere Noam Chomsky cuando habla de consenso manufacturado y desfile de enemigos.[264]

La industria de las PRP genera constantemente productos que ponen en peligro al ser humano. Estas compañías proporcionan sus servicios para mejorar la imagen de marca de numerosos productos farmacéuticos, tabaco, alcohol, comida basura («caprichos» azucarados, salados y grasos) en todo el mundo. Al examinar la lista de clientes de las tres grandes compañías PRP que siguen, se hace evidente que las comidas insanas son de los productos más anunciados en todo el planeta. Asimismo, debería señalarse que los gigantes también tienen grandes inversiones en productos nocivos. En 2017, invirtieron un total de 49.800 millones de dólares en Phillip Morris, la mayor compañía tabaquera del mundo: Vanguard Group (11.800 millones de dólares), BlackRock (9.700 millones), Capital Group (8.100 millones), Staate Street (6.000 millones), Bank of NY Mellon (3.400 millones), Bank of America (3.100 millones), Fidelity Investments (FMR) (2.200 millones), Morgan Stanley & Co. (1.800 millones), JP Morgan Chase (1.700 millones), Goldman Sachs Group (768 millones), UBS (317 millones), Credit Suisse (305 millones), Prudential Financial (267 millones), Barclays plc (197 millones), Allianz SE (PIMCO) (87 millones) y AXA Group (51 millones).

Los siguientes datos de las tres grandes compañías de relaciones públicas y propaganda se han reunido a través del estudio de centenares de páginas web que ellos mismos controlan. Es una visión unificada de las principales marcas, agencias y servicios de Omnicom Group, WPP e Interpublic Group. La mayoría de los gigantes financieros invierten en al menos una de las tres grandes empresas PRP. A menudo, en todas ellas.

Omnicom Group

Radicada en la ciudad de Nueva York, Omnicom Group tuvo unos ingresos anuales de 15.200 millones de dólares en 2017, y cuenta con más de setenta y cuatro mil empleados en más de doscientas agencias que representan a un grupo de sucursales, filiales y agencias prácticamente dependientes como BBDO Worldwide, DDB Worldwide, TBWA Worldwide, Integer y Zimmerman & Partners, así como FleishmanHillard, GSD&M, Merkley & Partners o Rapp Worldwide, que entran dentro de la Agencia de Servicios Diversificados. El grupo está representado en el Consejo de Relaciones Exteriores de Estados Unidos.[265]

Los orígenes de Omnicom Group se remontan a 1891, cuando Geroge Batten abrió George Batten Co. en la ciudad de Nueva York. Al año siguiente, contrató de ayudante a William Johns. Este se convertiría en el primer presidente de la Asociación Estadounidense de Agencias de Publicidad. Tras la muerte de Batten en 1918, ocupó la presidencia de Batten Co. BDO surgió cuando Bruce Barton, Roy Durstine y Alex Osborn se conocieron durante una campaña benéfica de United War Work. En 1928, se fusionó con la agencia Batten de George Batten. El grupo se llamó Batten, Barton, Durstine & Osborn (BBDO), y siguió expandiéndose por el mundo; se fusionó con otras agencias PRP hasta formar Omnicom Group en 1986. En 1991, los ingresos del grupo alcanzaron los mil doscientos millones de dólares y han seguido aumentando año tras año. En la actualidad, Omnicom trabaja para más de cinco mil marcas en todos los sectores de productos y servicios, y la corporación cuenta con más de mil quinientas agencias en más de cien países.

Entre los gigantes mundiales que invierten en Omnicom Group se encuentran BlackRock (1.250 millones de dólares), Vanguard Group (1.240 millones), State Street (669 millones), Bank of NY Mellon (363 millones), Goldman Sachs Group

(166 millones), Bank of America (104 millones), UBS (94 millones), Morgan Stanley & Co. (39 millones), Prudential Financial (36 millones), Barclays plc (32 millones), Credit Suisse (30 millones), AXA Group (15,5 millones), y JP Morgan Chase (13,4 millones). La inversión total de los gigantes mundiales en Omnicom Group asciende a 4.060 millones de dólares.

CEO de Omnicom Group: **John Wren**, Estados Unidos. **JC.** CEO de Omnicom Group. **EA:** DDB Needham Worldwide, Arthur Anderson, Macy's, Norton Sumon Inc. **CP:** Consejo de Negocios Internacionales del Foro Económico Mundial; director del Lincoln Center; miembro del Consejo de Administración en el St. Luke's-Roosevelt Hospital Center, Beth Israel Medical Center. **E:** Adelphi University (BA, MBA). **F:** salario en Omnicom Group de 23 millones de dólares (2016); patrimonio neto de 71 millones de dólares (2017).

PRINCIPALES CLIENTES DE OMNICOM GROUP

Gobiernos y organizaciones subvencionadas por Gobiernos
Alberta, Barcelona, Brasil, Columbia Británica, Brooklyn, Agencia de Financiación de la Vivienda de California, Loterías de California, Chicago, Departamento de Turismo y Marketing Comercial de Dubái, Ecuador, Egipto, Georgia (país), Houston Airport System, Lotería del Estado de Illinois, Organización de Turismo de Corea, Librería del Congreso de Estados Unidos, Los Ángeles, Mauricio, México, Condado de Miami-Dade, Montreal, Nueva Orleans, Departamento de Policía de Nueva York, Autoridad de Desarrollo e Investigación Energética de Nueva York, Nicaragua, Nigeria, Perú, Portugal, Catar, República del Congo, Royal Brunéi Airlines, España, Comisión de Tráfico de Toronto, Turismo de Nueva Zelanda, UNICEF, United States Mint, Viena, Departamento de Salud del Estado de Washington, Veterans Affairs, Zúrich.

ONG, organizaciones sin ánimo de lucro y universidades
Ad Council, Alcoa Foundation, Almond Board of California, American Academy of Actuaries, American Chiropractic Association, American International University, American Lung Association, American Petroleum Institute, American Public

Transportation Association, American Red Cross, Argosy University, Big Brothers Big Sisters, Boy Scouts of America, California Endowment, California Raisin Marketing Board, California Table Grape Commission, Campaign for Tobacco-Free Kids, Canadian Cancer Society, Canadian Nuclear Association, Canadian Tourism Commission/Destination Canada, Cancer Research UK, Centers for Disease Control and Prevention, Cincinnati Children's Hospital, College of the Holy Cross, Cornell University, Consejo de Relaciones Exteriores (CFR), David and Lucile Packard Foundation, Democratic Governors Association, Médicos Sin Fronteras, Ford Foundation, Howard Jarvis Taxpayers Association, Howard University, Impact Iran, Federación Internacional Farmacéutica, James Irvine Foundation, John F. Kennedy Center for the Performing Arts, Kaiser Foundation Health Plan/Kaiser Foundation Hospitals, Lupus Foundation of America, Montanans for Free and Fair Elections, Mount Sinai Medical Center, Aeropuerto de Múnich, National Association of Broadcasters, National Audubon Society, National Breast Cancer Foundation, National Catholic Health Council, National Hockey League, Pew Research Center, Robert Wood Johnson Foundation, Rockefeller Foundation, Rotary International, Ryukoku University, Salvation Army, San Francisco Bowl, Special Olympics, Sundance Institute, Sydney Opera House, Telecom Italia, Tony Awards, United Nations Foundation, University of California, Berkeley, University of Phoenix, University of Washington, Vancouver Convention Centre, Banco Mundial, Organización Mundial de la Salud, YMCA.

Principales corporaciones y marcas
3M, 7-Eleven, 7 Up, A&E Network, AAA, Adidas, Adobe, Aetna, AirAsia, Air France, Alaska Airlines, Albertsons, Alka-Seltzer, American Airlines, American Express, Amstel, Anheuser-Busch, Apple, Arby's, Argos, Arm & Hammer, Arthur Andersen, Aspen Pharmacare Holdings, AT&T, Bacardi, Bank of America, Barnes & Noble, Bayer, Ben & Jerry's, Berkshire Hathaway, Best Buy, Best Western, BlackBerry, BlackRock, Blue Diamond Almonds, BMW, Bose, Bridgestone, British Airways, Burger King, Cadillac, Campbell's, Canadian Pacific Railway, Canon, Capital One, Captain Morgan, Carta Blanca

(cerveza), Chase Bank, Cheetos, Chevrolet, Chrysler, Cîroc, Cisco, Citibank, Clorox, Coca-Cola, Colgate, Comcast, ConocoPhillips, Converse, Coppertone, Corning, Costco, CoverGirl, Crown Royal, CVS Pharmacy, De Nederlandsche Bank, Dick's Sporting Goods, DIRECTV, Dole, Downy, Dr Pepper, Dreyer's, Dunlop, Duracell, eBay, The Economist, Embassy Suites by Hilton, Equinox Fitness, ESPN, ExxonMobil, Facebook, FedEx, Ford, Fry's Electronics, G4S, Gatorade, Genentech, General Electric, General Mills, Gillette, Glad, Godiva, Goodyear, Google, Gucci, H&R Block, Haagen-Dazs, Hallmark, Hampton Inn, Harley-Davidson, HBO, Head & Shoulders, Heineken, Heinz, Hennessey, Hertz, Hilton, Holiday Inn, Horizon Organic, Hormel, Hovis Bakery, HP, Humana, Hyatt Hotels, Hyundai, IBM, IKEA, Ingersoll Rand, Instagram, Intel, Jack Daniel's, JCPenney, Jeep, Johnnie Walker, Johnson & Johnson, Kellogg's, Kia, Kimberly-Clark, Kleenex, Kmart, Kotex, Land Rover, Lay's, Levi's, Lexus, Lowe's, Macy's, Madison Square Garden, Major League Baseball, Marathon Oil, Marriott Hotels, Mars (chocolatinas), Marshalls, MasterCard, Maxwell House, Mazda, McDonald's, McGraw-Hill, Mercedes-Benz, Merck, Microsoft, MillerCoors, Mitsubishi, Monsanto, Morgan Stanley, Motorola, National Car Rental, NBC, Nestea, Nestlé, Netflix, Newcastle Brown Ale, Newman's Own, Nice'N Easy, Nickelodeon, Nike, Nintendo, Nissan, Nokia, Novartis, Panasonic, Panda Express, PayPal, Peet's Coffee, Pepsi, PetSmart, Pfizer, PG&E, Philips, Pizza Hut, PlayStation, PNC Bank, Popeyes, Porsche, Prada, Procter & Gamble, Quaker, RadioShack, Ritz Crackers, Rolex, Safeway, Saks Fifth Avenue, Sam's Club, Samsung, Sears, Sharp, Siemens, SiriusXM Radio, Smirnoff, Sol (cerveza), Sony, Southwest Airlines, Sprint, Staples, Starbucks, State Farm, Subaru, Subway, Sun Life, Tanqueray, Target, Telenet, Tesla, Teva, Thai Airways, Thomson Reuters, Thrifty Car Rental, Tide, Time Warner Cable, T-Mobile, TNT (cadena de televisión), Toshiba, Toyota, Toys'R'Us, Twitter, Uncle Ben's, Unilever, United Airlines, UPS, US Bank, Verizon, Virgin, Visa, Volkswagen, Walgreens, Wall Street Journal, Walmart, Walt Disney Company, WellPoint/Anthem, Wells Fargo, Wendy's, Western Union, Whirlpool, Whole Foods, Williams-Sonoma, Wrigley, Yahoo, YouTube, Zenith, Ziploc.

WPP

WPP es un conglomerado de más de ciento veinticinco importantes compañías de relaciones públicas y *marketing*, en campos que incluyen la publicidad, la gestión de inversiones mediáticas, el *consumer insight*, el *branding* e identidad, las comunicaciones, la promoción digital directa y el *marketing* relacional. Radicado en Londres, sus ingresos anuales en 2017 ascendían a 21.100 millones de dólares. Da empleo a unas ciento noventa mil personas en tres mil oficinas en ciento doce países y es un socio estratégico del Foro Económico Mundial.

WPP se formó en 1985 cuando Martin Sorrell se hizo con el control de una sociedad pantalla llamada Wire & Plastic Products plc. En 1986 realizó sus primeras adquisiciones, y compró diez compañías de servicios de *marketing* antes de acabar el año. En 1987, WWP adquirió la agencia J. Walter Thompson; en 1989, el grupo Ogilvy.[266] Entre 2000 y 2002, adquirió Young & Rubicam Group y Tempus Group plc, y siguió invirtiendo en una serie de negocios chinos y de otros países asiáticos. El conglomerado sigue extendiendo sus tentáculos por medio de adquisiciones, empresas conjuntas y asociaciones, con inversiones en China, Brasil, Singapur, el Reino Unido y Estados Unidos. Entre las principales filiales de WPP se encuentran Blanc & Otus, Burson-Marsteller, Cohn & Wolfe, Dewey Square Group, Finsbury, Grey Group, Hill & Knowlton, National Public Relations y Ogilvy Public Relations.

A pesar de que la mitad de las ciento veinticinco páginas web de las filiales de WPP solo mencionan a parte de su clientela (si es que les nombran), muchas se jactan de sus clientes más importantes. WPP representa a varios miles de marcas en todo el mundo. La lista que incluimos a continuación solo es una muestra de ellas, y ha de servir para dar al lector una idea de hasta qué punto han penetrado en los medios, los Gobiernos y el mercado capitalista global.

En 2017, el principal inversor en WPP fue Harding Loevner LP (44.800 millones de dólares gestionados), con 1.600 millones de dólares. David Loevner, CEO y fundador de Harding Loevner LP, era director gerente de Rockefeller & Co. (16.900 millones de dólares en gestión de activos). Ese año, Northern

Trust de Chicago (más de 900.000 millones de dólares gestionados) fue el segundo mayor inversor en WPP, con 1.290 millones de dólares. Entre los gigantes financieros que invierten en WPP también se encuentran Bank of America (56 millones de dólares), JP Morgan Chase (214 millones), Allianz SE (PIMCO) (112 millones), UBS (61 millones), Goldman Sachs Group (54 millones), Bank of New York Mellon (18,6 millones) y State Street (3,4 millones).

CEO de WPP: **sir Martin Sorrell**, Reino Unido. **JC**: CEO de WPP. **EA:** Wire and Plastics, Products. **CP**: Centre for International Business and Management (University of Cambridge), Consejo para la Excelencia en Gestión y Liderazgo (Reino Unido), Foro Económico Mundial; gobernador de la London Business School; director de Asesores del Decano de la Harvard Business School; presidente de Media.NYC.2020; miembro del Consejo de Administración del British Museum. **E:** University of Cambridge (BA), Harvard Business School (MBA). **F:** patrimonio neto 595 millones de dólares (2017); caballero de la Orden del Imperio Británico.

Según un reportaje de la CNBC que se hizo desde Davos el 17 de enero de 2017:

Sir Martin Sorrell, director de WPP, creía que el Reino Unido permanecería en la Unión Europea y auguraba que Hillary Clinton ganaría las elecciones. Sin embargo, admitió que sus predicciones se habían «quedado algo cortas y ofreció sus reflexiones sobre por qué el mundo, especialmente la comunidad empresarial, se había equivocado con ellos».

«Hablamos entre nosotros dentro de esta burbuja de Davos, y luego escuchamos el eco en la cámara de resonancia de Londres, y esa es una realidad de los liberales de la costa este y de la costa oeste», comentó en una entrevista televisiva para la CNBC en el Foro Económico Mundial, y luego añadió que muchos asistentes al evento estaban «claramente desconectados».

«En lo que respecta a sus empresas, su regulación y a la intervención, creo que la mayoría de las industrias preferirían un camino más republicano…, así que la cuestión es por qué se equivocaron los sondeos. Porque nadie les dijo la verdad.»

Sorrell dijo que espera que las políticas de gasto en infraestructuras de Trump, sus recortes tributarios y la repatriación de capital del extranjero serán positivos para la economía estadounidense en los próximos dos o tres años. Sin embargo, el director ejecutivo de WPP también advierte sobre el escaso crecimiento actual.

Estamos en un mundo de incertidumbre, de bajo crecimiento, de muy escasa capacidad de fijar precios, porque hay muy poca inflación..., y al final eso causará un problema antes de las próximas elecciones presidenciales», explicó a CNBC.[267]

PRINCIPALES CLIENTES DE WPP

Gobiernos y organizaciones subvencionadas por Gobiernos
Fuerza de Defensa Australiana, BBC, BC Hydro, British Council, British Library, British Olympic Association, Citizens Information Board (Dublín), Disability Federation of Ireland, Dubai Food Festival, Dubai Shopping Festival, Fáilte Ireland, Ministerio de Turismo de India, Insolvency Services of Ireland, Fondo Monetario Internacional, Jordania, Kansas City Union Station, Lobbying (organismo regulador del *lobbying* en Irlanda), Loterías de Minnesota, OTAN, Museo de Historia Natural de Londres, Lotería Estatal de Nueva Jersey, Comisión de Referéndum (Irlanda), Juegos Olímpicos de Río 2016, Royal Mail, Departamento de Turismo de Tennessee, UNICEF, USPS, US Marine Corps, Departamento de Estado de Estados Unidos, Loterías de Washington.

ONG, organizaciones sin ánimo de lucro y universidades
AARP, Amsterdam Gay Pride, Australian Museum, Universidad de Bangor, Bath Rugby, Beirut Digital District, British Lung Association, Campaign for Tobacco-Free Kids, Canadian Breast Cancer Foundation, Clinton Foundation, Asociación Danesa de Fútbol, DeVry University, English Athletics, GB Rowing Team, Global Entrepreneurship Summit, Comité Olímpico Internacional, Irish Blood Transfusion Service, Irish Cancer Society, James Beard Foundation, Jewish Colorado, LTA British Tennis, Mobile World Congress, Museum of London, National September 11 Memorial and Museum, Natio-

nal Standards Authority of Ireland, NFL, Obama for America, Open Connectivity Foundation, Population Services International (organización sanitaria mundial), The Prince's Trust, Psykiatrifonden (salud mental danesa), Rotary Club, Royal Institution of Chartered Surveyors, Sons of Norway, Strayer University, Trinity College Dublin, University of Wales, Foro Económico Mundial, World Rugby, Wounded Warrior Project, Youth Sports Trust (Reino Unido).

Principales corporaciones y marcas
3M, 7-Eleven, A&W Restaurants, Abbot Downing (banco de Wells Fargo para particulares con más de cincuenta millones de dólares), Absolut, Adidas, Adobe, Advertising Age, Aetna, Allegheny Health Network, Allegiance Health, Allstate, Amazon, American Express, American Swiss (joyería), Amtrak, ANGA (America's Natural Gas Alliance), AOL, Argos, Ascot (carreras de caballos), Ask.com, AstraZeneca, Audi, Avis, Avon, AXA Life Invest, Bank of America, Bank of England, Bankers Life, Barclays, Baxter International, Bayer, Belvedere Vodka, Bentley, Berghaus, Best Buy, BG Group, Blinkbox (películas online), Blue Cross Blue Shield Association, BMW, Boeing, Bose, Boxfresh, British American Tobacco, British Gas, British Land, Britvic (refrescos), Brown-Forman (whisky), Budweiser, Bulleit Bourbon, Bupa (seguro de salud chino), Cadillac, Campbell's, Canon, Capital One, Cargill, Carlsberg (cerveza), Carphone Warehouse, Castle Lite (cerveza), CBS, Chase Bank, Chivas Regal, Choice Hotels, Cirque du Soleil, Cisco, Citibank, Citroën, Club Orange, CNN, Coca-Cola, Colgate, Comcast, Commonwealth Bank, Converse, Crayola, Credit Suisse, Dailymotion, Danone, Darden Restaurants, Dasani, Datalex (venta online), Del Monte, Dell, Direct Energy (compañía de gas y electricidad estadounidense), DirecTV, Discover, Disney, Downy, Ducati, Dunkin'Donuts, Dunlop, DuPont, ECCO (zapatos), European Tour (golf), Eurostar, EVA Air (líneas aéreas taiwanesas), Evans Cycles (bicicletas británicas), Facebook, Fanagans Funeral Directors, Fanta, Ferrari, Ferrero (chocolate y galletas), Fiat, Finansbank, Fine Gael, Finlandia Vodka, Florida Orange Juice Advertisements, Forbes, Ford,

Gap, General Electric, General Mills, Genesis Luxury Cars, Geocon (ingeniería), Gillette, Ginsters (pasteles de carne), GlaxoSmithKline, Glenlivet, Golden Globes, Goodyear, Google, Premios Grammy, Grey Goose (vodka), GroupM (grupo de inversión de WPP: cien mil millones de dólares), Halls, Hasbro (juguetes), Hawaiian Airlines, Hawaiian Gardens Casino, Healthline Networks, Hearst, Heineken, Hennessy, Hershey's, Hertz, HIHO, Hobart (electrodomésticos), Holiday Inn, Hollywood Fashion Secrets, Home Depot, Honda, Honeywell, Hootsuite (administración de redes sociales), Hotel Tonight, HSBC, Hyundai, IKEA, Imperial Tobacco, Infiniti, Intel, Intelligent Energy (tecnología energética), Interpublic Group, iProspect (medios digitales), Ipsen (grupo farmacéutico mundial), Irish Examiner, Isuzu, J&B Scotch, Jack Daniel's, J.germeister, Jaguar, Japan Tobacco International, Johnnie Walker, Johnson & Johnson, Kellogg's, Kentucky Fried Chicken, Kenwood, Khashoggi Holding, Kimberly-Clark, Kmart, Kraft, Kubota, L. L. Bean, Lady Speed Stick, Lamborghini, Levi's, LexisNexis, Lexus, Lincoln, L'Oréal, Lotus Cars, Lowe's, Lumber Liquidators, Luxgen (fabricante automovilístico taiwanés), Macy's, MasterCard, Match.com, Mattel, Maxim, Mazda, McDonald's, Med 4 Home (tratamientos para enfermedades respiratorias), Merck, Microsoft, MillerCoors (cerveza), Mitsubishi, Mobile Marketer, Moccona (café), Mondelēz International (aperitivos), Monsanto, Motorola, MTM, Mundipharma International, NBC, Nedbank, Nestea, Nestl., Netmarble (juegos online), Network Rail (Reino Unido), New York Life Insurance Company, Nextel, Nike, Nissan, Nobia (cocinas), Nokia, Novant Health, Novartis, Nu Finish, Office Depot, Olay, Old Spice, Opel, Oracle, P&G, Panasonic, Penguin Random House, Pentland Group (*marketing* deportivo mundial), PepsiCo, Pernod Ricard, Peroni (cerveza), Pfizer, PGA Tour, Pond's (cosmética), Popular Science, Porsche, Pringles, Prudential, Qudrah National Holding (inversión saudí), Quicken Loans, RBS, Red Bull, Reebok, Renault, Reverie, Revlon, Rite Aid, Roche Pharmaceuticals, Rockwell Automation, Rolls-Royce, Royal Exchange Theatre, Russian Standard Vodka, Safeway, Samsung, SAP, Saxo Bank, Scania, Schick, Schwan's (productos de alimentación), ScoreSense (créditos), Sears, Seattle Seahawks, Shell, Siemens, Silk (bebidas), Smucker's, Snapfish (fotografía online), SnipSnap, Sony, Soreen, South African Airways, Southern Comfort, Speedo, Sprite, Standard Bank, Standard Life, Staples, Starbucks, Stoli Vodka, Stouffer's, Subway, Sunbites, Super 8 Motels, Swisscom, Symantec (ciberseguridad), Tang, Target, Taste Inc., Tesco (productos alimentación del Reino Unido/Internacional), The North Face, The Partners (estrategia de marca), *The Times*, Tidal (plataforma de música), Time, T-Mobile, Toyota, Travel Republic, Travelocity, Travelodge, UBS, Unilever, United Bankers' Bank, Universal, U.S. Bank, USA Today, Valspar, Vans, Vaseline, Verizon, Viacom, Vimeo, Visa, Vitaminwater, Volkswagen, Volvo, Wall Street Journal, Warner Brothers, *Washington Post*, Weight Watchers, Wells Fargo, Western Digital (discos duros), Wrigley, Wyeth, Xactly (*software* basado en la nube), Xaxis (medios digitales), Xbox, Xfinity, Xoom (transferencias de dinero), Yahoo, YOU Technology (cupones digitales), Zurich Insurance.

Interpublic Group

Radicada en la ciudad de Nueva York, Interpublic Group (IPG) tuvo unos ingresos anuales de 7.900 millones de dólares en 2017, y cuenta con casi cincuenta mil empleados en ochenta y ocho agencias distribuidas por todo el mundo. IPG está representada en la Mesa Redonda de Empresarios (Business Roundtable) de Estados Unidos. Trece gigantes mundiales invierten en ella: Vanguard Group (825 millones de dólares), BlackRock (727 millones), State Street (350 millones), Goldman Sachs Group (199,9 millones), Bank of America (172 millones), Bank of NY Mellon (116 millones), Capital Group (84,5 millones) (cuatro fondos), Amundi/Crédit Agricole (39 millones), Morgan Stanley & Co. (26,6 millones), JP Morgan Chase (12,9 millones), Prudential Financial (12,2 millones), Allianz SE (PIMCO) (9,7 millones), y Barclays plc (6,9 millones).

CEO de Interpublic: **Michael I. Roth**, Estados Unidos. **JC:** Pitney Bowes, Ryman Hospitality Properties; presidente y CEO de Interpublic Group. **EA:** The MONY Group, Director: NY City Investment Fund Manager. **CP:** Ad Council, Lincoln Center, Business Roundtable, The Partnership for New York City, Committee Encouraging Corporate Philantropy, Director: Baruch College Fund. **E:** City College of NY (BA), NYU (LLM), Boston University (JD). **F:** salario en Interpublic Group de 17,9 millones de dólares (2016); acciones de Interpublic Group: 1,15 millones - 23,2 millones de dólares

PRINCIPALES CLIENTES DE INTERPUBLIC GROUP

Gobiernos y organizaciones subvencionadas por Gobiernos
Boston 2024 Partnership (candidatura para los Juegos Olímpicos), Lotería Estatal de California, Aeropuerto de Copenhague, Covered California, Ministerio de Comercio Exterior y Turismo de Perú, Puerto de Corpus Christi, UNICEF, Ejército de Estados Unidos.

ONG, organizaciones sin ánimo de lucro y universidades
Ad Council, American Red Cross, Bayer HealthCare, BJC HealthCare, Fuels America (renovables), Kaiser Foundation Health Plan/Kaiser Foundation Hospitals, National Cancer Institute, National Trauma Institute, NCAA Football, Open Space Institute, Fundación Peruana del Cáncer, Pew Charitable Trusts, Society of Actuaries, St. John Ambulance, Tata (maratones), United for Peace and Justice, University of Alabama, University of Pittsburgh Medical Center, University of Southern Mississippi, Universidad de Ingeniería y Tecnología (UTEC) (Perú).

Principales corporaciones y marcas
4C (*marketing* social), ABC, Acava (zumos), Adelphic (publicidad), ADmantX (publicidad online), Airbus Group, Amazon, American Standard, American Superconductor, AOL, Applebee's, Atlas Support, Bang & Olufsen (televisores de alta gama), BBC America, Bertolucci (relojes), Betty Crocker, Bisquick, BJ's Restaurants, BJC HealthCare, BMW, Boehringer Ingelheim (farmacéutica), Brand Networks (*marketing* social), British Airways, Cadbury, Carrera Y Carrera (joyería), Carrick Brain Centers, Chevrolet, Cisco, Clorox, Coca-

Cola, Coffee-Mate, Columbia Records, Comfort Inn, comScore (medición mediática), Cross Pixel (datos de audiencia), Crunch Chocolate, Daiichi Sankyo (farmacéutica mundial), Datonics (datos de audiencia), Denny's, Depomed (farmacéutica), Dr. Phil, Dynamic Glass, eBay, Electronic Arts (videojuegos), Eli Lilly (farmacéutica), Entertainment Tonight, EQUS (golf), ESPN (Latinoamérica), Expedia, Experian (informes de crédito), ExxonMobil, Eyeota (datos de audiencia), Facebook, Factual (gestión de datos), Genentech, General Mills, General Motors, Gilead, GlaxoSmithKline, GOJO (productos online), Hamburger Helper, Hot Pockets, Hyundai, IAG Cargo, iHeartRadio, IMS Health, Inside Edition, Intel, Janssen Pharmaceuticals, Johnson & Johnson, Juicy Juice, Kaiser Permanente, Kaspersky Labs (software de seguridad ruso), Kia Motors, Kohl's, Kwekkeboom (aperitivos holandeses), Lancel (equipajes), LG Electronics, Linde North America (gas), LinkedIn, LNS Med, Luxury Finder (ventas online), Machinima (plataforma de juegos), Marriott Hotels, MasterCard, McDonald's, Mercedes-Benz, Merrimack Pharmaceuticals, MGM Mirage Resort & Casino, Microsoft, Nature Valley, NBC, NCR, Nesquik, Nestl., New York Sports Club, Nielsen, Nintendo, Noble Energy, Norse (ciberseguridad), Ocean Spray, Oracle BlueKai, Ormat Nevada (geotermia), Patrón, Peer39, Pfizer, Pine-Sol, Purina, Roche, Rocket Fuel, Samsung, Sierra Trading Post (ropa en línea), Simple Mobile, Sony, St. Regis Hotels & Resorts, Stouffer's, Subaru, Tesco, The Insider (noticias sobre espectáculos), The Trade Desk, Tiffany & Co., Triad Retail Media, TubeMogul (*software*), Tumi (equipajes), TurboTax, TVTY (*marketing* en línea), Twitter, Unilever, US Bank, VisualDNA (datos de audiencia psicográfica), William Hill (apuestas en línea), Yahoo, Zenith, Zippo

Según el grupo TNS, que pertenece a WPP:

> Las necesidades de los ciudadanos están cambiando rápidamente. Las políticas gubernamentales y los programas sociales tienen que responder a esas necesidades cambiantes. Y, en la era de la incertidumbre económica, cada vez hay más presión sobre Gobiernos, partidos políticos y ONG por una mayor responsabilidad en el gasto. TNS tiene la principal unidad de investigación política y social en

el mundo. Con más de quinientos investigadores sociales en más de cuarenta países, TNS Political & Social disfruta de una situación privilegiada para llevar a cabo estudios sobre cualquier asunto social, en cualquier circunstancia. Ayudamos a las personas que toman las decisiones en un amplio grupo de áreas políticas: salud, educación, servicios sociales, medioambiente, mercado laboral, política familiar, transporte público, seguridad vial, justicia, integración comunitaria, entre otras muchas. Ofrecemos asesoramiento estratégico a partidos políticos durante las elecciones y llevamos a cabo sondeos sociales en muchos países de todo el mundo.[268]

En una página web titulada «Understanding and Influencing Washington» (Comprender e influir en Washington), el grupo Glover Park (GPR), también propiedad de WPP y ubicado en Washington D. C., señala que:

Ninguna otra compañía es tan eficaz a la hora de conseguir resultados políticos para sus clientes. Conocemos los temas a la perfección. Tenemos décadas de experiencia con el Gobierno, desde los pasillos del Congreso hasta los más altos niveles de las Administraciones demócrata y republicana. Entendemos de un modo fundamental a las personas que toman las decisiones hoy en día y qué les impulsa... El grupo de Asuntos Gubernamentales de GPG ayuda a sus clientes a desarrollar y poner en práctica estrategias reguladoras para conseguir sus objetivos en Washington, a todos los niveles y en todas las ramas y agencias del Gobierno.[269]

Sin llegar a mencionar las marcas a las que promocionan, Suddler and Hennessy de WPP afirma en su página web que llevan setenta y cinco años vendiendo «drogas».[270]

La consolidación de los medios de comunicación corporativos ha abierto la puerta al surgimiento de las compañías de PRP como organizadoras de información y noticias globales. Las noticias de los medios corporativos adoptan un papel cada vez más secundario y dependiente ante los eventos de prensa gubernamentales y de las compañías PRP. El mundo actual se enfrenta a un imperio mediático de propaganda y relaciones públicas tan poderoso y complejo que la verdad está ausente casi siempre o se transmite en segmentos inconexos, sin apenas contexto histórico. El resultado es información gestionada por Gobiernos y compañías PRP (a menudo interconectados) que divulgan historias concretas para fomentar el apoyo público y no cubren deliberadamente noticias que podrían socavar objetivos capitalistas corporativos.

Las compañías de PRP proporcionan una variedad de servicios a importantes corporaciones e instituciones en todo el mundo. Entre ellas está la potenciación de marca y las ventas, pero las opciones son muchas más, e incluyen investigación y gestión de crisis para corporaciones y Gobiernos o posicionamiento de medios corporativos. Hill & Knowlton, de WPP, alardea orgullosamente en su página web de dar servicio al cincuenta por ciento de las empresas de la Fortune Global 500 desde sus oficinas, distribuidas en cuarenta países.[271] La colaboración entre Hill & Knowlton, de WPP, y Fleishmann-Hillard, de Omnicom, ha sido fundamental para Monsanto a la hora de proteger su marca Roundup, declarado «probablemente cancerígeno» por la Organización Mundial de la Salud al contener glifosato. Roundup es el herbicida más utilizado en el mundo, vendido en más de ciento treinta países. A medida que los países empiezan a restringir su uso, las compañías de propaganda y relaciones públicas se preparan para proteger los beneficios de Monsanto.[272]

Hill & Knowlton también es famosa por su colaboración con el Consejo para la Investigación del Tabaco (Council for Tobacco Research), creado en 1954 para contrarrestar un informe del *Reader's Digest* de 1952 que vinculaba el tabaquismo con el cáncer. En 1993, el *Wall Street Journal* describió al Consejo como «una de las campañas de desinformación más largas de la historia empresarial de Estados Unidos».[273]

Otra empresa del conglomerado WPP, Burson-Marsteller, creó un grupo de presión llamado Global Climate Coalition (Coalición del Clima Global) en 1989, un proyecto que duraría hasta 2001.[274] Se formó para ayudar a las industrias petroleras y automovilísticas a restar importancia a los peligros del calentamiento global; entre los miembros iniciales estaban Amoco, American Petroleum Institute, Chevron, Chrysler, Exxon, Ford, General Motors, Shell y Texaco. En 1998, Burson-Marsteller también formó Californians for Realistic

Vehicle Standards, otro grupo de presión contra las restricciones impuestas sobre las emisiones de los vehículos.[275] Hoy en día, las compañías de PRP siguen creando u ofreciendo sus servicios a grupos de presión que pretenden bloquear regulaciones de seguridad pública o leyes progresistas que podrían interferir en beneficios corporativos.

Global Counsel, empresa consultora de WPP, proporciona a inversores asesoría sobre riesgos, regulaciones y formulación de políticas en varias regiones de todo el mundo. En un reciente informe, describían los resultados de la décima reunión de la Organización Mundial del Comercio en Nairobi, Kenia, celebrada en diciembre de 2015, como «el paquete de reformas más significativo que se ha acordado nunca en el comercio de productos agrícolas». Dos puntos clave en los acuerdos fueron la reducción de precios y la expansión del comercio libre.[276] En otro informe publicado en su página web, Global Counsel ofrece información detallada sobre la inversión de capital privado en África.

CONTRATOS DE COMPAÑÍAS PRP CON GOBIERNOS

La industria de la propaganda y las relaciones públicas ostenta un poder significativo. La facilidad con la que el pueblo estadounidense aceptó la invasión de Irak fue consecuencia de un esfuerzo concertado entre el Gobierno, contratistas del Departamento de Defensa, compañías PRP y los medios corporativos transnacionales. Las relaciones públicas y la propaganda resultaron fundamentales para vender la guerra de Irak de 2003.[277] Estas instituciones son las instigadoras y principales beneficiarias de una guerra permanente contra el terrorismo. A través de sus contactos con la industria PRP, segmentos importantes y bien financiados de la élite del poder y del estado de seguridad nacional de Estados Unidos cuentan con las herramientas necesarias para hacer llegar su propaganda una y otra vez al público estadounidense y mundial, hasta el punto de que sus mensajes acaban convirtiéndose en obviedades y en algo así como «sabiduría común». Lo que nunca se dice en los prolegómenos de una guerra es que ofrecerá un uso rentable del capital excedente a los gigantes financieros.

Entre 2007 y 2015, el Gobierno federal de Estados Unidos gastó más de cuatro mil millones de dólares en servicios de propaganda y relaciones públicas.²⁷⁸ Estados Unidos tiene 3.902 empleados de relaciones públicas en ciento treinta y nueve agencias. Dos mil doscientos millones de dólares van a parar a compañías externas en prestaciones de propaganda y relaciones públicas, encuestas, investigación y asesoría de mercado.²⁷⁹ Entre las más importantes compañías PRP del mundo, que cosecharon decenas de millones de dólares en beneficios solo en 2014, se encuentran Laughlin Marinaccio & Owens (87,98 millones de dólares),²⁸⁰ Young & Rubicam de WPP (57,5 millones), Ogilvy Public Relations de WPP (47,93 millones), FleishmannHillard de Omnicom Group (42,4 millones) y Gallup (42 millones). En 2005, Burson-Marsteller, de WPP, consiguió un contrato de 4,6 millones de dólares con el Departamento de Seguridad Nacional estadounidense para concienciar y preparar a la ciudadanía para una emergencia importante, un desastre o un ataque terrorista en Washington D. C.²⁸¹

Como señala Johan Carlisle en *CovertActionQuarterly*: «Robert T. Crowley, exoficial de la CIA y durante mucho tiempo enlace entre la Agencia y varias corporaciones [reconoció que] las oficinas de Hill & Knowlton en el extranjero [...] eran la "tapadera" perfecta para una CIA en constante expansión. A diferencia de otras misiones tapadera, los agentes de la CIA no necesitaban formación técnica para ser especialistas en relaciones públicas».²⁸² Es más, según admitió Crowley, la agencia usaba sus contactos en Hill & Knowlton para «emitir comunicados de prensa y entablar contactos en los medios para mejorar su posición... Empleados de Hill & Knowlton en la pequeña oficina de Washington y otras ciudades distribuían ese material a través de agentes de la CIA que trabajaban en los medios informativos estadounidenses».²⁸³

En sus esfuerzos por acceder a más «inteligencia de origen abierto», la CIA invierte en una compañía PRP que monitoriza las redes sociales. Su nombre es Visible Technologies y tiene oficinas en Nueva York, Seattle y Boston. Un año después de su creación en 2005, la compañía se asoció con WPP; de ese modo, se creó un vínculo directo entre una compañía PRP de la CIA y la red de WPP. Visible Technologies ayuda a la Agencia a monitorizar información que pasa desapercibida en la inmensa cantidad de actividades en línea. Sigue a personas influyentes que publican contenidos en Internet y controla las opiniones sobre distintas noticias fuera de Estados Unidos. A pesar de que la información que reúne la CIA se encuentra legalmente a disposición de cualquiera, la Agencia podría utilizarla con propósitos políticos ilegales, como investigando a personajes estadounidenses sin autorización. Visible Technologies tiene capacidad para monitorizar más de medio millón de sitios web al día, entre ellos páginas sociales, como Twitter o Flickr. Hoy en día, ya trabaja con empresas como Microsoft o Verizon, haciendo un seguimiento del *feedback* positivo y negativo sobre sus productos.[284]

Recientemente, el Gobierno de Honduras contrató a una empresa de PRP de Omnicom Group llamada Ketchum para blanquear su pésimo historial en materia de derechos humanos, tras el golpe militar con apoyo estadounidense de 2009. Ketchum lleva ofreciendo sus servicios para la gestión de crisis a Honduras desde el asesinato de Berta Cáceres, conocida activista de derechos humanos. También dirige dos grupos de presión que promueven la seguridad de los productos modificados genéticamente y costeados por Monsanto, DuPont y otras empresas biotecnológicas.[285]

La consolidación del capitalismo global y la emergente formación de una élite del poder global activa dentro de la clase capitalista transnacional contribuyen a que haya una creciente dependencia de los servicios de las PRP. A medida que se afianza el capital, crece la necesidad de nuevas oportunidades de inversión para el capital excedente concentrado. Eso alimenta la permanente exigencia de un crecimiento y una expansión continuados. Las compañías de propaganda y relaciones públicas estimulan el mercado para que aumenten las ventas generando demanda psicológica de varios productos entre las masas del mundo. Hasta los tres mil quinientos millones de personas que viven con menos de tres dólares al día se sienten animados a consumir productos de placer, como Coca-Cola o el tabaco.

La consolidación de los medios de comunicación corporativos ha permitido que las compañías de PRP surjan como organizadoras de información y noticias globales. El mundo actual se enfrenta a un imperio mediático industrial-militar-PRP tan poderoso y complejo que, en la mayoría de los centros informativos, muchas verdades fundamentales sobre lo que ocurre en el mundo se ocultan, sesgan o simplemente no se comunican. El resultado es una información ideológica gestionada por Gobiernos y compañías PRP, a menudo conectados entre sí; juntos, divulgan historias concretas que buscan aumentar el respaldo público, y se niegan de forma deliberada a cubrir noticias que podrían debilitar objetivos capitalistas.

COMPAÑÍAS PRP AL SERVICIO DE LA ÉLITE DEL PODER GLOBAL

Las compañías de propaganda y relaciones públicas y los principales medios de comunicación corporativos saben que la prioridad fundamental del imperio global y de la élite del poder es proteger el crecimiento del capital, asegurar la recaudación de deuda y eliminar barreras y restricciones al libre movimiento de capital. Las compañías PRP y los medios transnacionales desempeñan un papel vital en la continuidad del imperio capitalista de la élite del poder global. Ambos se encuentran sumamente concentrados y globalizados. Su principal objetivo es promover el crecimiento del capital a través del control psicológico hegemónico de deseos, emociones, creencias y valores. Lo hacen manipulando los sentimientos y los pensamientos de seres humanos en todo el mundo. Con unos ingresos que rondan los treinta y cinco mil millones de dólares anuales, las tres grandes compañías PRP son cada vez más importantes para la élite del poder global y la clase capitalista transnacional. Los gigantes mundiales tienen grandes capitales invertidos en estas empresas y en las principales corporaciones informativas. Las compañías PRP son el motor ideológico del capitalismo tanto por su enorme influencia sobre los medios corporativos como por su creciente integración en la propaganda gubernamental, que a veces incluye operaciones psicológicas a favor de la guerra permanente.

Es posible que los movimientos democráticos nos den algo de esperanza para el futuro. La concienciación sobre el lado oscuro de las relaciones públicas y la propaganda y su poder ilimitado a la hora de pervertir las mentes es un primer e importante paso para liberar a la gente del Gobierno de los gigantes. Quebec fue uno de los lugares pioneros en prohibir la publicidad comercial dirigida a menores de trece años.[286] Tres generaciones del pueblo cubano han crecido sin anuncios de productos en sus vidas. Cuando hace seis años pregunté a un grupo de estudiantes de la Universidad de La Habana si alguna vez les apetecía un «Happy Meal», se echaron a reír. Les pareció absurdo siquiera pensar en ello. Nosotros también debemos comprender lo absurdo de la industria de la propaganda y las relaciones públicas, y hacer algo para limitarla en nuestras vidas y nuestro mundo.

7

Enfrentarse al gigante

MOVIMIENTOS DEMOCRÁTICOS Y RESISTENCIA

Según un titular del diario *The Guardian* del 26 de diciembre de 2017: «Los 500 más ricos del mundo han visto crecer su fortuna en un billón de dólares».[287]

En 2017, los miembros de la élite del poder global encauzaron más de un billón de dólares hacia las arcas de las quinientas personas más ricas del mundo. Jeff Bezos (CEO de Amazon y propietario del *Washington Post*) aumentó su patrimonio neto hasta 99.600 millones de dólares, con lo que se convirtió en la persona más rica del planeta. A pesar de los esfuerzos de algunos de ellos por promover las donaciones filantrópicas, como es el caso de Bill y Melinda Gates (Microsoft), las políticas y prácticas actuales de la élite del poder global hacen que la riqueza continúe concentrándose. En el año 2008, el uno por ciento más rico del mundo aumentó su riqueza total en un 42,5%; en 2017, en un 50%.

En 2017 se crearon 2,3 millones de nuevos millonarios, cosa que elevó el total a más de treinta y seis millones en todo el mundo. Estas personas representan el 0,7% de la población mundial y controlan más del 47% de la riqueza del planeta, mientras que el 70% más desfavorecido solo controla el 2,7% de esta.[288]

Tal y como señala *El Informe sobre la Desigualdad Global de 2018*:

La desigualdad económica está extendida y es hasta cierto punto inevitable. Creemos, sin embargo, que, si la creciente desigualdad no se controla y aborda adecuadamente, podría provocar distintas catástrofes políticas, económicas y sociales... La desigualdad económica viene motivada en gran medida por la posesión desigual de capital, ya sea pública o privada. Hemos demostrado que, desde 1980, se han producido enormes transferencias de riqueza pública al sector privado en prácticamente todos los países, ya sean ricos o emergentes... Para abordar la desigualdad de ingresos y riqueza en el mundo es necesario realizar cambios importantes en las políticas tributarias nacionales y mundiales. Las políticas educativas, el Gobierno y las políticas de fijación de salarios deben ser revisadas en muchos países.[289]

En el mensaje que dirigió al Foro Económico Mundial en enero de 204, el papa Francisco subrayaba:

La importancia que tienen los distintos sectores políticos y económicos en la promoción de un planteamiento inclusivo que tenga en cuenta la dignidad de toda persona humana y el bien común. Me refiero a la atención que debería plasmar cualquier decisión política y económica, pero que, de momento, parece ser poco más que un pensamiento *a posteriori*. Los que trabajan en estos sectores tienen una responsabilidad precisa con los demás, especialmente con los más frágiles, débiles y vulnerables. Es intolerable que todavía miles de personas mueran cada día de hambre, a pesar de las grandes cantidades de alimentos disponibles (a menudo, simplemente desperdiciados). Del mismo modo, no pueden dejar de impresionarnos los innumerables refugiados que, buscando condiciones de vida con un mínimo de dignidad no solo no consiguen encontrar hospitalidad, sino que mueren trágicamente mientras van de un lugar a otro.[290]

Es indudable que la concentración continuada de riqueza no puede ser sostenible económicamente. La extrema desigualdad y la represión masiva solo despertarán resistencia y rebelión entre las masas del mundo. El peligro estriba en que la élite del poder global no reconozca la inevitabilidad del derrumbe económico y/o medioambiental antes de llevar a cabo los cambios necesarios para evitar millones de muertes y una agitación social a gran escala. Si la élite del poder global no introduce cambios correctivos relevantes, los movimientos y las rebeliones sociales masivos, unidos al derrumbe medioambiental, acabarán desembocando de forma inevitable en el caos y la guerra en todo el mundo.

Los integrantes de la élite del poder global identificados en este libro son administradores clave de una parte considerable de la riqueza financiera mundial, que se está utilizando para llevar a cabo una colonización económica y una privatización de los bienes públicos sin respeto alguno por los derechos humanos. La riqueza privatizada es capaz de comprar ideologías, Gobiernos, leyes, actividades encubiertas, guerras y, en última instancia, seres humanos. El rumbo que llevamos conduce a la destrucción absoluta de las democracias gubernamentales, de las libertades individuales, de la privacidad y de la supervivencia económica de miles de millones de personas en todo el mundo.

El 11 de octubre de 2011, cuatrocientos manifestantes del movimiento Occupy Wall Street invadieron el Upper East Side de Nueva York y se presentaron en la puerta de los domicilios de miembros de la élite del poder global, en lo que se llamó «la Marcha de los Millonarios». Entre los escogidos estaban Rupert Murdoch (magnate multimillonario de los medios de comunicación), Jamie Dimon (CEO de Morgan Chase), David Koch (industrial multimillonario), Howard Milstein (multimillonario constructor inmobiliario de Nueva York) y John Paulson (multimillonario director de fondos de cobertura).[291] El movimiento emitió un comunicado en el que decía: «Sabemos dónde y cómo vivís. Nos hemos metido en vuestro espacio privilegiado para deciros que vuestra riqueza y vuestro poder nos ofenden».[292]

Actualmente, hay movimientos de resistencia contra las políticas de austeridad neoliberales, la concentración de riqueza y poder, los abusos del Estado policial y la propaganda ideológica en todo el mundo. Entre ellos está el Movimiento Continental Bolivariano en América Central y del Sur, las protestas de la Primavera Árabe en el norte de África, Black Lives Matter en Estados Unidos, los «aganaktismenoi» (indignados) en Grecia, los indignados españoles, el movimiento antiglobalización de Seattle y en todo el mundo, el movimiento zapatista en México, la resistencia naxalita en India y los movimientos a favor de los derechos laborales en China. Todos ellos comparten como hilo común la resistencia popular al descenso de oportunidades, especialmente para los jóvenes; en muchos casos, se producen importantes acciones colectivas en respuesta a la violencia estatal y policial, a las frustraciones económicas y manipulaciones ideológicas. Los propios resultados electorales sobre el Brexit del Reino Unido vinieron provocados por una insatisfacción masiva ante el declive de oportunidades para el noventa y nueve por ciento de la población.

Robert Reich, profesor de políticas públicas en la Universidad de California, Berkeley, señalaba, en un artículo de 2011 titulado *Why We Must Occupy Democracy* que, la disparidad entre el uno por ciento rico y el noventa y nueve por ciento que no lo es, desemboca en una violencia cada vez mayor del Estado contra los manifestantes de Occupy. Reich afirma que los manifestantes se ven «agredidos, golpeados, arrastrados y rociados con gas pimienta», mientras intentan ejercer su derecho a la libertad de expresión y asamblea. Y añade: «Si el movimiento Occupy tiene un lema fundamental es que la concentración de ingresos y riqueza en lo más alto pone en peligro nuestra democracia. Con el dinero viene el poder político». Según Reich, si los estadounidenses quieren salvar la democracia ante la creciente desigualdad en la distribución de la riqueza, tendrán que salir a las calles y hacerse oír, pues es precisamente cuando a uno lo intentan silenciar cuando debe alzar más la voz.[293]

Los movimientos sociales masivos como Occupy Wall Street no van a dejar de aparecer. El próximo Occupy o movimiento de resistencia ya surgirá con esa idea de «el noventa y nueve por ciento contra el uno por ciento». Puede que la represión de un Estado policial logre retrasar lo inevitable, pero la concentración de riqueza es insostenible: en las condiciones actuales, el derrumbe económico y/o medioambiental es inevitable.

La verdadera pregunta es: ¿tomará medidas la élite del poder global para reestructurar la concentración de capital antes de que los movimientos sociales derroquen su régimen capitalista por medio de disturbios civiles, no-cooperación y, en última instancia, violencia? ¿O pueden despertar los movimientos sociales la conciencia de la élite del poder global sobre la necesidad de cambio para poner en marcha acciones correctivas y una redistribución de la riqueza que satisfagan las necesidades humanas comunes a toda la población mundial? Estas preguntas son fundamentales para todos. ¿Tendrán nuestros hijos y nuestros nietos un planeta habitable o serán testigos del fin de la raza humana?

Es indudable que los asistentes a Davos y la élite del poder global son conscientes de tales inquietudes. La misma declaración inicial del informe anual del Foro Económico Mundial en 2016-2017 afirma: «Vivimos una época de preocupación y polarización sin precedentes».[294]

El Foro Económico Mundial reconoce con orgullo la necesidad de un cambio de «actitud» entre sus participantes públicos-privados globales para mejorar las condiciones por medio de conectividad comercial e infraestructuras optimizadas. Sin embargo, mientras los asistentes a Davos continúan aplaudiéndose a sí mismos, la desigualdad sigue extendiéndose y la riqueza se consolida, y esa mentalidad necesaria para que haya un cambio en Davos parece poco más que retórica barata.

Corresponde a los movimientos sociales en el mundo ayudar a acelerar un cambio de mentalidad entre la élite del poder global. A medida que evolucionan esos movimientos sociales poderosos y disruptivos, es cada vez más importante que compartan un macroentendimiento de por qué sigue habiendo desigualdad, pobreza, austeridad y riqueza concentrada, y quién toma las decisiones después de los gigantes. Son preguntas atemporales. Ya se ha hablado mucho de los resultados que necesitamos. Esperamos que la información reunida en este libro contribuya a los éxitos de los movimientos sociales para que se produzca un cambio profundo y radical. El cambio que hace falta para asegurarnos de que el goteo se convierta en un río de verdad que satisfaga todas las necesidades humanas no está en la filantropía de los multimillonarios, donde la élite del poder escoge a sus beneficiarios, sino en la reestructuración del propio capitalismo.

Hace setenta años, acabada la Segunda Guerra Mundial, la gente de todo el mundo tenía motivación para buscar medios para evitar que jamás volviera a producirse una masacre de tales dimensiones. Al tiempo que se creaba Naciones Unidas, se reunió una Comisión Nuclear en el Hunter College de Nueva

York, compuesta por dieciocho naciones y dedicada a establecer los principios morales necesarios para lograr una paz sostenible. Corría 1946. Allí comenzó lo que dos años después se convertiría en la Declaración Universal de los Derechos Humanos, aprobada de forma unánime por Naciones Unidas en 1948. Aunque muchos países acabaron enviando delegados para elaborar el documento, los principales representantes del proceso fueron Carlos Rómulo (periodista filipino y premio Pulitzer), el profesor de derecho internacional canadiense John Humphrey, la activista india por los derechos de la mujer Hansa Mehta, Hernán Santa Cruz (activista de derechos humanos chileno), Peng-chun Chang (filósofo, diplomático y dramaturgo chino), el francés René Cassin (premio Nobel de la Paz), Charles Malik (filósofo existencialista libanés) y Eleanor Roosevelt (exprimera dama de Estados Unidos). Tras dos años de trabajo extenuante, largos debates y discusiones, consiguieron presentar un documento ético que se convertiría en la declaración de principios para los derechos humanos y naturales de todas las personas.[295]

La Declaración Universal de los Derechos Humanos es un escrito que los movimientos sociales pueden adoptar fácilmente como declaración de valores morales en sus acciones de resistencia contra la concentración de riqueza y la desigualdad mundial. De igual modo, tiene gran valor como documento de principios para la élite del poder global, como guía de las medidas correctivas necesarias en el mundo actual.

Creemos que, hoy en día, la Declaración Universal de los Derechos Humanos es tan importante que a continuación la reproducimos en su totalidad:

DECLARACIÓN UNIVERSAL
DE LOS DERECEHOS HUMANOS

Preámbulo

- Considerando que la libertad, la justicia y la paz en el mundo tienen por base el reconocimiento de la dignidad intrínseca y de los derechos iguales e inalienables de todos los miembros de la familia humana.

- Considerando que el desconocimiento y el menosprecio de los derechos humanos han originado actos de barbarie ultrajantes para la conciencia de la humanidad, y que se ha proclamado, como la aspiración más elevada del hombre, el advenimiento de un mundo en que los seres humanos, liberados del temor y de la miseria, disfruten de la libertad de palabra y de la libertad de creencias.
- Considerando esencial que los derechos humanos sean protegidos por un régimen de derecho, a fin de que el hombre[296] no se vea compelido al supremo recurso de la rebelión contra la tiranía y la opresión.
- Considerando también esencial promover el desarrollo de relaciones amistosas entre las naciones.
- Considerando que los pueblos de Naciones Unidas han reafirmado en la carta su fe en los derechos fundamentales del hombre, en la dignidad y el valor de la persona humana y en la igualdad de derechos de hombres y mujeres, y se han declarado resueltos a promover el progreso social y a elevar el nivel de vida dentro de un concepto más amplio de la libertad.
- Considerando que los Estados miembros se han comprometido a asegurar, en cooperación con la Organización de Naciones Unidas, el respeto universal y efectivo a los derechos y libertades fundamentales del hombre.
- Considerando que una concepción común de estos derechos y libertades es de la mayor importancia para el pleno cumplimiento de dicho compromiso.
- La Asamblea General proclama la presente Declaración Universal de los Derechos Humanos como ideal común por el que todos los pueblos y naciones deben esforzarse, a fin de que tanto los individuos como las instituciones, inspirándose constantemente en ella, promuevan, mediante la enseñanza y la educación, el respeto a estos derechos y libertades, y aseguren, por medidas progresivas de carácter nacional e internacional, su reconocimiento y aplicación universales y efectivos, tanto entre los pueblos de los Estados miembros como entre los de los territorios colocados bajo su jurisdicción.

Artículo 1
Todos los seres humanos nacen libres e iguales en dignidad y derechos y, dotados como están de razón y conciencia, deben comportarse fraternalmente los unos con los otros.

Artículo 2
Toda persona tiene todos los derechos y libertades proclamados en esta declaración, sin distinción alguna de raza, color, sexo, idioma, religión, opinión política o de cualquier otra índole, origen nacional o social, posición económica, nacimiento o cualquier otra condición. Además, no se hará distinción alguna fundada en la condición política, jurídica o internacional del país o territorio de cuya jurisdicción dependa una persona, tanto si se trata de un país independiente, como de un territorio bajo administración fiduciaria, no autónomo o sometido a cualquier otra limitación de soberanía.

Artículo 3
Todo individuo tiene derecho a la vida, a la libertad y a la seguridad de su persona.

Artículo 4
Nadie estará sometido a esclavitud ni a servidumbre; la esclavitud y la trata de esclavos están prohibidas en todas sus formas.

Artículo 5
Nadie será sometido a torturas ni a penas o tratos crueles, inhumanos o degradantes.

Artículo 6
Todo ser humano tiene derecho, en todas partes, al reconocimiento de su personalidad jurídica.

Artículo 7
Todos son iguales ante la ley y tienen, sin distinción, derecho a igual protección de la ley. Todos tienen derecho a igual protección contra toda discriminación que infrinja esta declaración y contra toda provocación a tal discriminación.

Artículo 8
Toda persona tiene derecho a un recurso efectivo, ante los tribunales nacionales competentes, que la ampare contra

actos que violen sus derechos fundamentales reconocidos por la constitución o por la ley.

Artículo 9

Nadie podrá ser arbitrariamente detenido, preso ni desterrado.

Artículo 10

Toda persona tiene derecho, en condiciones de plena igualdad, a ser oída públicamente y con justicia por un tribunal independiente e imparcial, para la determinación de sus derechos y obligaciones o para el examen de cualquier acusación contra ella en materia penal.

Artículo 11

1. Toda persona acusada de delito tiene derecho a que se presuma su inocencia mientras no se pruebe su culpabilidad, conforme a la ley y en juicio público en el que se le hayan asegurado todas las garantías necesarias para su defensa.

2. Nadie será condenado por actos u omisiones que en el momento de cometerse no fueron delictivos según el derecho nacional o internacional. Tampoco se impondrá pena más grave que la aplicable en el momento de la comisión del delito.

Artículo 12

Nadie será objeto de injerencias arbitrarias en su vida privada, su familia, su domicilio o su correspondencia, ni de ataques a su honra o a su reputación. Toda persona tiene derecho a la protección de la ley contra tales injerencias o ataques.

Artículo 13

1. Toda persona tiene derecho a circular libremente y a elegir su residencia en el territorio de un Estado.

2. Toda persona tiene derecho a salir de cualquier país, incluso del propio, y a regresar a su país.

Artículo 14

1. En caso de persecución, toda persona tiene derecho a buscar asilo, y a disfrutar de él, en cualquier país.

2. Este derecho no podrá ser invocado contra una acción judicial realmente originada por delitos comunes o por actos opuestos a los propósitos y principios de Naciones Unidas.

Artículo 15
1. Toda persona tiene derecho a una nacionalidad.
2. A nadie se privará arbitrariamente de su nacionalidad ni del derecho a cambiar de nacionalidad.
Artículo 16
1. Los hombres y las mujeres, a partir de la edad núbil, tienen derecho, sin restricción alguna por motivos de raza, nacionalidad o religión, a casarse y fundar una familia, y disfrutarán de iguales derechos en cuanto al matrimonio, durante el matrimonio y en caso de disolución del matrimonio.
2. Solo mediante libre y pleno consentimiento de los futuros esposos podrá contraerse el matrimonio.
3. La familia es el elemento natural y fundamental de la sociedad y tiene derecho a la protección de la sociedad y del Estado.
Artículo 17
1. Toda persona tiene derecho a la propiedad, individual y colectivamente.
2. Nadie será privado arbitrariamente de su propiedad.
Artículo 18
Toda persona tiene derecho a la libertad de pensamiento, de conciencia y de religión; este derecho incluye la libertad de cambiar de religión o de creencia, así como la libertad de manifestar su religión o su creencia, individual y colectivamente, tanto en público como en privado, por la enseñanza, la práctica, el culto y la observancia.
Artículo 19
Todo individuo tiene derecho a la libertad de opinión y de expresión; este derecho incluye el de no ser molestado a causa de sus opiniones, el de investigar y recibir informaciones y opiniones, y el de difundirlas, sin limitación de fronteras, por cualquier medio de expresión.
Artículo 20
1. Toda persona tiene derecho a la libertad de reunión y de asociación pacíficas.
2. Nadie podrá ser obligado a pertenecer a una asociación.
Artículo 21
1. Toda persona tiene derecho a participar en el gobierno de

su país, directamente o por medio de representantes libremente escogidos.

2. Toda persona tiene el derecho de acceso, en condiciones de igualdad, a las funciones públicas de su país.

3. La voluntad del pueblo es la base de la autoridad del poder público; esta voluntad se expresará mediante elecciones auténticas que habrán de celebrarse periódicamente, por sufragio universal e igual y por voto secreto u otro procedimiento equivalente que garantice la libertad del voto.

Artículo 22

Toda persona, como miembro de la sociedad, tiene derecho a la seguridad social, y a obtener, mediante el esfuerzo nacional y la cooperación internacional, habida cuenta de la organización y los recursos de cada Estado, la satisfacción de los derechos económicos, sociales y culturales, indispensables a su dignidad y al libre desarrollo de su personalidad.

Artículo 23

1. Toda persona tiene derecho al trabajo, a la libre elección de su trabajo, a condiciones equitativas y satisfactorias de trabajo y a la protección contra el desempleo.

2. Toda persona tiene derecho, sin discriminación alguna, a igual salario por trabajo igual.

3. Toda persona que trabaja tiene derecho a una remuneración equitativa y satisfactoria que le asegure, así como a su familia, una existencia conforme a la dignidad humana y que será completada, en caso necesario, por cualesquiera otros medios de protección social.

4. Toda persona tiene derecho a fundar sindicatos y a sindicarse para la defensa de sus intereses.

Artículo 24

Toda persona tiene derecho al descanso, al disfrute del tiempo libre, a una limitación razonable de la duración del trabajo y a vacaciones periódicas pagadas.

Artículo 25

1. Toda persona tiene derecho a un nivel de vida adecuado que le asegure, así como a su familia, la salud y el bienestar, y en especial la alimentación, el vestido, la vivienda, la asistencia médica y los servicios sociales necesarios; tie-

ne asimismo derecho a los seguros en caso de desempleo, enfermedad, invalidez, viudedad, vejez y otros casos de pérdida de sus medios de subsistencia por circunstancias independientes de su voluntad.

2. La maternidad y la infancia tienen derecho a cuidados y asistencia especiales. Todos los niños, nacidos de matrimonio o fuera de matrimonio, tienen derecho a igual protección social.

Artículo 26
1. Toda persona tiene derecho a la educación. La educación debe ser gratuita, al menos en lo concerniente a la instrucción elemental y fundamental. La instrucción elemental será obligatoria. La instrucción técnica y profesional habrá de ser generalizada; el acceso a los estudios superiores será igual para todos, en función de los méritos respectivos.

2. La educación tendrá por objeto el pleno desarrollo de la personalidad humana y el fortalecimiento del respeto a los derechos humanos y a las libertades fundamentales; favorecerá la comprensión, la tolerancia y la amistad entre todas las naciones y todos los grupos étnicos o religiosos, y promoverá el desarrollo de las actividades de Naciones Unidas para el mantenimiento de la paz.

3. Los padres tendrán derecho preferente a escoger el tipo de educación que habrá de darse a sus hijos.

Artículo 27
1. Toda persona tiene derecho a tomar parte libremente en la vida cultural de la comunidad, a gozar de las artes y a participar en el progreso científico y en los beneficios que de él resulten.

2. Toda persona tiene derecho a la protección de los intereses morales y materiales que le correspondan por razón de las producciones científicas, literarias o artísticas de que sea autora.

Artículo 28
Toda persona tiene derecho a que se establezca un orden social e internacional en el que los derechos y las libertades proclamados en esta declaración se hagan plenamente efectivos.

Artículo 29
1. Toda persona tiene deberes respecto a la comunidad, puesto que solo en ella puede desarrollar libre y plenamente su personalidad.
2. En el ejercicio de sus derechos y en el disfrute de sus libertades, toda persona estará solamente sujeta a las limitaciones establecidas por la ley con el único fin de asegurar el reconocimiento y el respeto de los derechos y libertades de los demás, y de satisfacer las justas exigencias de la moral, del orden público y del bienestar general en una sociedad democrática.
3. Estos derechos y libertades no podrán, en ningún caso, ser ejercidos en oposición a los propósitos y principios de Naciones Unidas.
Artículo 30
Nada en esta declaración podrá interpretarse en el sentido de que confiere derecho alguno al Estado, a un grupo o a una persona, para emprender y desarrollar actividades o realizar actos que tiendan a la supresión de cualquiera de los derechos y libertades proclamados en esta declaración.

183.ª Reunión plenaria, resolución 217 (A)(III)
de la Asamblea General de Naciones Unidas,
10 de diciembre de 1948[297]

La Declaración Universal de los Derechos Humanos es un código ético aprobado deliberadamente como algo distinto a una ley internacional o un tratado, dando con ello la posibilidad a la sociedad civil y a los movimientos sociales de utilizarla como filosofía fundacional para el activismo, la resistencia y el cambio social.

En *Saving Capitalism* (2015), Robert Reich ofrece varios comentarios acertados como conclusión a una obra sobre los gigantes y la élite del poder global:

Nuevas reglas: «No debemos ser víctimas de las "fuerzas del mercado" impersonales sobre las que no tenemos control alguno. El mercado es una creación humana. Se basa en reglas ideadas por los seres humanos. La cuestión fundamental es quién da forma a esas reglas y con qué propósito. En las últimas tres décadas, las reglas han sido moldeadas por grandes corporaciones, por Wall Street y por individuos muy adinerados, para canalizar parte importante de los ingresos y la riqueza de la nación hacia sí mismos... La gran mayoría de los ciudadanos del país tiene el poder de cambiar la actuación del mercado para satisfacer sus necesidades. Pero, para hacerlo, deben comprender lo que está ocurriendo, cuáles son sus intereses, y actuar unidos».[298]

Estos comentarios no se aplican solamente a Estados Unidos, sino que resultan importantes para todo el mundo. La élite del poder global gestiona, facilita y protege el capital concentrado en todo el planeta. Esta consolidación de riqueza es la principal causa de la pobreza, la hambruna, la desnutrición, las guerras y el sufrimiento humano masivo en el mundo. La agenda de los movimientos democráticos en cualquier país del mundo actual y en un futuro cercano debe pasar por organizar la resistencia y desafiar a la élite del poder global. Abordar los controles económicos «de arriba abajo», el poder monopólico y los detalles concretos de las actividades de la élite del poder global exigirá movilizaciones difíciles en numerosas regiones. La Declaración Universal de Derechos Humanos adoptada como base ética serviría como hilo de concienciación común en pos de la prosperidad humana. La humanidad no merece menos.

EPÍLOGO

Carta a la élite del poder global

Querida élite del poder global:
En este libro, nombramos directamente a trescientos ochenta y nueve de ustedes. Deberían sentirse honrados y orgullosos de su posición dentro de la estructura del poder global. El hecho de ser mencionados en esta obra significa que forman parte fundamental de la gestión, el mantenimiento y la protección de una parte importante de la riqueza mundial. Personalmente, ustedes son ricos (o, desde luego, les va bien), están sumamente cualificados y tienen influencia en distintos círculos con acceso a enormes recursos financieros y sistemas de poder. El hecho de formar parte de la junta directiva de una de las diecisiete compañías billonarias de gestión de capital, y/o grupos no-gubernamentales y transnacionales que dictan políticas, como el Grupo de los Treinta, la Comisión Trilateral y el Consejo Atlántico, les convierte en participantes activos e influyentes al servicio de los intereses del adinerado uno por ciento que forma la clase capitalista transnacional.

Probablemente haya muchos miles de personas en el mundo más ricas y poderosas que ustedes, uno por uno. Ahora bien, creemos que todos ustedes (los trescientos ochenta y nueve) representan conjuntamente el núcleo financiero y político del capitalismo global, y tienen la capacidad de salvar el mundo de la desigualdad letal y del amenazante caos económico y medioambiental utilizando sus redes.

No poseemos una receta para cambiar el mundo. Sin embargo, pensamos que abordar las necesidades mundiales en el marco de la Declaración Universal de Derechos Humanos es un buen comienzo. Creemos firmemente que la constante concentración de capital y las políticas de austeridad neoliberales solo generan más sufrimiento para la mayoría de los seres humanos. Cada día mueren decenas de miles de personas por desnutrición o enfermedades fácilmente curables. Las guerras, las operaciones encubiertas, los cambios de régimen inducidos desde el exterior, los medios propagandísticos y la vigilancia tecnológica, utilizados en nombre de proteger la libertad de hacer negocios, están perjudicando al género humano y serán detenidas. Ustedes pueden poner en marcha fácilmente ese proceso, instaurando el simple principio rector de pensar en el futuro de sus nietos y los nietos de sus nietos a la hora de tomar decisiones sobre el uso de los recursos económicos del mundo.

Ya no es aceptable creer que pueden ustedes administrar el capitalismo para que siga creciendo mientras sortean las enormes desigualdades a las que todos nos enfrentamos hoy. El medio ambiente no puede asumir más contaminación y deshechos, y el malestar social ya es hasta cierto punto inevitable en todo el mundo. La humanidad necesita que den un paso al frente y hagan que el goteo se convierta en un río de recursos que alcance a cada niño, a cada familia, y hasta al último ser humano. Les urgimos a utilizar su poder y hacer los cambios necesarios para la supervivencia del género humano.

Sinceramente,

Peter M. Phillips, Robin Anderson, Adam Armstrong, Philip Beard, Byron Belitsos, Khalil Bendib, Marty Bennett, Dennis Bernstein, Joseph Oliver Boyd-Barrett, Ben Boyington, Jacques Brodeur, Carol Brouillet, Kenn Burrows, Noel Byrne, Ernesto Carmona, Kathy Charmaz, Pao-yu Ching, Vesta Copestakes, Michael Costello, Christopher R. Cox, Geoff Davidian, James Dean, Michael Diamond, C. Peter Dougherty, Kristine S. Drawsky, Lotus Fong, Bruce Gagnon, Ann Garrison, Alex Glaros, Colin Godwin, Diana Grant, David Ray Griffin, Robert Hackett, Debora Hammond, David Hartsough, Janet Hess, Nolan Higdon, Kevin Howley, Mickey Huff, Dahr Jamail, Paul Kaplan, Earl Katz, Bob Klose, VaLinda Kyrias, Pierre Labossiere, Susan Lamont, Elaine Leeder, Mary M. Lia, Cassandra Lista, Peter Ludes, Rick Luttmann, Wayne Madsen, Abby Martin, Concha Mateos, Miles Mendenhall, Andy Merrifield, Ralph Metzner,

Mark Crispin Miller, Susan Moulton, Therese Mughannam, Mary Norman, Tim Ogburn, Jennie Orvino, Michael Parenti, Kevin Pena, Rosemary Powers, Susan Rahman, Paul Rea, Napoleon Reyes, William I. Robinson, Susan Rogers, Andy Lee Roth, David Rovics, Linda Sartor, T.M. Scruggs, Jon D. Shefner, Will Shonbrun, Laurence H. Shoup, William J. Simon, Gar Smith, Kimberly Barbosa Soeiro, Jordan Steger, Michael Sukhov, Chelsea Turner, Francisco Vázquez, Elaine Wellin, Laura Wells, Derrick West, Rob Williams, Chingling Wo, y Nicole Wolfe.

Agradecimientos

Ante todo, quiero dar las gracias a Mary M. Lia, mi esposa y compañera, por su incansable apoyo durante estos años de esfuerzos para completar el libro. El personal y la junta directiva de Project Censored llevan mucho tiempo apoyando mi investigación sobre las élites mundiales. Gracias también a Mickey Huff y a Andy Roth por incluir versiones de algunos capítulos de *Megaciptalistas* en anteriores anuarios de *Censored*. Y agradezco a Michael I. Robinson, de la Universidad de California, la fantástica introducción que ha escrito para el libro.

Los veinte años con Project Censored y Media Freedom Foundation (MFF) han sido un entrenamiento para prepararme a escribir *Megaciptalistas*. La junta directiva de Project Censored Media Freedom Foundation han sido una fuente de motivación constante para este estudio. Gracias a los miembros de la junta de MFF: Nicholas Baham III, Ken Boyington, Kenn Burrows, Allison Butler, Mary Cardaras, Nolan Higdon, Mickey Huff, Chris Oscar, Susan Rahman, Andy Lee Roth, T. M. Scruggs y Elaine Wellin. Asimismo, quiero dar las gracias a cientos de miembros de la facultad y estudiantes por los años de difícil investigación sobre los medios corporativos globales, que han derivado en un conocimiento de cómo funciona la hegemonía ideológica de la élite en el mundo actual.

Green Oaks Men's Group ha sido mi red de apoyo personal cada semana durante veinticuatro años. Gracias a Bill Simon, Derrick West, Bob Klose, Peter Tracy, Noel Byrne y Colin Godwin por vuestros consejos y sugerencias regulares para *Megaciptalistas*. Otros amigos cercanos me han asesorado también durante mucho tiempo en lo relativo a este estudio, entre ellos Tim Ogburn, Geoff Davidian, Diana Grant, Michael Sukhov,

Will Shonburn y Rick Luttman. Mi agradecimiento se extiende también a Ernesto Carmona, corresponsal jefe de Telesur Chile, por su traducción al castellano de fragmentos de este libro y de las *Censored News* anuales durante años. Gracias también a los noventa amigos y colegas que firmaron conmigo la carta epílogo a la élite del poder global como colofón a este libro.

Un grupo de alumnos de Sonoma State University (SSU) ha participado en la investigación para este libro durante los últimos años. Gracias a Jordan Steger por su importante estudio y edición de las bases de datos y por crear los gráficos. A Kimberly Soeiro y Brady Osborne, por redactar partes de algunos capítulos iniciales que aparecieron en *Censored 2013* y *2014*, y que ayudaron a dar forma a secciones de este libro. Los alumnos investigadores de SSU que contribuyeron al capítulo 5 fueron Ray McClintock, Melissa Carneiro y Jacob Crabtree. Entre los estudiantes de SSU que me ayudaron con el capítulo 6 se encuentra Ratonya Coffee, Robert Ramírez, Mary Schafer y Nicole Tranchina. El estudio de las biografías de la élite global del poder también lo condujeron alumnos de SSU: Robert Carrillo, Kristy Dale, Sanam Lodhi, Damont Partida y Jordan Steger, durante la primavera de 2017. Brianna Earls, investigadora de SSU ayudó con la planificación publicitaria en verano de 2018. Los diez años de investigación en SSU sobre las élites del poder que aspiraban al dominio global tras el 11-S contó con la ayuda de Bridget Thornton, Lew Brown y Celeste Volger, y contribuyó a nuestro conocimiento de las élites globales del poder en la actualidad.

Agradezco especialmente el apoyo de la Facultad de Ciencias Sociales de la Universidad Estatal de Sonoma (SSU), entre ellos a John Wingard, decano de Ciencias Sociales, Karen Leitsch, directora administrativa, Julie Woods, analista de operaciones, y Viri Cruz, coordinadora de operaciones.

El personal docente y administrativo del Departamento de Sociología me han ofrecido constante asesoramiento. Gracias a James Dean, presidente del departamento, a las profesoras Kathy Charmez, Cindy Sterns, Melinda Milligan, Debora Paterniti, Juan Salinas, Suzel-Bozada-Deas, Roxanne Ezzet, Nicole Wolfe, Elaine Wellin, Jerry Krause, James Preston, Manisha Salinas y Elaine Leeder. Entre el personal no docente del departamento, Emilie Kuyle y Monique Morovat han sido especialmente útiles.

Gracias a los veinte académicos y periodistas que leyeron nuestros borradores iniciales, ofrecieron sus críticas y han escrito generosos comentarios para la portada, entre ellos Noam Chomsky, Leslie Sklair, Abby Martin, William Carroll, Laurence H. Shoup, Mark Crispin Miller, Mickey Huff, Robin Anderson, Andy Lee Roth, Deepa Kumar, Marc Pilisuk, Michael Parenti, Robert Hackett, Loan K. Lee, David Cobb, Susan Rahman, Donna Brasset, Dennis Bernstein, Peter Ludes y Rob Williams.

Muchas gracias a Seven Stories Press por su trabajo en la edición y organización para publicar *Megacapitalistas. La élite que domina el dinero y el mundo*. Quisiera agradecer especialmente al editor Dan Simon por su fe inquebrantable en la importancia de esta obra. Gracias a Lauren Hooker, editor; Stewart Cauley, director artístico; Jon Gilbert, director de operaciones; Noah Kumin, de Marketing; y a Allison Paller y Ruth Weiner, publicistas. Quiero expresar mi admiración a Michael Tencer por sus correcciones detalladas y exhaustivas del texto y de los datos de *Megacapitalistas*.

Debemos pensar en el futuro del mundo de nuestros nietos y los nietos de nuestros nietos. Mi trabajo ha venido motivado por mi amor y preocupación por mis propios nietos, Katelyn Phillips, de trece años, y Jake Phillips, de nueve, que crecen en un mundo acuciado por graves problemas. Albergamos la esperanza de que al identificar a los gigantes billonarios y a sus gestores, facilitadores, defensores e ideólogos de la Élite global del poder por sus nombres y redes, podremos concienciar sobre la desigualdad tanto al uno como al noventa y nueve por ciento, y con ello promover un cambio positivo en el mundo. Hará falta una cooperación del cien por cien, y la buena voluntad de activistas de todas partes. Expandamos este proceso por todos los medios, por todos y cualquier medio posible.

Gracias a todos,

PETER PHILLIPS

Notas

1. Halper, Evan, «Climate Scientists See Alarming New Threat to California». *Los Angeles Times*, 5 de diciembre, 2017, pág. A1.
2. Partes de este capítulo fueron publicadas como Phillips, Peter y Soeiro, Kimberly, «The Global 1 Percent Ruling Class Exposed» en *Censored 2013: Dispatches from the Media Revolution*, ed. Mickey Huff y Andy Lee Roth con Project Censored (Nueva York: Seven Stories Press, 2012), págs. 235-58.
3. «62 People Own the Same as Half the World, Reveals Oxfam Davos Report». Oxfam Internacional, 18 de enero, 2016, https://oxf.am/2FKdKZR; y «Just 8 Men Own Same Wealth as Half the World» Oxfam Internacional, 16 de enero, 2017, https://oxf.am/2FHHpCR.
4. Kroll, Luisa y Dolan, Kerry A., «Forbes 2017 Billionaires List: Meet the Richest People on the Planet». *Forbes*, 20 de marzo, 2017, www.forbes.com/sites/kerryadolan/2017/03/20/forbes-2017-billionaires-list-meet-the-richest-people-on-theplanet/#4a1fbf8f62ff.
5. Véase Domhoff, G. William, *Who Rules America? The Triumph of the Corporate Rich*, 7.ª ed. (Nueva York: McGraw Hill, 2014); y Phillips, Peter, «A Relative Advantage: Sociology of the San Francisco Bohemian Club». Sonoma State University, 1994, https://library.sonoma.edu/specialcollections/bohemianclub/.
6. Estudios iniciales de Charles Beard, publicados como *An Economic Interpretation of the Constitution of the United States* (1913), determinaron que miembros de la élite económica formularon la Constitución de Estados Unidos para beneficiar sus intereses personales. En un libro publicado en 1921 con el título *Dynastic America and Those Who Own It*, Henry Klein sostenía que la riqueza en Estados Unidos tenía más poder que nunca en el mundo y se concentraba en el dos por ciento superior de la población, que poseía cerca de un sesenta por ciento del país. En 1937, Ferdinand Lundberg publicó *America's 60 Families*, donde documentaba a familias que se casaban entre sí y se autoperpetuaban,

y para quienes el Gobierno era el «sirviente indispensable de la riqueza privada». En 1945, C. Wright Mills determinó que nueve de cada diez integrantes de la élite entre 1700 y 1729 provenían de familias acomodadas («The American Business Elite: A Collective Portrait». *Journal of Economic History* 5 [diciembre 1945], págs. 20-44)
7. Véase Brady, Robert A., *Business as a System of Power*, Columbia University Press, 1943; y Val Burris, Val, «Elite Policy-Planning Networks in the United States». *Research in Politics and Society*, vol. 4: *The Political Consequences of Social Networks*, ed. Moore Gwen y J. Allen Whitt, JAI Press, 1992, págs. 111-34, http://pages.uoregon.edu/vburris/policy.pdf.
8. Wright Mills, C. *The Power Elite*, Oxford University Press, 1956.
9. Véase Soref, Michael, «Social Class and a Division of Labor within the Corporate Elite». *Sociological Quarterly*, 17 (verano 1976), págs. 360-68, y dos trabajos de Useem, Michael: «The Social Organization of the American Business Elite and Participation of Corporation Directors in the Governance of American Institutions». *American Sociological Review* 44 (agosto 1979), págs. 553-72, y *The Inner Circle* (Oxford University Press, 1984).
10 . Mills, *The Power Elite*, pág. 284.
11. Koenig, Thomas y Gogel, Robert, «Interlocking Corporate Directorships as a Social Network». *American Journal of Economics and Sociology* 40 (enero 1981), pág. 37-50; y Peter Phillips, «The 1934-35 Red Threat and the Passage of the National LaborRelations Act». *CriticalSociology* 20, núm. 2 (1994), págs. 27-50.
12. Para más información sobre figuras destacadas dentro del círculo superior de las élites políticas que persiguen la dominación mundial del ejército de Estados Unidos para que domine el mundo como parte fundamental de su agenda, véase Phillips, Peter, Thornton, Bridget, y Vogler, Celeste, «The Global Dominance Group: 9/11 Pre-Warnings & Election Irregularities in Context». *Project Censored*, 2 de mayo, 2010, http://projectcensored.org/the-global-dominance-group/.
13. Sklair, Leslie, *The Transnational Capitalist Class*,Blackwell, 2001.
14. Ibid., págs. 4-7.
15. William I. Robinson, *A Theory of Global Capitalism: Production, Class, and State in a Transnational World*, Johns Hopkins University Press, 2004.
16. Ibid., págs. 155-56.
17. William K. Carroll, *The Making of a Transnational Capitalist Class: Corporate Power in the 21st Century*, Zed Books, 2010.

18. The *Handbook of Transnational Governance: Institutions & Innovations*, ed. Hale, Thomas y Held, David, Polity Press, 2011.
19. David Rothkopf, *Superclass: The Global Power Elite and the World They are Making*. Farrar, Straus and Giroux, 2008.
20. Dale Scott, Peter, *American War Machine: Deep Politics, the CIA Global Drug Connection, and the Road to Afghanistan*. Rowman & Littlefield, 2010. Véase también Censored story #22, «Wachovia Bank Laundered Money for Latin American Drug Cartels». *Censored 2013: Dispatches from the Media Revolution*, ed. Huff, Mickey y Andy Lee Roth con Project Censored, Seven Stories Press, 2012, págs. 66-68.
21. Kroll y Dolan, «Forbes 2017 Billionaires List».
22. Rothkopf, David, «Superclass». Discurso público ante el Carnegie Endowment for International Peace, 9 de abril, 2008. Hay un vídeo emitido por C-SPAN2, publicado online en https://www.c-span.org/video/?204428-1/superclass.
23. «World Economic Forum 2017» ed. Stephanie Thomson, Foro Económico Mundial, 20 de enero, 2017, https://www.weforum.org/agenda/2017/01/davos-populism-globalization-social-divides/.
24. Phillips, «A Relative Advantage».
25. Robinson, William I., *Global Capitalism and the Crisis of Humanity*, Cambridge University Press, 2014.
26. Tyler Durden «Half of the Population of the World is Dirt Poor- and the Global Elite Want to Keep It That Way». ZeroHedge, 23 de noviembre, 2016, http://www.zerohedge.com/news/2016-11-23/half-population-world-dirt-poor-and-global-elite-wantkeep-it-way.
27. Robinson, William I. «Global Capitalism and the Restructuring of Education: The Transnational Capitalist Class' Quest to Suppress Critical Thinking». *Social Justice 43*, núm. 3 (2016), págs. 1-24.
28. Kharas, Homi, «The Unprecedented Expansion of the Global Middle Class: An Update». Brookings Institution, 28 de febrero, 2017, https://www.brookings.edu/research/the-unprecedented-expansion-of-the-global-middle-class-2/.
29. Ann M. Simmons, «On World Hunger Day, a Look at Why So Many People Don't Get Enough Food». *Los Angeles Times*, 28 de mayo, 2017, http://www.latimes.com/world/la-fgglobal-world-hunger-day-20170528-story.html.
30. Turk, Chasen, «15 World Hunger Statistics». Borgen Project, 15 de marzo, 2017, borgenproject.org/15-world-hunger-statistics/.
31. Ibid.
32. «GRAIN in 2016: Highlights of Our Activities». GRAIN, 16 de

marzo, 2017, https://www.grain.org/article/entries/5681-grain-in-2016-highlights-of-our-activities.
33. «SIPRI Military Expenditure Database». Stockholm International Peace Research Institute, [2017], https://www.sipri.org/databases/milex.
34. «Military Expenditure by Country, in Constant (2015) US$m., 1988-1996». Stockholm International Peace Research Institute, 2017, https://www.sipri.org/sites/default/files/Milex-constant-2015-USD.pdf.
35. Eisenhower, Dwight D., «The Chance for Peace», 16 de abril, 1953, publicado online en American Presidency Project, http://www.presidency.ucsb.edu/ws/index.php?pid=9819&st=every+gun+that+is+made&st1=#axzz1ZRmq4yT4.
36. Norton-Taylor, Richard, «Global Armed Conflicts Becoming More Deadly, Major Study Find». *The Guardian*, 20 de mayo, 2015, https://www.theguardian.com/world/2015/may/20/armed-conflict-deaths-increase-syria-iraq-afghanistan-yemen.
37. «UN Refugee Agency: Record 65.6 Million People Displaced Worldwide». BBC News, 19 de junio, 2017, http://www.bbc.com/news/world-40321287.
38. Stebbins, Samuel, y Frohlich, Thomas C., «20 Companies Profiting the Most from War». MSN Money, 31 de mayo de 2017, https://www.msn.com/en-us/money/companies/20-companies-profiting-the-most-from-war/ar-AAmTAzm#page=1.
39. Turley, Jonathan, «Big Money behind War: The Military-Industrial Complex». Al Jazeera, 11 de enero, 2014, http://www.aljazeera.com/indepth/opinion/2014/01/big-money-behind-war-military-industrial-complex-20141473026736533.html.
40. Ray Griffin, David, *Unprecedented: Can Civilization Survive the CO_2 Crisis?* Clarity Press, 2015.
41. Riley, Tess, «Just 100 Companies Responsible for 71% of Global Emissions, Study Says». *The Guardian*, 10 de julio 2017, https://www.theguardian.com/sustainable-business/2017/jul/10/100-fossil-fuel-companies-investors-responsible-71-global-emissions-cdp-study-climate-change.
42. Zickfeld, Kirsten, y Herrington, Tyler, «The Time Lag between a Carbon Dioxide Emission and Maximum Warming Increases with the Size of the Emission». *Environmental Research Letters 10*, núm. 3, http://iopscience.iop.org/article/10.1088/1748-9326/10/3/031001.
43. Griffin, *Unprecedented*, págs. 34-79.
44. Ibid., págs. 80-107.

45. Ibid., págs. 118-33.
46. «The Lancet Commission on Pollution and Health» *Lancet*, 17 de octubre, 2017, http://www.thelancet.com/commissions/pollution-and-health.
47. Griffin, *Unprecedented*, págs. 134-50; Johnson, Jake, «Warning of Sixth Mass Extinction, Scientists Implore Global Action». Common Dreams, 11 de julio de 2017, https://www.commondreams.org/news/2017/07/11/warning-sixth-mass-extinction-scientists-implore-global-action.
48. Millay, Todd, «Climate Change Investing Heats Up». *Forbes*, 19 de diciembre de 2016, https://www.forbes.com/sites/toddmillay/2016/12/19/climate-change-investing-heats-up/#f16c903213c8; y Ritholtz, Barry, «Profit for Global Warming or Get Left Behind» Bloomberg View, 24 de febrero de 2014, https://www.bloomberg.com/view/ articles/2014-02-24/profit-from-global-warming-or-get-left-behind.
49. Nuttall, Mark, «Zero-Tolerance, Uranium and Greenland's Mining Future». *The Polar Journal 3*, núm. 2 (18 de diciembre de 2013), www.tandfonline.com/doi/abs/10.1080/2154896X.2013.868089.
50. Water for All campaign, «Top 10 Reasons to Oppose Water Privatization». Public Citizen, sin fecha, https://www.citizen.org/sites/default/files/top10-reasonstoopposewaterprivatization.pdf.
51. Partes de este capítulo fueron publicadas como Peter Phillips y Brady Osborne en «Exposing the Financial Core of the Transnational Capitalist Class», en *Censored 2014: Fearless Speech in Fateful Times*, ed. Huff, Mickey y Roth, Andy Lee con Project Censored, Seven Stories Press, 2013, págs. 313-30.
52. Vitali, Stefanía, Glattfelder, James B., y Battiston, Stefano, «The Network of Global Corporate Control». PLoS ONE 6, núm. 10 (26 de octubre, 2011), http://www.plosone.org/article/info%3Adoi%2F10.1371%2Fjournal.pone.0025995; ver también «Small Network of Corporations Run the Global Economy». *Censored 2013: Dispatches from the Media Revolution*, ed. Huff, Mickey y Roth, Andy Lee con Project Censored, Seven Stories Press, 2012, págs. 69-70.
53. Más información sobre este estudio de la Universidad de Zúrich y la lista de las veinticinco compañías superconectadas de las ciento cuarenta y siete, está publicada en su totalidad en *Censored 2013: Dispatches from the Media Revolution*, ed. Huff, Mickey y Roth, Andy Lee con Project Censored, Seven Stories Press, 2012, págs. 247-86.
54. «BlackRock Reports Full Year 2017 Diluted EPS of $30.23, or

$22.60 as Adjusted». BlackRock, 12 de enero de 2018, http://ir.blackrock.com/file/Index?keyFile=391744442; PNC Financial Services Group de Pittsburgh posee 20,8% de las acciones ordinarias de BlackRock; BlackRock, 12 de enero de 2018. http://ir.blackrock.com/file/Index?key-File=391744442; PNC Financial Services Group de Pittsburgh posee 20,8% de las acciones ordinarias de BlackRock.
55. Vitali, et al., «Network of Global Corporate Control».
56 «Top Asset Management Firms». Banks around the World, 2016, actualizado el 10 de enero de 2018, http://www.relbanks.com/rankings/largest-asset-managers.
57. «BlackRock, Schedule 14A, 2015» US Securities and Exchange Commission, Washington D. C., 2015, https://www.sec.gov/Archives/edgar/data/1364742/000119312515135243/d891582ddef14a.htm.
58. Nota acerca de los métodos: los datos de esta tabla proceden de Nasdaq.com sobre los portfolios institucionales de cada uno de los gigantes. Hay listados de todas las inversiones de algunos de los gigantes parcialmente disponibles. Sin embargo, existe información suficiente para demostrar sociológicamente el entrelazamiento de capital entre los gigantes.
59. Honor Whiteman, «How Coca-Cola Affects Your Body When You Drink It». *Medical News Today*, 15 de agosto, 2015, https://www.medicalnewstoday.com/articles/297600.php.
60. Laville, Sandra, «Coca-Cola Increased Its Production of Plastic Bottles by a Billion Last Year, Says Greenpeace». *The Guardian*, 2 de octubre de 2017, https://www.theguardian.com/environment/2017/oct/02/coca-cola-increased-its-production-of-plastic-bottles-by-a-billion-last-year-say-greenpeace.
61. Carey, Teresa, «3 Eye-Opening Science-Based New Year's Resolutions That Could Help Everyone» PBS, 29 de diciembre, 2017, https://www.pbs.org/newshour/science/3-eye-opening-science-based-new-years-resolutions-that-could-help-everyone.
62. Véase el conjunto de noticias reunidas por Andy Lee Roth para *Censored*. «Iceland, the Power of Peaceful Revolution, and the Commons», en *Censored 2014: Fearless Speech in Fateful Times*, eds. Huff, Mickey y Roth, Andy Lee con Project Censored, Seven Stories Press, 2013, págs 143-54, para más información sobre Islandia como una excepción destacada a la tendencia internacional de falta de responsabilidad de los bancos por mala praxis sistémica.
63. Murphy, Dylan, «Money Laundering and the Drug Trade: The

Role of the Banks», *Global Research*, 13 de mayo, 2013, http://www.globalresearch.ca/money-laundering-andthe-drug-trade-the-role-of-the-banks/5334205.
64. Ibid.
65. Prins, Nomi, *All the Presidents' Bankers: The Hidden Alliances That Drive American Power*, Nation Books, 2014, págs. 395.
66. MacLellan, Kylie, compiladora, y Tostevin, Matthew, editor, «Factbox: Banks Drawn into Libor Rate-Fixing Scandal», Reuters, 11 de julio de 2012, http://www.reuters.com/article/2012/07/11/us-banking-libor-panel-idUSBRE86A0P020120711.
67. «Barclays Fined for Attempts to Manipulate Libor Rates». BBC News, 27 de junio de 2012, http://www.bbc.co.uk/news/business-18612279.
68. «CFTC Orders the Royal Bank of Scotland to Pay $85 Million Penalty for Attempted Manipulation of US Dollar ISDAfix Benchmark Swap Rates». Comunicado de prensa 7527-17, US Commodity Futures Trading Commission, 3 de febrero, 2017, http://www.cftc.gov/PressRoom/PressReleases/pr7527-17.
69. Matthew Leising, Lindsay Fortado, and Jim Brunsden, «Meet ISDAfix, the Libor Scandal's Sequel». Bloomberg Businessweek, 18 de abril, 2013, http://www.businessweek.com/articles/2013-04-18/meet-isdafix-the-libor-scandals-sequel; y Matt Taibbi, «Everything is Rigged: The Biggest Price-Fixing Scandal Ever». *Rolling Stone*, 25 de abril de 2013, http://www.rollingstone.com/politics/news/everything-is-rigged-the-biggestfinancial-scandal-yet-20130425.
70. Matthew Leising, «Rate Benchmark Scandal Hits $570 Million in Fines as RBS Settles». Bloomberg, 3 de febrero de 2017, https://www.bloomberg.com/news/articles/2017-02-03/rbs-pays-85-million-to-settle-cftc-s-isdafix-manipulation-case.
71. Dan Margolies and Ross Kerber, «Vanguard Sued Again for 'Illegal Gambling' Investments» Reuters, 8 de abril de 2010, http://www.reuters.com/article/2010/04/08/vanguard-lawsuit-idUSN0818833420100408.
72. Taibbi, «Everything is Rigged».
73. Sacks, Sam, «Big League Drop Off in Banking Fines under Trump,» *District Sentinel*, 7 de agosto, 2017, https://www.districtsentinel.com/big-league-drop-off-banking-finestrump/.
74. Jill Treanor, «Barclays Bank and Former Bosses to Stand Trial in January 2019». *The Guardian*, 17 de julio de 2017, https://www.theguardian.com/business/2017/jul/17/barclaysbank-and-former-bosses-to-stand-trial-in-january-2019.

75. Yasha Levine, «Exposed: The Billionaire-Backed Group Strong-Arming Parents into Destroying Their Kids' Public Schools». AlterNet, 26 de abril de 2013, http://www.alternet.org/education/exposed-billionaire-backed-group-strong-arming-parents-destroying-their-kids-public. Para más información sobre los intentos de privatizar la educación pública, véase también: Adam Bessie, «GERM Warfare: How to Reclaim the Education Debate from Corporate Occupation», en *Censored 2013: Dispatches from the Media Revolution*, ed. Huff, Mickey y Roth, Andy Lee con Project Censored, Seven Stories Press, 2012, págs. 271-96.
76. Phillips y Osborne, «Exposing the Financial Core».
77. Andrews, Suzanna, «Larry Fink's $12 Trillion Shadow». *Vanity Fair*, 2 de marzo de 2010, http://www.vanityfair.com/news/2010/04/fink-201004.
78. Landon Thomas Jr., «At BlackRock, a Wall Street Rock Star's $5 Trillion Comeback». *New York Times*, 15 de septiembre de 2016, https://www.nytimes.com/2016/09/18/business/dealbook/at-blackrock-shaping-the-shifts-in-power.html.
79. De la Merced, Michael J., «BlackRock to Acquire Stake in Barclays Unit». *New York Times*, 11 de junio, 2009, http://www.nytimes.com/2009/06/12/business/global/12barclays.html.
80. Andrews, Suzanna, «Larry Fink's $12 Trillion Shadow».
81. Smith, Yves, «Social Security Privatizer Larry Fink of Giant Asset Manager BlackRock is a Clinton Treasury Secretary in Waiting». *Naked Capitalism*, 3 de marzo de 2016, http://www.nakedcapitalism.com/2016/03/social-security-privatizer-larry-fink-of-giant-asset-manager-blackrock-is-clintons-treasury-secretary-in-waiting.html; Dayen, David, «Larry Fink and His BlackRock Team Poised to Take Over Hillary Clinton's Treasury Department». *Intercept*, 2 de marzo de 2016, https://theintercept.com/2016/03/02/larryfink-and-his-blackrock-team-poised-to-take-over-hillary-clintons-treasury-department/.
82. Bloomberg News, «CalPERS Drops BlackRock as Manager of Apartment Portfolio». *Los Angeles Times*, 4 de octubre, 2010, http://articles.latimes.com/2010/oct/04/business/la-fi-calpers-blackrock-20101004.
83. Andrews, Suzanna, «Larry Fink's $12 Trillion Shadow».
84. Lovelace Jr., Berkeley, «BlackRock Earnings Beat the Street; iShares ETFs Post Record Inflow». CNBC, 19 de abril de 2017, http://www.cnbc.com/2017/04/19/blackrock-reports-2017-first-quarter-earnings-before-the-bell.html.
85. Carter, Zach, «Wall Street is Even More Craven Than We

Thought» *Huffington Post*, 5 de febrero de 2017, http://www.huffingtonpost.com/entry/jamie-dimon-donald-trump_us_589670cce4b09bd304bbb417.
86. Thomas, «At BlackRock, a Wall Street Rock Star's $5 Trillion Comeback.»
87. Biografía de «Laurence D. Fink», Consejo de Relaciones Exteriores, sin fecha, https://www.cfr.org/ experts/laurence-d-fink.
88. Fink, Laurence D.; Bartiromo, Maria, «CEO Speaker Series: It's a New World: So What Should we Do?». Consejo de Relaciones Exteriores, 29 de febrero, 2012, https://www.cfr.org/event/ceo-speaker-series-its-new-world-so-what-should-we-do-laurence-dfink-chairman-and-ceo.
89. «Laurence D. Fink Net Worth» *The Richest*, sin fecha, http://www.therichest.com/celebnetworth/celebrity-business/men/laurence-d-fink-net-worth/.
90. «JP Morgan Chase & Co. Annual Report 2016». JP Morgan Chase & Co., 4 de abril, 2017, https://www.jpmorganchase.com/corporate/annual-report/2016/.
91. Langley, Monica, *Tearing Down the Walls: How Sandy Weill Fought His Way to the Top of the Financial World ... and Then Nearly Lost It All*. New York: Simon & Schuster, 2003, pág. 50.
92. Justin Walton, «Jamie Dimon's Success Story: Net Worth, Education & Top Quotes». *Investopedia*, 4 de abril, 2016, http://www.investopedia.com/articles/investing/040416/jamie-dimons-success-story-net-worth-education-top-quotes-c-jpm.asp.
93. Patricia Crisafulli, *The House of Dimon: How JPMorgan's Jamie Dimon Rose to the Top of the Financial World*, John Wiley & Sons, 2009.
94. Ibid.
95. Ibid.; y Walton, «Jamie Dimon's Success Story».
96. «Jamie Dimon Net Worth». Celebrity Net Worth, sin fecha, http://www.celebritynetworth.com/richest-businessmen/ceos/jamie-dimon-net-worth/.
97. Allen, Nick, «President Barack Obama Has $1 Million Account with JP Morgan, Personal Wealth of up to $10 Million». *The Telegraph*, 16 de mayo, 2012, http://www.telegraph.co.uk/news/worldnews/northamerica/usa/9268807/President-Barack-Obama-has-1-million-account-with-JPMorgan-personal-wealth-of-up-to-10-million.html.
98. Tracy Kitten, «JP Morgan Chase Fines Exceed $2 Billion» BankInfoSecurity, 7 de enero de 2014, http://www.bankinfosecurity.com/chase-a-6356.

99. Noto, Anthony. «JP Morgan Chase Pays Fine for Discriminating Against Minority Borrowers». *New York Business Journal*, 18 de enero de 2017, http://www.bizjournals.com/newyork/news/2017/01/18/jpmorgan-chase-pays-fine-for-discriminating.html.
100. Mattera, Philip, «JP Morgan Chase: Corporate Rap Sheet». Corporate Research Project, 3 de febrero de 2017, http://www.corp-research.org/jpmorganchase.
101. Ibid.
102. «CNBC Transcript: JP Morgan Chase Chairman & CEO Jamie Dimon Speaks with CNBC from the World Economic Forum in Davos Today». CNBC, 18 de enero de 2017. http://www.cnbc.com/2017/01/18/cnbc-exclusive-cnbc-transcript-jpmorgan-chasechairman-ceo-jamie-dimon-speaks with-cnbc-from-the-world-economic-forumin-davos-today.html.
103. «The Trilateral Commission: North American Group 2008». American Free Press, 12 de mayo, 2008, http://www.americanfreepress.net/html/trilateral_commission_attendee.html.
104. Marshall, Andrew Gavin, «Meet the Elites Inside the $4 Trillion Global Powerhouse Bank of JP Morgan Chase». AlterNet, 4 de julio de 2013, http://www.alternet.org/economy/jp-morgan-chase-bank-4-trillion-global-powerhouse-meet-elites-charge. .
105. Barrett, Paul M. «I, Banker». *New York Times*, 29 de octubre de 2009, http://www.nytimes.com/2009/11/01/books/review/Barrett-t.html.
106. Marshall, «Meet the Elites Inside the $4 Trillion Global Powerhouse Bank.»
107. «Dodd-Frank Wall Street Reform and Consumer Protection Act» *Investopedia*, undated, http://www.investopedia.com/terms/d/dodd-frank-financial-regulatory-reform-bill.asp.
108. Dealbook, «How Obama and Dimon Drifted Apart». *New York Times*, 17 de junio, 2010, https://dealbook.nytimes.com/2010/06/17/how-obama-and-dimon-drifted-apart/.
109. Kavoussi, Bonnie, «Jamie Dimon: 'It's a Free. Fucking. Country», *Huffington Post*, 13 de agosto de 2012, http://www.huffingtonpost.com/2012/08/13/jamie-dimon-free-fucking-country_n_1772433.html.
110. «JP Morgan Chase & Co. Annual Report 2016.»
111. «Barclaycard». Barclays, sin fecha, https://www.home.barclays/about-barclays/history/barclaycard.html.
112. «Barclays PLC Common Stock Historical Stock Prices» Nasdaq, actualizado el 12 de marzo de 2018, http://www.nasdaq.com/symbol/bcs/historical.

113. «Welcome to Dumfries Academy» Dumfries Academy, sin fecha, http://www.dumfriesacademy.org.
114. «About Us» Aviva, sin fecha, https://www.aviva.com/about-us/.
115. «About FirstGroup». FirstGroup, sin fecha, http://www.firstgroupplc.com/about-firstgroup.
116. «About» Westfield Corporation, sin fecha, https://www.westfieldcorp.com/about.
117. Barber, Lynsey, «Davos 2016: Who's Who at the World Economic Forum (and Who's Notably Absent): From Leonardo DiCaprio to Travis Kalanick and George Osborne». City A. M., 17 de enero, 2016, http://www.cityam.com/232514/davos-2016-whos-who-at-the-world-economic-forum-and-whos-notably-absent-from-leonardo-dicaprio-to-travis-kalanick-and-george-osborne.
118. *The International Who's Who 2004*, Europa Publications, 2003, pág. 1053.
119. Martin, Will. «Barclays Boss: Bonuses Just Make Bankers 'Cut Corners'», *Business Insider*, 23 de octubre, 2015, http://www.businessinsider.com/barclays-john-mcfarlane-attacks-bankings-bonus-culture-2015-10.
120. «John McFarlane, Chairman». Barclays, sin fecha, https://www.home.barclays/about-barclays/leadership-team/john-mcfarlane.html.
121. Sunderland, Ruth, «Bureaucracy-Bashing Barclays Chairman John McFarlane on Ousting Former Boss Antony Jenkins». *This is Money*, 9 de julio, 2015, http://www.thisismoney.co.uk/money/news/article-3155239/city-interview-Bureaucracy-bashing-Barclays-chairman-John-McFarlane-ousting-former-boss-Antony-Jenkins.html.
122. Arnold, Martin, «City Grandees to Stay in the Chair at Barclays and Standard Life». *Financial Times*, 8 de marzo de 2017, https://www.ft.com/content/226b3a6a-0409-11e7-ace0-1ce02ef0def9?mhq5j=e3.
123. Davies, Anjuli; MacAskill, Andrew, «Election Means 'New Game' of Brexit Negotiations for the City» Reuters, 15 de junio de 2017, http://uk.reuters.com/article/uk-britaineu-banks-idUKKBN1960RS.
124. «Executive Profile: James E. Staley». Bloomberg, sin fecha, https://www.bloomberg.com/research/stocks/private/person.asp?personId=9377612&privcapId=323899.
125. «Barclays PLC: James E. Staley Appointed as Group Chief Executive» Barclays, 28 de octubre, 2015, https://newsroom.

barclays.com/r/3249/barclays_plc__james_e__staley_appointed_as_group_chief.
126. Los datos incluidos en estas listas provienen fundamentalmente de páginas web de las compañías, informes anuales para accionistas, Bloomberg.com, *Forbes* y otros informes de los medios corporativos.
127. Geithner, Tim, «Remarks by Treasury Secretary Tim Geithner to the International Monetary Conference». Departamento del Tesoro de Estados Unidos, 6 de junio, 2011, https://www.treasury.gov/press-center/press-releases/Pages/tg1202.aspx.
128. Marshall, Andrew Gavin, «It's Time to Expose Global Banking Elites at the International Monetary Conference». Occupy.com, 6 de mayo de 2014, http://www.occupy.com/article/its-time-expose-global-banking-elites-international-monetary-conference#sthash.B3RWJN0K.dpbs.
129. Marshall, Andrew Gavin, «EXCLUSIVE: Leaked Documents from Secretive Meeting of Global Bankers at the 2013 International Monetary Conference (IMC)». AndrewGavinMarshall.com, 6 de marzo, 2014, https://andrewgavinmarshall.com/2014/03/06/exclusive-leaked-documents-from-secretive-meeting-of-global-bankers-at-the-2013-international-monetary-conference-imc/.
130. Pamuk, Jacob, «Trump to Meet "Frequently" with Blackstone's Schwarzman, Other Business Titans to Discuss Policy». CNBC, 2 de diciembre de 2016, http://www.cnbc.com/2016/12/02/trump-to-meet-frequently-with-blackstones-schwarzman-otherbusiness-titans-to-discuss-policy.html.
131. «Press Release - President-Elect Donald J. Trump Announces Travis Kalanick of Uber, Elon Musk of SpaceX and Tesla, and Indra Nooyi of PepsiCo to Join President's Strategic and Policy Forum», publicado en línea en American Presidency Project, 14 de diciembre de 2016, http://www.presidency.ucsb.edu/ws/index.php?pid=119785.
132. Bryan, Bob, «Warren Buffett, Jamie Dimon, and 11 Other US Corporate Titans Want Common Sense to Replace America's Worst Business Practices». *Business Insider*, 21 de julio, 2016, http://www.businessinsider.com/buffett-dimon-titans-corporate-governance-letter-2016-7.
133. Sacks, Sam, «Trump's Economic Council Implodes as White House Defends Fash». *District Sentinel*, 16 de agosto de 2017, https://www.districtsentinel.com/trumps-economic-council-implodes-white-house-defends-fash/.

134. Gelles, David, Thomas Jr., Landon, Sorkin, Andrew Ross, y Kelly, Kate, «Inside the CEO. Rebellion Against Trump's Advisory Councils». *New York Times*, 16 de agosto de 2017, https://www.nytimes.com/2017/08/16/business/trumps-council-ceos.html.
135. Turner, Matt, «Here's the Memo Larry Fink, the Head of the World's Largest Investor, Just Sent to Staff about Trump's Council». *Business Insider*, 16 de agosto de 2017, www.businessinsider.com/larry-fink-blackrock-memo-trumps-council-2017-8.
136. «JP Morgan CEO Dimon's Memo on Trump to Employees». Fox Business, 16 de agosto de 2017, http://www.foxbusiness.com/markets/2017/08/16/jpmorgan-ceo-dimons-memo-on-trump-to-employees.html.
137. Staples, Clifford L., «The Business Roundtable and the Transnational Capitalist Class», en *Financial Elites and Transnational Business: Who Rules the World?*, ed. Murray, Georgina y Scott, John, Edward Elgar Publishing, 2012, págs. 100-23.
138. Véase la página web del Grupo de los Treinta, www.group30.org.
139. Marshall, Andrew Gavin. «Global Power Project: The Group of Thirty and Its Methods of Financial Governance». Occupy.com, 4 de diciembre, 2013, http://www.occupy.com/article/global-power-project-group-thirty-and-its-methods financial-governance#sthash.4E6KwRTe.dpbs.
140. «Group of Thirty». Charity Navigator, 1 de junio de 2017, www.charitynavigator.org/index.cfm?bay=search.summary&orgid=6009.
141. Ibid.
142. Al-Hamad, Abdlatif, y Verleger Jr., Philip, «Oil and the Global Economy» Grupo de los Treinta, octubre de 2016, http://group30.org/publications/detail/678.
143. Los datos incluidos en estas listas provienen fundamentalmente de páginas web de las compañías, informes anuales para accionistas, Bloomberg.com, *Forbes* y otros informes de medios corporativos.
144. Rogoff, Kenneth, «Giddy Markets and Grim Politics» Project Syndicate, 8 de enero de 2018, https://www.project-syndicate.org/commentary/economic-growth-amid-political-uncertainty-by-kenneth-rogoff-2018-01.
145. «About» CFA Institute, sin fecha, https://www.cfainstitute.org/pages/index.aspx.
146. Ibid.
147. Bennhold, Katrin, «A Gathering of the Global Elite, Through a Woman's Eyes». *New York Times*, 20 de enero, 2017, https://

www.nytimes.com/2017/01/20/business/dealbook/world-economic-forum-davos-women-gender-inequality.html.
148. «Our Mission». Foro Económico Mundial, sin fecha, https://www.weforum.org/about/world-economic-forum.
149. «Annual Report 2015-16». Foro Económico Mundial, 2016, www3.weforum.org/docs/WEF_Annual_Report _2015-2016.pdf.
150. Lapham, Lewis, *The Agony of Mammon: The Imperial Global Economy Explains Itself to the Membership in Davos, Switzerland*. Verso, 1998.
151. «Bilderberg Meeting 2017». Bilderberg Meetings, 31 de mayo, 2017, http://www.bilderbergmeetings.org/press-release.html.
152. Shoup, Laurence H., *Wall Street's Think Tank: The Council on Foreign Relations and the Empire of Neoliberal Geopolitics, 1976-2014*, Monthly Review Press, 2015.
153. Ibid., pág. 66.
154. «Who We Are: Global Board of Advisors» Consejo de Relaciones Exteriores, sin fecha, http://www.cfr.org/about/people/global_board_of_advisors.html.
155. Shoup, Wall Street's Think Tank, 162.
156. Ibid., pág. 135.
157. La información de esta sección proviene de la página web de la Comisión Trilateral, http://trilateral.org/.
158. Takase, Hisanao, «The Transnational Capitalist Class, the Trilateral Commission and the Case of Japan: Rhetorics and Realities» *Socialist Studies/Études socialistes 10*, núm. 1 (Verano 2014), págs. 86-110, https://www.socialiststudies.com/index.php/sss/article/download/23489/17374.
159. Dobriansky, Paula J., Olechowski, Andrzej, Satoh, Yukio y Yurgens, Igor, *Engaging Russia: A Return to Containment?*, The Trilateral Commission, 2014. Una sinopsis en http://trilateral.org/file.showdirectory&list=Triangle-Papers.
160. *Seeking Opportunities in Crisis: Trilateral Cooperation in Meeting Global Challenges*. The Trilateral Commission, 2009, http://trilateral.org/file/47.
161. *Tokyo 2000: The Annual Meeting of the Trilateral Commission*. The Trilateral Commission, 2000, http://trilateral.org/file/67.
162 «IRELAND'S RICHEST 100; Fabulous Fortunes Shine on Nation's Wealthy, Famous». *Mirror* (Londres), 22 de marzo de 1999, re-editado en The Free Library, https://www.thefreelibrary.com/IRELAND%27S+RICHEST+100%3b+Fabulous+fortunes+shine+on+nation%27s+wealthy%2c...-a060401415.
163. Gunter, Aleksei, «Estonia's Millionaires Club Grows». *Baltic*

Times, 11 de abril de 2002, https://www.baltictimes.com/news/articles/6238/.
164. Obsérvese que Net Worth Post infravalora sistemáticamente el verdadero patrimonio neto.
165. «Top 10 Richest Politicians in Indonesia 2018». Viaset 1, sin fecha, http://viasat1.net/top-10-richest-politicians-in-indonesia-2017/7/.
166. Partes de este capítulo aparecen como Phillips, Peter, McClintock, Ray, Carneiro, Melissa, y Crabtree, Jacob en «Twenty-First-Century Fascism: Private Military Companies in Service to the Transnational Capitalist Class», en *Censored 2016: Media Freedom on the Line*, ed. Huff, Mickey y Roth, Andy Lee con Project Censored, Seven Stories Press, 2015, págs. 255-76.
167. Vine, David, «Where in the World is the U.S. Military?». *Politico*, julio/agosto 2015, http://www.politico.com/magazine/story/2015/06/us-military-bases-around-theworld-119321.
168. Turse, Nick, «A Secret War in 135 Countries». TomDispatch, 24 de septiembre, 2015, http://www.tomdispatch.com/blog/176048/; y Turse, Nick, «The Stealth Expansion of a Secret U.S. Drone Base in Africa». *The Intercept*, 21 de octubre de 2015, https://theintercept.com/2015/10/21/stealth-expansion-of-secret-us-drone-base-in-africa/.
169. Bolduc, Donald C., Puglisi, Richard V., y Kaailau, Randall, «The Gray Zone in Africa». *Small Wars Journal*, 29 de mayo de 2017, http://smallwarsjournal.com/jrnl/art/the-grayzone-in-africa.
170. Pérez-Rivas, Manuel, «Bush Vows to Rid the World of 'Evil-Doers'». CNN, 16 de septiembre de 2001, http://edition.cnn.com/2001/US/09/16/gen.bush.terrorism/.
171. «Text: President Bush Addresses the Nation». *Washington Post*, 20 de septiembre de 2001, http://www.washingtonpost.com/wp-srv/nation/specials/attacked/transcripts/bushaddress_092001.html.
172. Rothkopf, «Superclass». Mensaje público.
173. «Defence Against Terrorism Programme of Work (DAT POW)». Organización del Tratado del Atlántico Norte (OTAN), 9 de abril, 2015, http://www.nato.int/cps/en/sidebffe857-6607109d/natolive/topics_50313.htm.
174. «Summit Declaration on Defence Capabilities: Toward NATO Forces 2020». Organización del Tratado del Atlántico Norte (OTAN), 20 de mayo de 2012, http://www.nato.int/cps/en/sid-1ce3d0b6-393c986d/natolive/official_texts_87594.htm.
175. Segell, Glenn, «NATO's Policy in Africa: Initiated in Sudan,

Continued in Libya». *Strategic Insights 10*, núm. 3 (invierno 2011), págs. 28-38, reeditado online en la Biblioteca Digital del Departamento de Seguridad Nacional de Estados Unidos https://www.hsdl.org/?view&did=792810.
176. Masters, Jonathan, «The North Atlantic Treaty Organization (NATO)». Consejo de Relaciones Exteriores, 15 de mayo de 2017, https://www.cfr.org/backgrounder/north-atlantic-treaty-organization-nato.
177. Stern, Johannes, «NATO Expands Military Spending and Sends Thousands of Troops to Afghanistan». World Socialist Web Site, 30 de junio de 2017, https://www.wsws.org/en/articles/2017/06/30/nato-j30.html.
178. Stern, Johannes, «EU Establishes Military Headquarters». World Socialist Web Site, 10 de marzo de 2017, https://www.wsws.org/en/articles/2017/03/10/eujc-m10.html.
179. «Operations». Cuartel General Supremo de las Fuerzas Aliadas de Europa (SHAPE) de la Organización del Tratado del Atlántico Norte (OTAN), sin fecha, https://shape.nato.int/operations.
180. «NATO's Relations with Central Asia» Organización del Tratado del Atlántico Norte (OTAN), 22 de febrero, 2016, https://www.nato.int/cps/en/natohq/topics_107957.htm.
181. Gordon, Michael R., «The Anatomy of a Misunderstanding». *New York Times*, 25 de mayo de 1997, http://www.nytimes.com/1997/05/25/weekinreview/the-anatomy-of-a-misunderstanding.html.
182. Para un análisis ampliado de la historia de la «dominación global» de Estados Unidos véase Peter Phillips, Bridget Thornton, y Celeste Vogler: «The Global Dominance Group: 9/11 Pre-Warnings & Election Irregularities in Context». *Project Censored*, 2 de mayo de 2010, http://projectcensored.org/the-global-dominance-group/; y Peter Phillips, Bridget Thornton, y Lew Brown, «The Global Dominance Group and U. S. CorporateMedia». *Censored 2007: 30th Anniversary Edition*, ed. Phillips, Peter y Project Censore, Seven Stories Press, 2006, págs. 303-33.
183. Robinson, William I., y Harris, Jerry, «Towards a Global Ruling Class? Globalization and the Transnational Capitalist Class». *Science & Society 64*, núm. 1 (primavera 2000), págs 11-54.
184. Pilger, John, *The New Rulers of the World*. Edición revisada, Verso, 2003.
185. *The Global Economic Crisis: The Great Depression of the XXI Century*, ed. Chossudovsky, Michel y Marshall, Andrew Gavin, Global Research Publishers, 2010.

186. Loo, Dennis. *Globalization and the Demolition of Society*, Larkmead Press, 2011.
187. Kolin, Andrew, S*tate Power and Democracy: Before and During the Presidency of George W. Bush*, Palgrave MacMillan, 2011, pág. 141.
188. Loo, *Globalization and the Demolition of Society*, pág. 357.
189. Priest, Dana y Arkin, William M., *Top Secret America: The Rise of the New American Security State*, Brown and Company, 2011.
190. Blackwill, Robert D., «Defending Vital U.S. Interests: Policy Prescriptions for Trump». *Foreign Policy*, 25 de enero, 2017, http://foreignpolicy.com/2017/01/25/defending-vital-u-s-interests-policy-prescriptions-for-trump/.
191. «2016 Index of U.S. Military Strength: Threats to U.S. Vital Interests» The Heritage Foundation, 2016, http://index.heritage.org/military/2016/assessments/threats/.
192. Dale Scott, Peter, *The American Deep State: Wall Street, Big Oil, and the Attack on U.S. Democracy*, Rowman & Littlefield, 2015.
193. Priest y Arkin, *Top Secret America*, pág. 52.
194. Scott, *The American Deep State*, pág. 30.
195. «History Since 1961». Consejo Atlántico, sin fecha, http://www.atlanticcouncil.org/about/history.
196. «The Atlantic Council of the United States» Charity Navigator, 1 de junio, 2017, https://www.charitynavigator.org/index.cfm?bay=search.summary&orgid=5395.
197. «Updated List of Atlantic Council Donors». Think Tank Watch, 11 de noviembre de 2015, http://www.thinktankwatch.com/2015/11/the-donors-of-atlantic-council.html.
198. Barno, David, y Bensahel, Nora, *The Future of the Army: Today, Tomorrow, and the Day After Tomorrow*. Atlantic Council/Brent Scowcroft Center on International Security, septiembre de 2016, http://www.atlanticcouncil.org/publications/reports/the-future-of-the-army.
199. Albright, Madeleine K., y Hadley, Stephen J., *Middle East Strategy Task Force: Final Report of the Co-Chairs*, Atlantic Council, noviembre de 2016), mest.atlanticcouncil.org/final-report/.
200. Ibid., 54.
201. A pesar de que hay veintiocho países representados en el Consejo Atlántico, los treinta y cinco miembros del Comité Ejecutivo Ampliado son principalmente ciudadanos estadounidenses (veintiocho). Esto parece reflejarse en el importante papel que

Estados Unidos desempeña como protector del capital de inversión de la élite del poder global.
202. Los datos de estas listas provienen fundamentalmente de páginas web de las compañías, informes anuales para accionistas, Bloomberg.com, *Forbes*, y otros informes de medios corporativos.
203. Eichenwald, Kurt, «Drexel Suit to Recover Bonus Pay». *New York Times*, 12 de febrero de 1992, www.nytimes.com/1992/02/12/business/drexel-suit-to-recover-bonuspay.html.
204. Emily Smith, «PR Mogul Richard Edelman Splitting from Wife of 28 Years» *Page Six*, 31 de marzo, 2015, https://pagesix.com/2015/03/31/pr-mogul-richard-edelman-splittingfrom-wife-of-28-years/.
205. Graves, Lisa, «Which Millionaire Fat Cats are Backing the American Action Network's Ads Attacking Sen. Feingold?». PR Watch, 2 de septiembre, 2010, https://www.prwatch.org/news/2010/09/9407/which-millionaire-fat-cats-are-backing-american-actionnetworks-ads-attacking-sen-.
206. «The 2007 Wealth List», *Washington Life Magazine*, 1 de junio de 2007, http://washingtonlife.com/2007/06/01/the-2007-wealth-list/2/.
207. «About ASIS» ASIS International, sin fecha, https://www.asisonline.org/footer-pages/about-asis/.
208. Graves, «Which Millionaire Fat Cats»; Davenport, Christian, «Companies Can Spend Millions on Security Measures to Keep Executives Safe». *Washington Post*, 6 de junio de 2014, http://www.washingtonpost.com/business/economy/companies-can-spendmillions-on-security-measures-to-keep-executives-safe/2014/06/06/5f500350-e802-11e3-afc6-a1dd9407abcf_story.html; y Whitehead, John «Private Police: Mercenaries for the American Police State» OpEd News, 4 de marzo, 2015, http://www.opednews.com/articles/Private-Police-Mercenarie-by-John-Whitehead-Police-Abuse-Of-Power_Police-Brutality_Police-Coverup Police-State-150304-539.html.
209. McKenna, Luke, y Johnson, Robert, «A Look at the World's Most Powerful Mercenary Armies». *Business Insider*, 26 de febrero de 2012, http://www.businessinsider.com/bi-mercenary-armies-2012-2.
210. Langewiesche, William, «The Chaos Company» *Vanity Fair*, 18 de marzo de 2014, www.vanityfair.com/news/business/2014/04/g4s-global-security-company.
211. Engbrecht, Shawn, *America's Covert Warriors: Inside the World of Private Military Contractors*, Potomac Books, 2011, pág. 18.

212. Fainaru, Steve, *Big Boy Rules: America's Mercenaries Fighting in Iraq*, Da Capo Press, 2008, pág. 24.
213. Schwartz, Moshe, y Swain, Joyprada, «Department of Defense Contractors in Afghanistan and Iraq: Background and Analysis». Congressional Research Service, 13 de mayo de 2011, https://www.fas.org/sgp/crs/natsec/R40764.pdf.
214. Francis, David, «U.S. Troops Replaced by an Outsourced Army in Afghanistan» *Fiscal Times*, 10 de mayo, 2013, http://www.thefiscaltimes.com/Articles/2013/05/10/US-Troops-Replaced-by-an-Outsourced-Army-in-Afghanistan.
215. Singer, P. W., *Corporate Warriors: The Rise of the Privatized Military Industry*, Manas Publications, 2005), pág. 45.
216. Scahill, Jeremy, *Blackwater: The Rise of the World's Most Powerful Mercenary Army*. Nation Books, 2007, pág. 45.
217. Ridgeway, James, «The Secret History of Hurricane Katrina». *Mother Jones*, 28 de agosto de 2009, http://www.motherjones.com/environment/2009/08/secret-history-hurricane-katrina.
218. «Iraq has become the largest single gathering of private armed men in recent history». Cita de Pelton, Robert Young, *Licensed to Kill: Hired Guns in the War on Terror*, Crown Publishers, 2006, pág. 343.
219. Hsu, Spenser S., St. Martin, Victoria, y Alexander, Keith L., «Four Blackwater Guards Found Guilty in 2007 Iraq Shootings of 31 Unarmed Civilians», *Washington Post*, 22 de octubre de 2014, www.washingtonpost.com/world/national-security/verdictexpected-in-blackwater-shooting-case/2014/10/22/5a488258-59fc-11e4 bd61-346aee-66ba29_story.html; y Apuzzo, Matt, «Blackwater Guards Found Guilty in 2007 Iraq Killings», *New York Times*, 22 de octubre de 2014, http://www.nytimes.com/2014/10/23/us/blackwater-verdict.html.
220. Jessica Corbett, «Court Throws Out Blackwater Guards' Sentences for 2007 Baghdad Massacre». Common Dreams, 4 de agosto de 2017, www.commondreams.org/news/2017/08/04/court-throws -out-blackwater-guards-sentences-2007-baghdadmassacre.
221. Ackerman, Spencer, «Blackwater 3.0: Rebranded "Academi" Wants Back in Iraq», *Wired*, 12 de diciembre de 2011, www.wired.com/2011/12/blackwater-rebrand-academi/; y «Blackwater Name Change: Private Security Firm Switches Name Again to Academi from Xe», *Huffington Post*, 12 de diciembre de 2011, www.huffingtonpost.com/2011/12/12/blackwater-name-change-private-security-firm-academi_n_1143789.html.

222. «Company Overview of Constellis Group Inc.» Bloomberg, 2015, actualizado el 14 de marzo de 2018, http://www.bloomberg.com/research/stocks/private/snapshot.asp?privcapId=237562172.
223. Scahill, Jeremy, «Blackwater Founder Erik Prince, the Brother of Betsy DeVos, is Secretly Advising Trump». *Democracy Now!*, 18 de enero de 2017, https://www.democracynow.org/2017/1/18/scahill_blackwater_founder_erik_prince_the.
224. Johnson, Jake, «'Literal Colonialism': Blackwater Founder Calls for 'American Viceroy' to Rule Afghanistan». Common Dreams, 2 de junio de 2017, https://www.commondreams.org/news/2017/06/02/literal-colonialism-blackwater-founder-calls-american-viceroy-rule-afghanistan.
225. «The Largest Company You've Never Heard of: G4S and the London Olympics». *International Business Times*, 6 de agosto de 2012, http://www.ibtimes.com/largest-company-youve-never-heard-g4s-london-olympics-739232.
226. McKenna y Johnson, «A Look at the World's Most Powerful Mercenary Armies».
227. «G4S plc (GFS: London Stock Exchange)». Bloomberg, actualizado el 14 de marzo, 2018, http://www.bloomberg.com/research/stocks/financials/financials.asp?ticker=GFS:LN& dataset=incomeStatement&period=A&currency=US%20Dollar.
228. Langewiesche, William«The Chaos Company». North Point Press, 2005.
229. Ibid.
230. «G4S Admits It Guards Dakota Pipeline as Protesters Get Attacked». Telesur, 6 de septiembre de 2016. http://www.telesurtv.net/english/news/G4S-Admits-it-Guards-Dakota-Pipeline-as-Protesters-Get-Attacked-20160906-0036.html.
231. La lista de principales inversores corporativos de G4S elaborada por Corporate Watch incluye, pero no se limita, a BlackRock, Prudential, UBS, Vanguard, Barclays, State Street, Allianz, JP-Morgan Chase, Credit Suisse, y FMR. Véase «G4S Company Profile» bajo el subtítulo «G4S: Finances & Investors». Corporate Watch, 10 de septiembre de 2012, http://www.corporatewatch.org/company-profiles/g4s-finances-investors. A pesar de que Bank of America no figura como inversor, sí es cliente de G4S.
232. Phillips y Osborne, «Exposing the Financial Core».
233. Robinson, *Global Capitalism and the Crisis of Humanity*, «Policing Global Capitalism», págs. 158-213.
234. Ibid., págs 163-65.
235. Véase, por ejemplo, Richard Godfrey, et al., «The Private Mi-

litary Industry and Neoliberal Imperialism: Mapping the Terrain». *Organization 21*, núm. 1 (3 de enero, 2013), págs. 106-25.
236. En 1956, C. Wright Mills acuñaba el término «directorado entrelazado» para referirse a «la comunicad de interés, la unificación de perspectiva y política, que prevalece entre la clase propietaria». Véase Mills, *The Power Elite*, pág. 123; para una aplicación contemporánea del modelo de Mills, véase Phillips y Soeiro, «The Global 1 Percent Ruling Class Exposed», http://projectcensored.org/the-global-1-exposing-the-transnational-ruling-class/.
237. Dickinson, Laura A., *Outsourcing War and Peace: Preserving Public Values in a World of Privatized Foreign Affairs*, Yale University Press, 2011.
238. Partes del capítulo aparecieron como Peter Phillips; Ratonya Coffee, Robert Ramirez, Mary Schafer y Nicole Tranchina. «Selling Empire, War, and Capitalism: Public Relations Propaganda Firms in Service to the Transnational Capitalist Class», en *Censored 2017: Fortieth Anniversary Edition*, ed. Huff, Mickey y Roth, Andy Lee con Project Censored, Seven Stories Press, 2016, págs. 285-315.
239. «PWC's 2013 Entertainment Report» *Hollywood Reporter*, 2013, http://www.hollywoodreporter.com/sites/default/files/custom/Documents/ PWC_chart_rev21012x-5711px.pdf.
240. Bagdikian, Ben H., *The New Media Monopoly*, Beacon Press, 2004.
241. Artz, Lee, *Global Entertainment Media: A Critical Introduction*, John Wiley and Sons, 2015, pág. 71.
242. «Bertelsmann at a Glance» Bertelsmann, sin fecha, https://www.bertelsmann.com/company/company-profile/.
243. Bernays, Edward L., *Public Relations*, University of Oklahoma Press, 1952, pág. 1.
244. Ibid., pág. 160.
245. Bernays también ayudó a varias corporaciones a conseguir poder y beneficios de forma ilícita. Asistió a United Fruit a derrocar el Gobierno de Guatemala en 1954 y a American Tobacco a promocionarse en el mercado femenino vendiendo los cigarrillos como productos aconsejables para perder peso y para liberarse. Véase: Tye, Larry, *The Father of Spin: Edward L. Bernays & the Birth of Public Relations*. Crown Publishers, 1998.
246. Seitel, Fraser P., *The Practice of Public Relations*. 8.ª edición, Prentice Hall, 2001, pág. 9.
247. *World Book Encyclopedia*, World Book, 2015, s. v. «propaganda».
248. Hanover, Nancy, «The Mighty Wurlitzer: How the CIA Played America». World Socialist Web Site, 17 de agosto de 2015, http://www.wsws.org/en/articles/2015/08/17/wur1-a17.html.

249. Para una historia de la primera propaganda de Estado, véase L'Etang, Jacquie «State Propaganda and Bureaucratic Intelligence: The Creation of Public Relations in 20th Century Britain». *Public Relations Review 24*, núm. 4 (1998), págs. 413-41.
250. Robb, David L., *Operation Hollywood: How the Pentagon Shapes and Censors the Movies*, Prometheus Books, 2004.
251. Nima Shirazi, «Revisiting "Argo", Hollywood's CIA-Supported Propaganda Fable». AlterNet, 12 de abril de 2016, http://www.alternet.org/grayzone-project/revisiting-argo-hollywoods-cia-supported-propaganda-fable.
252. Secker, Tom; Alford, Matthew, «Documents Expose How Hollywood Promotes War on Behalf of the Pentagon, CIA and NSA». 4 de julio de 2017, INSURGE intelligence, https://medium.com/insurge-intelligence/exclusive-documents-expose-direct-usmilitary-intelligence-influence-on-1-800-movies-and-tv-shows-36433107c307.
253. Kellner, Douglas, «Media Propaganda and Spectacle in the War on Iraq: A Critique of U.S. Broadcasting Networks». *Cultural Studies Critical Methodologies 4*, núm. 3 (agosto de 2004), págs. 329-38.
254. Bamford, James, «The Man Who Sold the War» *Rolling Stone*, noviembre 2005, republicado online por Common Dreams. 18 de noviembre de 2005, http://commondreams.org/headlines05/1118-10.htm.
255. Carlisle, Johan, «Public Relationships: Hill & Knowlton, Robert Gray, and the CIA». *CovertAction Quarterly*, 44 (primavera de 1993), https://www.whatreallyhappened.com/RANCHO/LIE/HK/HK2.html.
256. Ibid.
257. Altheide, David L., y Grimes, Jennifer N., «War Programming: The Propaganda Project and the Iraq War», *Sociological Quarterly 46*, núm. 4 (otoño de 2005), págs. 617-43. Dos miembros del comité ejecutivo ampliado, Paula J. Dobriansky y Zalmay M. Khalilzad, participaron en Project for a New American Century.
258. Guth, David W., «Black, White, and Shades of Gray: The Sixty-Year Debate Over Propaganda versus Public Diplomacy». *Journal of Promotion Management* 14, núm. 3-4 (diciembre de 2008), págs 309-25.
259. Gelders, Dave y Øyvind Ihlen, «Government Communication about Potential Policies: Public Relations, Propaganda or Both?». *Public Relations Review 36*, núm. 1 (marzo de 2010), págs, 59-62.
260. «Media & PR Archive» Corporate Watch, sin fecha, https://corporatewatch.org/ categories/media-pr.

261. Lawniczak, Ryszard, «Public Relations Role in a Global Competition "to Sell" Alternative Political and Socio-Economic Models of Market Economy». *Public Relations Review 33*, núm. 4 (noviembre 2007), págs. 377-86.
262. Herman, Edward S., y Chomsky, Noam, *Manufacturing Consent: The Political Economy of the Mass Media*, Pantheon Books, 1988.
263. Herman, Edward S., «Still Manufacturing Consent: The Propaganda Model at Thirty», en *Censored 2018: Press Freedoms in a «Post-Truth» World*, ed. Roth, Andy Lee y Huff, Mickey con Project Censored, Seven Stories Press, 2017, págs. 209-23.
264. Chomsky, Noam, *Media Control*, 2.ª edición, Seven Stories Press (Open Media Series), 2002.
265. A no ser que se cite específicamente, todos los datos sobre las tres grandes compañías PRP provienen de las páginas web de las compañías, Bloomberg.com y http://littlesis.org.
266. Corporate Watch UK elaboró un perfil de Ogilvy & Mather en julio de 2002. Acusaron a Ogilvy & Mather por *greenwashing* para BP y por la contaminación corporativa de Ford. El informe está publicado en línea en https://corporatewatch.org/content/ogilvy-mather-worldwide-overview.
267. Kharpal, Arjun, «Davos Elite Didn't Predict Brexit and Trump Because They're in a 'Bubble,' CEO of World's Largest Ad Agency Says» CNBC, 17 de enero de 2017, https://www.cnbc.com/2017/01/17/davos-elite-in-bubble-so-didnt-predict-brexit-trumpwpp-martin-sorrell.html.
268. «Political and Social». Kantar TNS, sin fecha, http://www.tnsglobal.com/what-we-do/ political-and-social.
269. «Public Relations». GPG, sin fecha, http://gpg.com/services/.
270. Página de inicio, Sudler and Hennessey, 2017, http://www.sudler.com/.
271. «About Us». Hill+Knowlton Strategies, sin fecha, http://www.hkstrategies.com/about/.
272. Gale, Richard y Null, Gary, «Monsanto's Sealed Documents Reveal the Truth behind Roundup's Toxicological Dangers» Progressive Radio Network, 11 de septiembre de 2015, http://prn.fm/monsantos-sealed-documents-reveal-the-truth-behind-roundups-toxicological-dangers-richard-gale-and-gary-null/.
273. Rampton, Sheldon, y Stauber, John, «ConsumerFreedom.org: Tobacco Money Takes on Activist Cash» *PR Watch 9*, núm. 1 (2002), págs. 7-8, https://www.prwatch.org/files/pdfs/prwatch/prwv9n1.pdf.

274. Miller, Laura, «Global Climate Coalition Melts Down». *PR Watch*, 27 de febrero de 2002, http://www.prwatch.org/spin/2002/02/1061/global-climate-coalition-melts-down.
275. «PR Watch Launches the 'Impropaganda Review'», *PR Watch* 9, núm. 1 (2002), pág. 8, https://www.prwatch.org/files/pdfs/prwatch/prwv9n1.pdf.
276. Adams, Stephen, y Capparelli, Daniel, «Knowing When to Quit: Assessing the Nairobi WTO Ministerial». Global Counsel, 12 de enero de 2016, https://www.global-counsel.co.uk/analysis/insight/knowing-when-quit-assessing-nairobi-wto-ministerial.
277. Hiebert, Ray Eldon, «Public Relations and Propaganda in Framing the Iraq War: A Preliminary Review». *Public Relations Review 29*, núm. 3 (septiembre 2003), págs. 243-55.
278. Wilson, Megan R. «Feds Shelling Out Billions to Public Relations Firms». The Hill, 8 de diciembre de 2015, http://thehill.com/business-a-lobbying/business-a-lobbying/262387-feds-shelling-out-billions-to-public-relations-firms.
279. Andrzejewski, Adam, y Coburn, Tom. «The Department of Self-Promotion: How Federal Agency PR Spending Advances Their Interests Rather Than the Public Interest, Fiscal Years 2007-2014: Oversight Study». Open the Books, noviembre de 2015, http://www.openthebooks.com/openthebooks_oversight_report__the_department_of_self-promotion_federal_public_relations/.
280. Laughlin Marinaccio & Owens es una compañía privada de PRP con sede en Arlington, Estados Unidos. Entre sus clientes se encuentra el Departamento de Seguridad Nacional de Estados Unidsos, la Reserva de la Guardia Costera, la Guardia Nacional del Ejército y la Guardia Nacional del Aire de Estados Unidos, la Military Officers Association of America, American Psychological Association, Avis Budget Group, Advantage Rent A Car, Cruise Lines International Association, CRDF Global,* U.S.

---

* CRDF Global es una organización independiente sin ánimo de lucro que promueve la colaboración internacional científica y técnica a través de becas, recursos técnicos, formación y servicios. Radicada en Arlington, tiene oficinas en Moscú (Rusia), Kiev (Ucrania), Almaty (Kazajistán) y Jordania. Entre sus fuentes de financiación se encuentran el Departamento de Defensa y el Departamento de Seguridad Nacional de Estados Unidos, USAID, el Departmento de Energía, SRI, Bechtel, el Ministerio de Defensa del Reino Unido, el Departamento de Estado de Estados Unidos, las fundaciones Ford, Carnegie, MacArthur, Soros, y Gates, e institutos de investigación de Catar, Arabia Saudí y Kuwait. Véase «Who We Are». CRDF Global, sin fecha, http://www.crdfglobal.org/about-us.

Edelman Financial Services, Evermay Wealth Management, First Virginia Community Bank, las universidades George Washington y Johns Hopkins, Marriott International y Associated General Contractors of America.
281. Cámara de Representantes de Estados Unidos, Comité sobre Reforma Gubernamental, División de Investigaciones Especiales sobre Personal Minoritario, «Federal Public Relations Spending,» enero de 2005, http://www.savetheinternet.com/sites/default/files/resources/pr_spending_doubles_under_bush.pdf.
282. Carlisle, «Public Relationships: Hill & Knowlton, Robert Gray, and the CIA».
283. Ibid.
284. Shachtman, Noah, «U. S. Spies Buy Stake in Firm That Monitors Blogs, Tweets» *Wired*, 19 de octubre de 2009, http://www.wired.com/dangerroom/2009/10/exclusive-us-spiesbuy-stake-in-twitter-blog-monitoring-firm/; y Noah Shachtman, entrevistado por Amy Goodman y Juan González, «CIA Invests in Software Firm Monitoring Blogs, Twitter» *Democracy Now!*, 22 de octubre, 2009, http://www.democracynow.org/2009/10/22/cia_invests_in_software_firm_monitoring.
285. Lazare, Sarah, «Meet the Corporate PR Firm Hired to Sell a Murderous Foreign Regime to the American Public». AlterNet, 15 de abril de 2016, http://www.alternet.org/world/meet-corporate-pr-firm-hired-sell-murderous-foreign-regime-american-public.
286. «Quebec Law and Exceptions», Coalition Poids (Coalición de Quebec para problemas relacionados con el peso), sin fecha, http://www.cqpp.qc.ca/en/advertising-to-children/quebec-law.
287. Neate, Rupert, «World's Richest 500 See Their Wealth Increase by $1tn This Year». *The Guardian*, 27 de diciembre de 2017, https://www.theguardian.com/inequality/2017/dec/27/worlds-richest-500-see-increased-their-wealth-by-1tn-this-year.
288. Ibid.
289. Alvaredo, Facundo et. al., *The World Inequality Report 2018*. World Inequality Lab, 2017, http://wir2018.wid.world.
290. Papa Francisco, «Message of Pope Francis to the Executive Chairman of the World Economic Forum on the Occasion of the Annual Meeting at Davos-Klosters (Switzerland)». Santa Sede, 17 de enero de 2014, https://w2.vatican.va/content/francesco/en/messages/pont-messages/2014/documents/papa-francesco_20140117_messaggio-wef-davos.html.
291. Buckley, Cara, «Upper East Side Protest March Makes Hou-

se Calls» *New York Times*, 11 de octubre de 2011, https://cityroom.blogs.nytimes.com/2011/10/11/upper-east-side-protest-march-makes-house-calls/.
292. Street, Paul, *They Rule: The 1% vs. Democracy.* Routledge, 2014, pág. 177.
293. Robert Reich, «The First Amendment Upside Down: Why We Must Occupy Democracy». Common Dreams, 24 de noviembre de 2011, http://robertreich.org/post/13163087845.
294. «Annual Report 2016-2017». World Economic Forum, 12 de septiembre de 2017, https://www.weforum.org/reports/annual-report-2016-2017.
295. Glendon, Mary Ann, *A World Made New: Eleanor Roosevelt and the Universal Declaration of Human Rights*, Random House, 2001.
296. El uso de la palabra «hombre» fue muy debatido en 1947. Eleanor Roosevelt creía que en inglés el término significaba tanto hombres como mujeres.
297. Declaración Universal de los Derechos Humanos incluida en el International Religious Freedom Report 2008, Departamento de Estado de Estados Unidos (que reproduce la declaración publicada como Resolución 217(A)(III) de la Asamblea General de Naciones Unidas, el 10 de diciembre, 1948, https://www.state.gov/j/drl/rls/irf/2008/108544.htm.
298. Reich, Robert B., *Saving Capitalism: For the Many, Not the Few*, Vintage Books, 2015.

Este libro utiliza el tipo Aldus, que toma su nombre
del vanguardista impresor del Renacimiento
italiano, Aldus Manutius. Hermann Zapf
diseñó el tipo Aldus para la imprenta
Stempel en 1954, como una réplica
más ligera y elegante del
popular tipo
Palatino

Megacapitalistas
se acabó de imprimir
un día de verano de 2019,
en los talleres gráficos de Liberdúplex, s. l. u.
Crta. BV-2249, km 7,4. Pol. Ind. Torrentfondo
Sant Llorenç d'Hortons (Barcelona)